比较法视野下
我国医保基金监管
法律制度构建研究

孟彦辰 著

图书在版编目（CIP）数据

比较法视野下我国医保基金监管法律制度构建研究／孟彦辰著．—北京：知识产权出版社，2024.11.—ISBN 978-7-5130-9555-6

Ⅰ.D922.165

中国国家版本馆 CIP 数据核字第 20249ZG352 号

内容提要

本书作为系统研究域外部分发达国家医保基金监管立法的学术著作，对我国构建和完善医保基金监管的法律制度提供了理念启迪和具体制度借鉴。本书系统研究了日本、美国、英国、加拿大和澳大利亚的医保基金监管立法，涉及社会医疗保险、全民公费医疗、全民健康保险及商业医疗保险等多种模式。同时，本书还探讨了医保基金监管法律制度的背景、监管机构与职能、典型案例等。

本书适合社会保障法研究人员及从事医保基金监管工作的实务人员阅读。

责任编辑：吴 烁　　　　　　　　责任印制：孙婷婷
封面设计：格律设计

比较法视野下我国医保基金监管法律制度构建研究
BIJIAOFA SHIYE XIA WOGUO YIBAO JIJIN JIANGUAN FALÜ ZHIDU GOUJIAN YANJIU

孟彦辰　著

出版发行：知识产权出版社有限责任公司		网　　址：http://www.ipph.cn
电　　话：010-82004826		http://www.laichushu.com
社　　址：北京市海淀区气象路50号院		邮　　编：100081
责编电话：010-82000860 转 8768		责编邮箱：laichushu@cnipr.com
发行电话：010-82000860 转 8101		发行传真：010-82000893
印　　刷：北京中献拓方科技发展有限公司		经　　销：新华书店、各大网上书店及相关专业书店
开　　本：880mm×1230mm　1/32		印　　张：10
版　　次：2024年11月第1版		印　　次：2024年11月第1次印刷
字　　数：260千字		定　　价：88.00元

ISBN 978-7-5130-9555-6

出版权专有　　侵权必究

如有印装质量问题，本社负责调换。

前言
foreword

医疗保障基金（以下简称"医保基金"）是医疗保障体系运行和发展的物质基础和保障，也是实现医疗保障目标的源泉和关键。医疗保障最大的特点是第三方付费，这使得医保基金在管理、使用、支付等各个环节中，存在各种道德风险。从世界范围来看，在整个社会保障体系建设中，医疗保障的困难最多。医保基金监管法律制度体系具有很强的技术性、专业性、政策性、变动性。从内容来看，由于医保基金监管立法调整的范围较广、法律关系复杂，所以医保基金监管法律体系中的法律类型多样，层级多元。

我国医保发展时期不长，前期医保事业关注的重点是制度建设和人员覆盖，而医保基金监管相对弱化。部分发达国家医保制度运行已经有上百年的时间，包括医保基金监管在内的法律制度较为健全，在医保基金监管方面积累了丰富经验，如果可以对域外典型国家的医保基金监管的法律制度进行系统深入的研究，必将对完善我国医保基金监管法律制度进程大有裨益。

2020年12月，笔者有幸获批首都医科大学国家医疗保障研究

▶▶▶ 比较法视野下我国医保基金监管法律制度构建研究

院的开放性课题："比较法视野下我国医保基金监管法律制度的构建研究"，本书内容是课题研究成果的集中体现。

在典型国家选取方面，作为发达国家的样本，本书选取了经济合作与发展组织（OECD）的34个成员国进行了考察。在当前世界上现有的五种医疗保险模式的基础上，选取了五个典型国家进行了重点研究。这五个典型国家包括采用社会医疗保险的日本，采用全民公费医疗的英国，采用全民健康保险的加拿大和澳大利亚，采用商业医疗保险的美国。除了考虑不同的医保类型，笔者也考虑了地域分布，把亚洲（日本）、欧洲（英国）、美洲（美国、加拿大）、大洋洲（澳大利亚）都涵盖在内，对医保监管的典型国家开展比较研究。当然，一个国家的社会结构和形态因素（包括人口规模、社会阶层的比例、社会团体的活跃程度等）都会不同程度地影响该国医保领域法律制度。在选择典型国家时，笔者也考虑到这些因素的影响，尽量确保选取具有多样性社会结构和形态的国家。

本书由总报告和分报告组成。本书的主要内容既包括典型国家医保基金监管的主要立法，同时也对典型国家医保基金监管法律制度形成的经济、政治、社会、文化等背景进行了探讨。医保基金监管立法是一个国家医疗保险乃至社会保障立法的重要组成部分，一些最基本的问题必须明确：作为覆盖全民的"基本医疗保障制度"（以下简称"基本医保"），基金的支付范围和种类包括哪些；基本医保的基金是否要保证每个人的"平等消费"，即不考虑患者的收入水平，每个人都能得到必要且全面的治疗；对此，国家的责任和边界在哪里。

对于以上问题的不同答案直接导致了不同国家在医保法律制度方面的巨大差异，从而也影响了医保基金监管领域的立法。日本医疗保险法律的一条规定与我国有根本性差异，即日本原则上禁止混合诊疗。如果患者想接受保险范围之外的自费医疗服务，就必须自行负担全部费用（包括医疗保险内的医疗服务费用）。日本定点医疗机构只能在医保范围内要求患者支付费用，否则将被取消定点医疗机构的资格。混合诊疗在日本被认定为关涉医疗保障制度公平性的根本问题，关乎日本宪法规定的保障个人自由的基本权利，从而禁止混合诊疗成为日本医保领域立法的基本原则之一。加拿大的国内法也规定不允许私人医疗保险覆盖公立医疗保险的范围，而同为发达国家的澳大利亚则建立了一套全民医疗保险与私人医疗保险相结合的综合医疗保障制度，在法律中规定澳大利亚联邦政府对参保人购买商业医疗保险享有30%退款的权利，通过这种制度安排，满足参保人多样化的就医需求，尤其是中高收入患者的需求。

笔者在研究中发现，不同国家内部的医疗产业和其他参与者（包括民间机构和团体，如医学会、医师协会、医院管理协会等，也包括医保基金监控管理的软件开发者和维护者）的组织结构和他们之间的法律地位、法律关系，也在一定程度上影响着医疗领域法律对相关主体参与者的监管制度的设计。为更好地展现出域外典型国家的医疗基金监管立法在具体操作和执行层面的问题，笔者在典型国家的分报告中对其监管机构、监管职能等进行了比较研究，对医保基金监管领域政府如何扮演组织引领、公共支持、授权赋能的角色，不断激活社群机制，促进社会组织的参与和监管能力的建设等问题进行了探讨。法律条文必须通过具体的司法实践加以运用，只有认真研究案例，才能明确法律在实践中的运用。鉴于此，分报告也分别对典型国家医保领域的典型案例进行了研究，以更全面地揭示域外立法的内容。

▶▶▶ 比较法视野下我国医保基金监管法律制度构建研究

总报告和分报告在对各国法律体系的研究中，多数是以描述性的文字展现各国立法的总体情况、内在结构与运作状态，正如世界上没有完美的医疗保障制度一样，这个世界上也没有完美的医保基金监管制度。虽然上述典型国家均制定了较为全面、系统的医保基金监管法律，也有不少发达国家成立了专业的反医疗保险欺诈机构，并在实践中采取了强有力的执法手段，但是仍然无法杜绝欺诈骗保行为的发生。笔者研究和分析域外典型国家在医保基金监管领域中的法律制度，并非要从上述比较研究中找出普适的或者"万能"的制度框架，进而在我国进行移植，而是从实际出发，争取客观、清晰地对域外典型国家的立法作较为完整准确的介绍。总报告对日本、美国、英国、加拿大、澳大利亚五个国家法律制度的介绍，部分内容也出现在分报告中，因为分报告不仅介绍了该国法律制度，也有行政执法和司法判例的介绍，为了使读者更清晰地了解相关国家立法在国内实施的情况，同时避免频繁翻阅总报告查阅各国法律制度的不便，分报告将上述五个国家的法律制度部分内容仍然予以展现，以方便读者查阅。

医保基金监管问题涉及法学、管理学、经济学等多学科、多领域的专门化、系统化的知识体系，针对课题研究中的重难点问题，笔者带领研究生进行了系统、扎实的文献研究工作，并多次组织卫生法学、卫生管理学、经济学等相关领域的专家学者召开论证会。在本书的撰写过程中，我的师妹石泉博士给予了大力支持。她在准备博士论文答辩期间，不辞辛劳帮我查找、翻译了大量加拿大的医保基金监管的法律。由于加拿大联邦政府在这一问题上并没有公开的统计数据，且描述具体案件的材料通常由警方掌握，不供公众查阅，因此关于加拿大医保基金欺诈与滥用的一些案例石泉博士不得不从新闻与访谈中获得。石泉博士治学严谨，对于加拿大相关法律、判例，她都一一核对，并附上图表来清晰、直观地再现整个医保案件纠纷的解决过程。加拿大国内立法和启示部分基本来自石泉博士的建议，她的独特见解对我的课题研究有很大启发，在此对石泉博士表示深深的谢意！

我的研究生陈永怡负责收集、整理和翻译英国、澳大利亚的资料，并负责全书的编辑和校对工作；我的研究生苏承音负责收集、整理和翻译日本的资料。两位同学在课题研究中克服了语言、资料和案例检索等方面的很多困难，想方设法查找一手资料，丰富案例来源，为我的课题研究和报告撰写奠定了扎实的基础。我的研究生胡心仪负责后期书稿的校对和全书法条核查；借助2018年在美国访学的机会，我得以获取大量美国医保基金监管的文献资料；通过在国外留学的研究生尹多同学的帮助，我有幸获取了很多澳大利亚医保基金监管的资料，在此一并表示谢意！遗憾的是，由于篇幅所限，在专家建议下，本书没有收录德国和新加坡的医保基金监管法律，我在此也向负责这两个国家资料收集和翻译工作的燕语、张元昭、李文祎三位同学表达深深的谢意！

由于才疏学浅，加上语言和精力的局限，本书在介绍国外法律制度时，疏漏是难免的。恳请各位专家和读者给我提出宝贵建议，以更好地完善我国医保基金监管的立法，推动我国医保基金监管法治化的进程！

目录
contents

总报告篇

第一章　域外典型国家医保基金监管法律制度的比较研究 / 3
　　第一节　日本医保基金监管法律制度 / 3
　　第二节　美国医保基金监管法律制度 / 16
　　第三节　英国医保基金监管法律制度 / 32
　　第四节　加拿大医保基金监管法律制度 / 41
　　第五节　澳大利亚医保基金监管法律制度 / 57
　　第六节　域外典型国家医保基金监管立法的异同 / 68

第二章　医疗保险纠纷解决机制研究 / 85
　　第一节　域外典型国家医保纠纷解决机制 / 85
　　第二节　各国医保纠纷解决机制的特点 / 92

第三章　我国医保基金监管立法现状与问题 / 97
　　第一节　我国医保基金监管立法现状 / 97

第二节 我国医保基金监管立法存在的问题 / 100

第四章 完善我国医保基金监管立法的对策和建议 / 119
第一节 建立医疗保障基金监管法律体系的核心问题 / 120
第二节 比较法视野下我国医保基金监管法律制度构建的具体建议 / 124

第五章 结语 / 149

参考文献 / 151

附录 中国医疗保障基金监管相关法律法规 / 160

分报告篇

第一章 日本医保基金监管法律制度研究 / 167
第一节 日本医保基金概况 / 168
第二节 日本医保基金监管法律制度的主要构成与内容 / 180
第三节 日本医保反欺诈执法机构、反欺诈成效和欺诈案例 / 181
第四节 日本长期护理保险基金监管概况 / 190
第五节 日本长期护理保险反欺诈法律制度的主要构成与内容 / 193
第六节 日本长期护理保险反欺诈执法机构、反欺诈成效和欺诈案例 / 194

第二章　美国医保基金监管法律制度研究 / 198

第一节　美国医保反欺诈法律制度的发展历程及主要构成 / 200

第二节　美国打击欺诈骗保法律法规的主要内容及特点 / 203

第三节　美国医疗保险欺诈和滥用控制项目及其成效 / 206

第三章　英国医保基金监管法律制度研究 / 227

第一节　英国医疗保障制度 / 227

第二节　英国国家医疗服务体系监管立法体系 / 230

第三节　英国医保基金监管机构及其职能 / 234

第四节　英国国家医疗服务体系欺诈类型和典型案例 / 235

第四章　加拿大医保基金监管法律制度研究 / 242

第一节　加拿大医疗保险制度形成的历史背景 / 242

第二节　《加拿大卫生法》及医疗保险计划概述 / 247

第三节　加拿大医保基金欺诈与滥用的对象和种类 / 250

第四节　加拿大医保基金欺诈与滥用监管制度 / 253

第五节　医保基金诈骗惩戒方法 / 266

第六节　加拿大医保基金监控与惩戒的特点 / 274

第五章　澳大利亚医保基金监管法律制度研究 / 278

第一节　澳大利亚医疗保障制度概述 / 279

第二节　澳大利亚医保基金监管立法情况 / 290

第三节　澳大利亚医保基金监管执法情况 / 291

第四节　澳大利亚医保基金监管法律制度的特点 / 301

附录　各国法律名称对照表 / 304

总报告篇

第一章

域外典型国家医保基金监管法律制度的比较研究

第一节 日本医保基金监管法律制度

日本于1905年率先在八幡制铁厂进行以企业职工为医保对象的合作医疗，随后通过地域和职业等类别实现了对不同人群的医疗保障。1958年出台的《日本国民医疗保险法》规定所有日本国民必须参加医疗保险，日本于1961年实现了全民医保。[1]

日本的医疗保险和长期护理保险是两种不同的社会保险制度，但它们在为日本国民提供健康与福利保障方面起着相辅相成的作用。医疗保险制度在日本涵盖了广泛的范围，不仅包括医院和诊所的医疗费用，还覆盖药品费用、设备费用及医生出诊费用等。此

---

[1] SASAI Y, SUZUKI Y, TAKEUCHI Y. An Analysis of the Current Condition of the Medical Insurance System in Japan[J]. Journal of oral science, 2019, 61(03):481.

外，该制度还提供了生育津贴和生育医疗费用等保障，确保日本国民在医疗方面的基本需求得到满足。长期护理保险制度是日本社会养老制度中的重要组成部分，于2000年4月开始实施。它的主要目标是支撑需要长期护理的人群，如老年人、残障人士和患者等，并将护理从传统的专门机构转向家庭护理，以减轻少数家庭承担的护理负担。该制度的参保人群主要是年龄超过40岁的日本国民，其中65岁及以上的老年人被视为第一顺位参保人，他们具有较强的护理需求。

日本医疗保险制度主要关注日本国民的医疗费用问题，确保人们在生病或受伤时能够得到适当的治疗；而日本长期护理保险制度则侧重为需要长期护理的人群提供支持和保障，以应对老龄化等社会挑战。两者共同构成了日本社会保障体系的重要组成部分，为日本国民提供了全方位的健康和福利保障。同时，两者都面临着医保欺诈的风险，随着医疗技术的进步和护理服务的多样化，欺诈行为也可能变得更加隐蔽和复杂。

2024年我国政府工作报告明确"推进建立长期护理保险制度"，国家医疗保障局（以下简称"国家医保局"）在各地试点长期护理保险实践基础上（我国共有49个长期护理保险试点城市，参保人数约1.7亿人，享受长期护理保险待遇人数累计超200万人），推出了《长期护理保险失能等级评估管理办法（试行）》等政策。在各地试点中，有些地区的长期护理保险基金从医保基金中划拨，有些地区长期护理保险基金与医保基金存在交叉。鉴于此，本书将日本长期护理保险基金的监管作为研究对象，以期对我国未来长期护理保险基金的监管有所启迪和借鉴。

一、日本医保基金监管法律的构成

日本医疗保险反欺诈的立法可以分为"硬法"和"软法"两部分。"硬法"是日本立法机构颁布的具有法律强制约束力的立法，日本国内对于医保反欺诈的法律规定散见于《日本健康保险法》《日本社会保险诊疗报酬支付基金法》等法律法规之中。这些不同层级的法律法规构成了一个有机整体，形成了较为完善的医保基金反欺诈法律制度体系。然而"硬法"有时会与患者的自主权、市场规律、医学和医疗的快速发展变化相冲突，造成医疗领域的困境。政府不可能用"硬法"来强制所有医疗领域面临的各种困境。近年来，日本的趋势是政府通过"指南"和"指示"提供适当的信息，并将"软法"的制定委托给相关民间组织。与《日本国民医疗保险法》等"硬法"相比，日本医师会制定的《日本医师的职业伦理方针》虽然不具有强制性，但实践中也发挥了非常重要的作用。[1]

二、日本医保基金监管法律的主要内容

日本医保基金监管相关法律规定散见于《日本医疗法》《日本医师法》《日本健康保险法》《日本国家卫生法》《日本社会保险诊疗报酬支付基金法》等法律法规之中，并针对特殊人群制定了诸如《日本海员保险法》等专门立法。这些不同层级的法律法规构成了

---

[1] 医師の職業倫理指針[EB/OL].（2008-10-27）[2022-10-27]. https://www.mhlw.go.jp/shingi/2008/10/dl/s1027-12h.pdf.

一个有机整体，形成了较为完善的医保基金监管法律制度体系。

(一)《日本医疗法》

《日本医疗法》最早制定于1948年，有着日本医疗界宪法的地位，在医保基金监管方面，这部立法最重要的规定是确立了日本国内对于定点医疗服务机构的行业准入标准。日本的医疗机构分为公立所有制医院（包括国立医院、地方政府医院和医疗保险基金医院）、非公立所有制医院（包括医疗法人医院、其他法人医院和个体医院）两类，非公立所有制医院是日本医疗机构的主体，约占日本医疗机构总数的80%。在非公立所有制医院中，医疗法人开办的医院占有较大比重。《日本医疗法》对医疗法人的准入资质有严格规定，强调其经营的非营利性、内部治理机构的规范性和财务税收政策的特殊性。医疗法人又可以进一步分为社团医疗法人和财团医疗法人两种。其中，社团医疗法人的公益性最强，税收优惠也最高。[1]

(二)《日本健康保险法》

《日本健康保险法》是日本医疗保险制度领域最重要的立法之一，这部法律最早颁布于1922年，是亚洲第一部社会保险法，最新的修正案于2022年颁布。该法的基本理念为从医疗服务的安全性、有效性和普及性等角度出发，有必要划定保险给付范围，以防止产生不合理的患者负担。这部立法在禁止混合诊疗、医疗保险审查、指导和处罚等方面发挥了非常重要的作用。

《日本健康保险法》明确禁止医保医师进行特殊疗法，以及使用未经厚生劳动大臣认可的药品（第70条第1款）。该法规定通过

---

[1] 医療法[EB/OL].(2020-12-14)[2022-09-27].https://elaws.e-gov.go.jp/document?lawid=323AC0000000205.

第一章 域外典型国家医保基金监管法律制度的比较研究

国家体检并获得医疗执照的医生会自动注册为医保医生。医师必须向有管辖权的地方厚生劳动（分局）局长提出申请，进行负责保险医疗工作的备案（第71条）。在保险医疗机构任职的医保医师必须提供健康保险覆盖的医疗服务。同时，保险医疗机构只能在提供保险给付范围内的医疗服务后才能向患者请求部分医疗费，否则将被取消保险医师及保险医疗机构的认定资格（第72条）。因此，从法律依据来看，日本的医疗保险不允许保险医疗机构和医生进行混合诊疗，本质上是针对医保医师和保险医疗机构的行为规范，避免医患信息不对称导致的无德医师强制患者接受不合理的治疗，从制度上一定程度上限制了欺诈骗保的发生。

《日本健康保险法》在医疗保险审查、指导和对医保医生、保险医疗机构和参保人欺诈的处罚方面，进行了明确规定。该法规定由厚生劳动省和地方厚生局对参保医疗机构和医保医师进行审查、指导（第73条），确保保险医疗机构和医保医师了解医疗主管部门规定的医疗政策、医疗费和配药费的报销办法、对保险医疗的行政处理及如何提高和优化保险医疗和保险配药的质量。指导方式分为集体指导和个别指导两种，前者是将保险医疗机构聚集在某一地点进行指导，后者是进行个别访谈和讨论。在怀疑参保医疗机构的医疗或报销细节存在欺诈或严重不当的情况下，可以进行审查以查明事实。厚生劳动大臣准确查明在医疗细节或保险医疗机构报销等方面涉嫌欺诈或严重不当的情况后（第78条至第81条），按严重程度排序，故意欺诈或无理要求医疗报销的情况将被公开宣布撤销，原则上在五年内不能重新被指定或重新注册为医保医师或保险医疗机构。对于通过欺诈或其他违法手段获得保险给付的主体，保险者可要求其返还全部或部分给付金额（第58条）。对于通过欺骗或其

· 7 ·

他不法行为获得或试图获得保险金的参保人（该法第120条至第122条），保险者可以决定在不超过6个月的固定期限内不支付全部或部分伤害和疾病津贴或生育津贴。在没有正当理由的情况下，参保人拒不提交或出示文件或其他材料，或拒绝接受审查和提问，保险者可以拒绝支付全部或部分保险金。❶

（三）《日本社会保险诊疗报酬支付基金法》

《日本社会保险诊疗报酬支付基金法》是日本医疗保险费用审查与支付的重要立法，最早颁布于1948年。该法旨在利用信息通信技术，确保公平和中立地审查和分析医疗费用索赔信息，努力确保业务运营的透明性，达到向患者正确收取医疗费用的目标。该法规定社会保险诊疗报酬支付基金作为第三方，向保险医疗机构付款。支付基金委员会的主要职责是审核参保患者在医疗机构接受诊疗时产生的医疗费用，及时向保险机构申请医疗费用并快捷支付给医疗机构。该法对支付监督也作了明确规定。审查委员会经卫生、劳动和福利部长批准，可对其认为有必要的医疗费申请进行审查，可要求有关负责人提供报告、病历、其他账簿和文件，如果医疗负责人无正当理由拒不配合，经卫生、劳动和福利部长批准，社会保险诊疗报酬支付基金可暂停向申请人支付医疗费用。同时，社会保险诊疗报酬支付基金受卫生、劳动和福利部的监督，接受相关部门监管时需要提供相应文件资料，如果支付审查会的职员进行虚假报

---

❶ 健康保险法（大正十一年法律第七十号）[EB/OL].（2018-03-30）[2022-10-11]. https://elaws.e-gov.go.jp/document? lawid = 211AC0000000070_20220401_501AC0000000009 & keyword =% E5% 8C% BB% E7% 99% 82% E4% BF% 9D% E9% 99% BA% E5% 88% B6% E5% BA% A6.

告，拒绝、干扰或逃避官员的检查，将被处以不超过三十万日元的罚款。泄露机密的职员将处以一年以下有期徒刑或一百万日元以下罚款。如果社会保险诊疗报酬支付基金会的主席、董事或审计师违反该法或根据该法发布的命令，不进行登记或进行虚假登记，将被处以最高二十万日元的非刑事罚款。❶

（四）《日本举报人保护法》

《日本举报人保护法》于2004年颁布，并于2006年4月生效。该法提供了关于撤销或禁止解雇，或其他不利待遇以保护从事检举行为的雇员的民事规则。内部举报人制度在英美法系国家被称为"吹哨人制度"，日本制定《日本举报人保护法》时既参照了英国已有制度，又结合了日本自身的企业环境和雇佣关系。

《日本举报人保护法》第1条规定，该法的目的是保护举报人，规定以举报为由解雇举报人的行为无效，禁止对举报人的不利待遇，以及规定企业和行政机构应采取的措施，确保企业和行政机构遵守有关保护公民生命、身体、财产和其他利益的法律和法规的规定，从而促进公民生活的稳定和社会经济的健康发展。为了促进违法行为的纠正与遏制，针对员工的告发行为，该法明确了公益举报的类型，以赋予举报员工不受解雇或不利待遇的保护。就公益举报者的主体而言，依据《日本举报人保护法》定义包括企业的正式员

---

❶ 社会保険診療報酬支払基金法（昭和二十三年法律第一百二十九号）[EB/OL]. (2018-03-30) [2022-10-11]. https://elaws.e-gov.go.jp/document?lawid=323AC0000000129_20210901_503AC0000000036 & keyword=%E7%A4%BE%E4%BC%9A%E4%BF%9D%E9%99%BA%E8%A8%BA%E7%99%82%E5%A0%B1%E9%85%AC%E6%94%AF%E6%89%95%E5%9F%BA%E9%87%91%E6%B3%95-27.

工、部分工时员工、临时工及派遣员工，或者是外观上虽属承揽或委任契约，实质上仍在事业单位的指挥监督下提供劳务的员工等。医师也属于保护对象。此外，由于员工通常会担心雇主的事后报复，现实中大多数采取匿名举报的方式。根据该法第3条规定，公益举报的行为事实即于法律上被认为与公益有关而得作为举报的事实内容，而就该内容的范围依法明确地被定义为：与私人的生命、身体的保护，消费者利益的维护，环境的保全，公平竞争的确保，以及其他有关国民的身体、生命、财产的利益保护等有关，而属于法律上所规定的犯罪行为事实，或者是与犯罪行为有关而属于违反法令的事实。然而，《日本举报人保护法》却只规定了解雇无效后的法律效力，但没有任何关于罚则的规定，也并未规定举报奖励金额。❶

（五）《日本反对不合理的溢价和误导性陈述法》

日本于1962年颁布《日本反对不合理的溢价和误导性陈述法》。为防止消费者在商品和服务交易中受到不公平的溢价和陈述的诱惑，该法对可能妨碍广大消费者自愿、理性选择的行为进行了规范和禁止。根据该法第31条的规定，事业者或同业公会，应依内阁府令之规定，就有关赠品或陈述之事项，取得首相及公平交易委员会之授权，并防止不正当招揽顾客，缔结或设立协议或公约，以确保广大消费者的自愿和理性选择与经营者之间的公平竞争。通过限制在药品生产和销售行业提供不合理的溢价，防止对客户进行不合理的诱导，确保普通消费者的自愿和理性选择及企业之间的公平竞争。

---

❶ 公益通报者保護法［EB/OL］.（2022-06-01）［2022-10-16］. https://elaws.e-gov.go.jp/document? lawid=416AC0000000122.

第一章　域外典型国家医保基金监管法律制度的比较研究

（六）《日本下一代医疗基础设施法》

为进一步推进医疗信息的利用，充分挖掘医疗数据的社会价值，日本于2018年颁布了《日本下一代医疗基础设施法》（次世代医療基盤法）。[1] 该法将医疗信息视作未来医疗发展的关键基础设施，并通过对《日本个人信息保护法》设置的一般性匿名化处理制度进行针对性改造，实现对个人医疗信息的特别规制，在提供有效保护的前提下进一步助推医疗信息的流动和利用。

第一，《日本下一代医疗基础设施法》规定由政府对处理个人医疗信息的匿名加工事业者（以下简称"认定事业者"）统一进行资质认定，由其专门负责个人医疗信息的匿名化处理（第8条）。该法从组织体制、人员、信息、事业运营计划、安全管理五个方面设定了严格的认定条件。例如，在组织体制方面，要求认定事业者建立保持医疗信息处理透明度和安全性的适当机制；在人员方面，要求作为认定事业者的技术人员充分理解医疗信息的安全标准和规格，并具有加工和管理医疗信息的高度专业性；在安全管理方面，要求认定事业者确保其匿名加工主干系统与互联网等开放网络彻底分离，并建立多层次防御体系（包括日志监测、可追溯性确保、第三方认证等）（第9条）。由此，医疗机构可以安全便捷地选择合作机构。

第二，《日本下一代医疗基础设施法》规定由认定事业者而非医疗机构承担个人医疗信息匿名加工的最终责任，医疗机构和认定事业者之间的法律关系由委托代理关系转变为信息转让关系，认定

---

[1] 全称为《有助于医疗领域研究开发的匿名加工医疗信息法》（医療分野の研究開発に資するための匿名加工医療情報に関する法律）。

事业者由此获得对医疗信息法律上的控制权,可自主加工和管理医疗信息,自行决定医疗信息的转让对象。由此,医疗机构的法律风险转移至认定事业者,从而排解了医疗机构的疑虑。

第三,《日本下一代医疗基础设施法》规定认定事业者从医疗机构等信息控制者处受让个人医疗信息时适用默示同意规则,除非信息主体明确向认定事业者表示反对,否则推定其同意个人医疗信息的转移和匿名加工(第30条)。由此,认定事业者可以便捷地从各医疗机构广泛接收个人医疗信息,这大大提高了信息流通效率,并将分散的医疗数据汇聚成医疗大数据。此外,认定事业者还可根据制药公司、研究机构等后续利用者的需求进行定制化加工,从而提高信息的可用性。《日本下一代医疗基础设施法》认定事业者制度的建立,辅之以默示同意规则的运用,既提高了个人医疗信息匿名化处理的标准,又促进了个人医疗信息的流动和汇聚,还减轻了医疗机构的负担。这一改革并未根本改变日本已有制度框架,只是针对个人医疗信息进行了特殊规定,制度改造成本总体可控,是一种兼具经济理性的规制方案。[1]

(七)《日本医生职业道德指南》

日本医师会于2004年颁布了《日本医生职业道德指南》,最新修订时间为2016年。2016年《日本医生职业道德规范指南(第3版)》中明确指出医生伦理以敬畏生命为宗旨,以个人的尊严为中心支柱,提出严格自律与互相监督的理念。《医生职业道德规范指南(第3版)》中规定了医生与医药公司的关系(第7条第2

---

[1] 李润生.论个人医疗信息的匿名化处理制度——兼评《个人信息保护法》相关条款[J].交大法学,2022(04):122-136.

款），药品等医疗用品的交易必须严格公平，不当行为将被视为违反医生将患者福利放在首位的立场，同时会造成患者对研究结果和医疗结果的不信任，因此必须不惜一切代价避免。该指南改版前（第2版），该条目的描述为检查不当支付药品和医疗用品的费用，在第3版中变为不可支付药品和医疗用品的费用必须绝对避免。指南中提出医生应与医疗保险合作（第8条第9款），任何破坏医保制度的不诚实行为都不会被容忍。医生还负责维持和提高保险范围，努力纠正和完善对患者不利的不合理规章制度，同时合理配置有限的医疗资源。

日本在医疗医保基金监管完善的立法和严密的执法，在一定程度上减少了不必要的医保资金损耗，但是由于日本老龄化程度的加深，"医"和"养"对医保基金监管不断提出新的挑战。同时，区块链、大数据和人工智能等在医疗服务和医疗保障领域的广泛应用，也给日本医保基金监管带来新的问题，这使得日本未来在医保基金监管领域仍然面临着不小的挑战。

三、日本长期护理保险法律的主要内容

（一）《日本长期护理保险法》

《日本长期护理保险法》于1997年制定，并于2002年正式实施。该法旨在解决因人口老龄化带来的老年人身心变化所产生的长期护理需求，为需要洗浴、排泄、膳食等日常护理、功能训练及医疗护理管理和其他医疗服务的老年人提供必要的保健医疗和福利服务，确保他们能够在保持尊严的前提下独立生活。该法

在长期护理保险的审查、指导和处罚等方面,起到了至关重要的作用。

《日本长期护理保险法》第 23 条和第 24 条规定了现场指导和咨询事项。第 23 条允许各市町村在认为必要时,要求相关服务机构提交或出示与保险福利相关的文件或其他材料,或让官员提出问题进行询问。而第 24 条则赋予厚生劳动大臣或都道府县知事在处理长期护理津贴等事项时,命令相关服务机构提交报告、记录、书籍和文件,或向官员提出问题。这些条款构成了现场指导和咨询的主要内容。

该法第五章详细规定了护理支持专业人员、服务提供者和设施的相关内容,并明确了在怀疑存在欺诈行为时实施"审核"的权力。《日本长期护理保险设施等指导指南》对"指导"进行了明确定义,旨在确保和提高经营者的服务质量,培养经营者遵守相关法律法规。《日本长期护理保险设施审核准则》中的"审核"则是指在涉嫌违反指定标准或不当索赔的情况下,根据证据查明事实,并利用法律赋予的权限进行事实调查。

该法第十一章详细规定了长期护理保险审查委员会的组成人员及《日本厚生劳动省条例》的授权情况。其中,第 181 条规定了在审查护理补贴申请时,经都道府县知事批准,可要求指定的居家服务事业者、护理预防服务事业者或护理保险设施提供者提交相关报告或资料。此外,厚生劳动大臣也有权要求相关设施的设立者、管理者或负责人出席并作出解释。保险费审查委员会则有权要求指定服务机构对长期护理保险金所涉及的服务进行说明。在特定情况下,如补助金费用审查委员会认为有必要,可要求相关机构进行审查。同时,卫生、劳动和福利部长也有权要求指定服务企业经营者或受托人提交相

第一章　域外典型国家医保基金监管法律制度的比较研究

关报告或文件，并要求相关负责人出庭或作出说明。

当发生撤销营业场所指定等处理时，根据《日本长期护理保险法》的相关规定，长期护理保险指导办公室有权要求运营管理机构在听证或给予解释机会之前的阶段向长期护理保险指导办公室提供信息。此外，由于市町村对社区服务机构的惩戒信息是通过都道府县提供的，因此都道府县负责通知其管辖范围内的市町村，以确保信息的完整性。在对社区服务机构和综合服务机构进行监察时，如出现多个市町村指定同一营业场所的情况，各市町村应相互配合，同时进行现场检查，并采取必要的行政措施。❶

（二）《日本老年人福利机构指导和审核指南》

《日本老年人福利机构指导和审核指南》是一份详尽且系统的文件，旨在依据《日本老年人福利法》第18条的规定，为老年人福利机构的日常运营、管理及服务质量提供明确的指导和审核标准。该指南全面而细致地规范了老年人福利机构的各项工作，确保其能够为老年人提供舒适、安全且高质量的服务。该指南首先强调了老年人福利机构在提供服务时应遵循的基本原则，包括尊重老年人的尊严、关注他们的需求及保障他们的权益。这些原则贯穿于机构运营的各个环节，确保老年人能够在温馨的环境中享受到贴心的福利服务。同时，该指南详细规定了老年人福利机构应设立的各项制度和管理措施，如建立健全的服务流程、制定详细的服务标准、加强员工培训和管理、完善设施设备的维护。这些制度的建立和实施，有助于提升机构的服务水平，确保老年人能够得到及时、有效的帮助和照顾。在服务质量

---

❶ 介護保険法［EB/OL］.（2018-03-30）[2024-03-11］. https://elaws.e-gov.go.jp/document? lawid=409AC0000000123.

· 15 ·

管理和改进方面，该指南也给予了高度关注。通过定期的审核和评估，福利机构能够及时发现存在的问题和不足，并采取相应的措施进行改进。这种持续改进的机制有助于不断提升机构的服务质量，满足老年人的多样化需求。值得注意的是，在权力下放改革的推动下，2018年日本对地区提案进行了征集，并对社会福利法人运营的社会福利设施的设施监察（总监察）期限进行了重新评估。针对上一年度设施监察结果良好的社会福利设施，包括老年人福利设施在内，其一般监察（现场监察）的周期已从每两年一次改为每三年一次。然而，对于存在运营问题的设施，则需在次年立即进行现场设施审查，以确保其运营的规范性和老年人的福祉。[1]

第二节　美国医保基金监管法律制度

当前，美国医保欺诈是一个非常普遍而且严重的问题。据美国国家医疗保险反欺诈协会估计，每年因医保欺诈造成的经济损失高达数百亿美元[2]，其中 Medicare 欺诈的损失约 600 亿美元[3]。本书

---

[1] 全国介護保険・高齢者保健福祉担当課長会議のホームページは移転しました[EB/OL].（2023-03-08）[2024-03-11]. https://www.mhlw.go.jp/stf/shingi/other-rouken_129155.html.

[2] NHCAA. The Challenge of Health Care Fraud[EB/OL].（2022-10-10）[2023-06-18]. https://www.nhcaa.org/tools-insights/about-health-care-fraud/the-challenge-of-health-care-fraud/.

[3] EATON J. Medicare Under Assault From Fraudsters[EB/OL].（2018-03-30）[2022-10-11]. https://www.aarp.org/money/scams-fraud/info-2018/medicare-scams-fraud-identity-theft.html.

总报告篇
第一章 域外典型国家医保基金监管法律制度的比较研究

将聚焦美国公共医疗保障制度❶，结合美国现行立法和医疗保险欺诈与滥用控制（Health Care Fraud and Abuse Control，HCFAC）项目反欺诈的实施情况，对美国在公共医保制度领域的反欺诈和滥用的立法、司法、行政执法实践进行深入研究与分析，为我国推进医保反欺诈工作、完善医保基金监管制度提供参考。

一、美国医疗保险反欺诈法律制度的发展历程及主要构成

（一）发展历程

1965年，美国国会颁布医疗照顾计划和医疗救助计划时，并没有制定专门的反欺诈条款，对欺诈的处理主要是参照《美国老年、遗嘱及残疾保险计划》中的反欺诈条款。1971年，美国国会在卫生、教育和福利部（现在的卫生和公共事务部）设立了总监察长办公室监管上述两个计划的运行，防范可能发生的欺诈和滥用。1972年，美国国会为这两个计划制定了一些具体的反欺诈和滥用条款，如对虚假报销、收受回扣、受贿等违法违规行为的处罚。

---

❶ 美国的公共医疗保障制度是指美国政府为了弥补私有市场化医疗保险体系的不足而推出的公共医保制度。按照属性可以分两大部分：一是针对大众的医保制度；二是针对极少数人群的免费医疗制度（退伍军人、印第安人等）。主体部分是第一部分，即针对老年人提供的公共医保计划 Medicare 和为贫困人口提供的医疗救助计划 Medicare、为贫困儿童提供的《州儿童医保计划》（the State Children's Health Insurance Program，SHIP），其他一些具体的公共医保计划项目都属于上述主体制度的延伸和扩大。参见高芳英.20世纪以来美国公共医保制度研究[M].北京：中国社会科学出版社，2018：2-3.

· 17 ·

1977年，美国国会通过了《美国医疗照顾计划—医疗补助计划反欺诈和滥用修正案》，将此前规定的一些不法行为认定是严重犯罪，从而加大了对欺诈骗保的惩罚力度。随着新的欺诈形式不断出现，美国国会对反欺诈和滥用条款进行了多次修订，并增加了民事违法和刑事犯罪的规定。此后，美国联邦政府及各州政府高度重视医疗保险反欺诈立法，反欺诈法律法规的数量显著增加，涉及范围不断扩大，形成了比较完善的反欺诈法律制度。[1]

（二）主要构成

美国联邦政府和各州政府的反欺诈立法从不同角度可以分为联邦立法和州立法、普通法和专门法及行政法规等，共同构成了反欺诈的法律制度。

首先，联邦政府有多项针对医疗保险欺诈和滥用的法律，包括《美国反回扣法》《美国斯塔克法》《美国反虚假申报法》等；各州也根据联邦立法的精神，并结合本州实际，相应地颁布了类似的法律。

其次，除上述针对医疗领域的欺诈骗保而专门出台的法律外，美国也有禁止各种欺诈骗保行为的普通法，如《美国反欺诈操控和贿赂组织法案》，以及处理邮件和网络欺诈、洗钱、串通诈骗、盗窃政府财产、虚假陈述、阻碍司法调查等行为的法律法规。这些普通法也可以起诉医疗保险领域的欺诈骗保行为。

除上述法律外，美国政府还制定了很多行政法规，禁止向那些涉嫌医疗保险欺诈的单位和个人支付款项。1987年，美国国会对医疗照顾计划和医疗补助计划的条款进行修改，授权总监察长办公

---

[1] 林源.美国医疗保险反欺诈法律制度及其借鉴[J].法商研究,2013(03):125-134.

室对医疗保险服务提供方采取行动，打击欺诈骗保行为。如果医疗保险服务提供方涉嫌欺诈，总监察长办公室有权排除其为医疗保险计划提供服务的资格，并对其进行民事罚款。此外，如果怀疑个人或机构涉嫌欺诈骗保，联邦政府有权暂停对其支付医保费用。

二、美国打击欺诈骗保法律法规的主要内容及特点

美国十分重视医疗保险反欺诈立法，联邦和州都制定了许多针对医保欺诈的法律法规，形成了日臻完善的医保反欺诈法律体系。❶ 美国医疗保险反欺诈法律制度具有法制体系健全、立法范围宽泛、内容丰富、法律规定具体明确、具备很强的操作性等特点。其中，最突出的特点是美国针对欺诈行为从严监管，欺诈惩罚力度较大，惩罚措施有罚款、监禁乃至终身监禁，以及排除参加医保的资格等，突出对医疗机构和医生的监管，在一部立法里面同时规定民事、行政和刑事三种不同的责任，根据具体的案情和情节处以不同的法律制裁。美国医疗保险反欺诈立法的主要内容如下。

（一）《美国社会保障法》（Social Security Act，SSA）

1935年《美国社会保障法》于美国第74届国会通过并由罗斯福总统签署成为法律。该法创立了美国社会保障计划，这是一个由工资税资助的养老计划，确立了老年人享有养老金和失业保险的基本权利。这项法律是罗斯福新政的一部分。在随后的几十年里，社会保障计划使老年人贫困率大幅下降，而社会保障支出成为联邦预

---

❶ 林源,李连友.美国医疗保险反欺诈实践及对我国的启示[J].中央财经大学学报,2012(01):70-75,91.

算的主要部分。《美国社会保障法》还建立了由各州管理的失业保险计划，以及向单亲母亲家庭提供援助的"抚养子女援助计划"。

不过遗憾的是，诞生于大危机时期的《美国社会保障法》主要目标在于解决当时社会严重的失业危机和养老危机，而由于部分美国民众的反对及当时美国医学会态度的转变，罗斯福总统担心耗费更多的政治资源，于是放弃了为美国建立全面医疗保险的计划，从而使得《美国社会保障法》并没有规定医疗保障的内容。

《美国社会保障法》自1935年通过后经历了多次修订。其中最为重要的一次修订是1965年的《美国社会保障修正案》(Social Security Amendments)。1965年《美国社会保障修正案》确立了医疗照顾（Medicare）和医疗补助（Medicaid）两大医疗计划。需要指出的是，1965年美国国会颁布医疗照顾计划和医疗补助计划时，并没有在《美国社会保障法》里制定专门的反欺诈条款，对欺诈的处理主要是参照《美国老年、遗嘱及残疾保险计划》中的反欺诈条款。此后，随着欺诈骗保案件的不断发生，《美国社会保障法》开始将反欺诈骗保的规则纳入修正案中，并不断加以完善。

《美国社会保障法》第1128A条规定，总监察长办公室有权对联邦医疗保健计划有违法行为的个人或机构处以民事罚款，具体按每一服务项目罚款1万~5万美元，并按涉案金额的3倍赔偿。《美国社会保障法》规定的违法行为包括以下行为：故意向州或联邦政府提交虚假报销申请；欺诈报销；不必要的治疗；就无执照的医生为其提供的医疗服务申请支付；赠送礼品或报酬给受益人（包括对医疗保险计划中受益人起付线和共同付费部分的免除），以及违反《美国反回扣法》和《美国斯塔克法》的行为。其中，接受或者支付回扣的，将被处以罚款5万美元和回扣金额3倍的赔偿。

《美国社会保障法》第1128B条专门规定了涉及联邦医疗保健计

划的刑事处罚,规定明知违法而故意作出某些虚假陈述是犯罪行为,其中严重的犯罪行为包括:对与联邦医疗保健计划报销有关的重要事实作虚假陈述;隐瞒信息以或欺诈手段获得的不应被批准的付款;帮助医院、疗养院、家庭保健机构作重要的虚假陈述以获得参加联邦医疗保健计划的注册资格等。针对明知而故意伪造、隐瞒重要事实或作虚假陈述以获得医疗保健计划提供的福利物品或服务的支付,将被处以长达 5 年的监禁和高达 2.5 万美元罚款,或者两者并罚。盗窃、贪污或故意误用医疗保健计划资产价值超过 100 美元的,将被处以 25 万美元以下的罚款和 10 年以下的监禁。其他提供与联邦医疗保健计划相关的虚假资料的行为将被处以 1 万美元的罚款及监禁 1 年。

《美国社会保障法》第 1128 条对违法行为的制裁还包括取消个人和机构参加联邦医疗保健计划的资格。包括以下违法行为:①针对医疗照顾计划或医疗补助计划的欺诈行为,以及与这两个计划支付相关的违法行为;②在提供医疗保健项目或服务时虐待或忽视患者;③与医疗保险有关的欺诈、盗窃或财务不良行为的严重犯罪;④非法制造、销售违禁药物,为违禁药物开具处方或配药。其他情形有:提供不必要的或不合标准的医疗服务;向联邦医疗保健计划提供虚假的或欺诈性报销申请;提供或者收取回扣;拖欠健康教育贷款或奖学金。此外,总监察长办公室还可根据医生和医疗机构的业务能力、表现和财务诚信决定对其执行暂停支付或吊销执照的处罚。一旦某医生或医疗机构被排除参加联邦医疗保健计划(医疗照顾计划、医疗救助计划和其他联邦医疗保健计划)的资格,则任何联邦医疗保健计划都不会为其提供的医疗服务付款。

(二) 1996 年《美国健康保险可携性与责任法案》(*The Health Insurance Portability and Accountability Act of* 1996, HIPAA)

《美国健康保险可携性与责任法案》适用于政府和私人医疗保

险计划,这个方案最重要的目标是确保个人在转换工作时其健康保险计划可以随之转移,尽量消除其无保险的状态,但同时该法也有大量的患者信息安全和数据安全的法律规定。在医疗保险欺诈方面,该法案将医疗保险欺诈法规提升至联邦法律层面并加以强化,具体规定了一系列关于医疗保险(含私人保险)欺诈的犯罪行为,主要包括盗窃、贪污、挪用、虚假陈述、阻碍犯罪调查等行为。《美国健康保险可携性与责任法案》授权执法人员采用行政传票、没收等手段,逐步加大对欺诈的制裁。根据该法案的规定,任何个人或机构对于医疗保险金故意实施欺诈,将被处以10年以下监禁,25万美元以下的罚款或者数罪并罚;如果因为欺诈导致患者身体受到伤害,将被处以最高20年的监禁;导致患者死亡的,将被处以终身监禁。

《美国健康保险可携性与责任法案》创立了三个重要的计划(项目),其中包括下文所述的打击欺诈骗保的医疗保险欺诈与滥用控制(Health Care Fraud and Abuse Control,HCFAC)项目。此外《美国健康保险可携性与责任法案》创建了另外两个著名的项目:联邦医疗保险诚信项目(Medicare Integrity Program,MIP)和受益人激励项目。联邦医疗保险诚信项目授权美国卫生与公共服务部(United States Department of Health and Human Service,HHS)与私营机构签订合同,开展联邦医疗保险调查活动。受益人激励项目为受益人提供可能导致金钱追偿、刑事制裁或医疗保障计划下的民事制裁的信息给予各种奖励和激励。

《美国健康保险可携性与责任法案》通过设立四项新的重罪和一项新的轻罪,将与医疗保健有关的犯罪行为联邦化,这些罪名包括医疗欺诈罪、与医疗有关的盗窃或贪污罪、与医疗有关的虚假陈述罪、妨碍对医疗犯罪的刑事调查罪及违反转让条款。《美国健康

第一章 域外典型国家医保基金监管法律制度的比较研究

保险可携性与责任法案》对某些重罪规定了强制性的排除期,对轻罪规定了每一个案件的排除期。在有减轻或加重情节的情况下,排除期的长短由美国卫生与公共服务部部长决定。司法部和监察处要求所有接受医疗欺诈指控的组织采用政府监督的企业诚信计划。❶

《美国健康保险可携性与责任法案》另外一个打击欺诈骗保的重要规定是规定了所有从医保欺诈中获得的包括刑事罚款、没收、民事和解和判决及行政处罚的金额都应存入信托基金,即名为"医疗保险欺诈和滥用控制"的专门账户,该账户为政府开展打击欺诈骗保活动提供了强有力的资金支持。❷

(三)《美国反回扣法》(Anti-Kickback Statute)

针对医疗领域收受回扣现象,美国国会于1972年通过了著名的联邦《美国反回扣法》。该法禁止提供、支付、索取或接受报酬以诱使某人转诊患者或购买、租赁任何可由联邦医疗保健计划支付费用的物品或服务。该法在经历了1977年、1980年、1987年、1996年四次重大修改之后,目前成为美国医疗领域反商业贿赂的主要法律依据。1977年的修订将违反《美国反回扣法》的行为从轻罪提升为重罪,并用"任何报酬"代替了"回扣和贿赂";1980年的修订增加了"明知而故意"(knowingly and willfully)这一犯罪意图的要求;1987年的修订增加了"安全港"规定;1996年的修订增加了"咨询意见"的规定;所有这些修订都是为了让《美国反回扣法》更加公平,在

---

❶ 耶鲁大学法规期刊[EB/OL]. (2021-12-7)[2022-10-16]. https://openyls.law.yale.edu/handle/20.500.13051/7887.

❷ 林源. 新型农村合作医疗保险欺诈风险管理研究[D]. 长沙:湖南大学,2014:27.

司法适用中更好操作。在美国各州对反回扣的立法上，其立法内容几乎无一例外地借鉴了《美国反回扣法》的相关规定，但稍有差异。

《美国反回扣法》规定在《美国法典》第42篇"公共健康与福利"（The Public Health and Welfare）的第7章"社会保障"（Social Security）中的第1320条a款第7项。该条款在对医疗回扣中的"非法报酬"（illegal remunerations）作出解释的同时，还规定了违反该法的法律责任和法定例外情形。

在处罚方面，《美国反回扣法》将违反该法的行为规定为重罪，单处或并处不超过5年的有期徒刑和不超过25 000美元的罚款，并将违反者排除于所有联邦医疗计划之外。从犯罪主体来看，《美国反回扣法》明确规定，任何个人或实体违反该法都将受到法律的制裁。因此，违反《美国反回扣法》的主体可以是医生、医院、患者、医疗产品或服务供应商、中介机构等任何个人或实体。

从犯罪客体来看，《美国反回扣法》主要针对由联邦医疗保险和医疗补助计划支付的物品或服务，其立法目的是防止医疗诊断中的腐败和联邦医疗计划涵盖的物品或服务的滥用及不公平竞争。因此《美国反回扣法》保护的客体是公共医疗保障制度和公平的市场竞争机制。

从犯罪的主观方面来看，1980年美国国会修订《美国反回扣法》时，增加"明知而故意"为违反《美国反回扣法》的必要条件，使行为人具有一定的"犯罪意图"或者"心理状态"成为违法行为的法定构成要件。在犯罪的客观方面，《美国反回扣法》涉及对于报酬（remuneration）和劝诱（inducement）的解释。法律对于"报酬"的定义是可以表现为现金或者实物，但是没有更加具体的定义。在司法实践中，在United states v. Greber案中，美国第二

第一章 域外典型国家医保基金监管法律制度的比较研究

巡回上诉法院将"报酬"解释为在提供某些专业服务的情况下的给付或者支付。劝诱,被广泛地解释为所有为了导致与医疗保险或医疗补助计划相关的业务转介,而对他人的理智或者判断施加影响。事实上,报酬在法律上是否具有正当理由是无关紧要的,只要支付报酬的"其中一个目的"是劝诱转介与医疗计划相关的业务,《美国反回扣法》就可以适用。

在法律责任方面,《美国反回扣法》规定了刑事、民事和行政三种法律责任。在刑事责任方面,《美国法典》第42篇第1320条a款第7b项(b)规定了对医疗回扣行为的刑事处罚,包括罚金和自由刑两种处罚形式。根据该条款的规定,任何违反《美国反回扣法》支付非法报酬用于医疗转介的行为都属于重罪,违法者将被处以不超过25 000美元的罚款或不超过5年的有期徒刑,或两者皆罚。在民事责任和行政责任方面,《美国法典》第42篇第1320条a款第7a项(a)规定了对医疗回扣行为的民事处罚和行政处罚,包括民事罚款、民事赔偿和医保资格排除三种处罚形式。该法规定,违反《美国反回扣法》的违法者将被处以50 000美元的罚款和不超过3倍提供、支付、索取或接受非法报酬评估总量的赔偿。此外,美国联邦卫生与社会服务部部长不仅可以将违法者排除于联邦医疗保健计划之外,还可以要求相关国家机关将违法者排除于任何州的医疗保健计划之外。对符合该法刑事定罪的违法者处以最低5年的强制性联邦医保资格的排除,即至少在5年内,违反者不得参与任何联邦医疗保险或医疗补助计划。

在处罚的执行上,民事处罚和行政处罚由美国联邦卫生与社会服务部负责,刑事处罚则由司法部负责。在实践中,虽然司法部积极运用处罚和救济的相关法律规定来打击欺诈骗保,但是由于大多数公司无法接受被排除于医疗保险和医疗补助计划之外的行政处罚，最终司法部的执法行动都以和解协议结束。

1987年，美国国会指示美国联邦卫生与社会服务部制定行政法规，对一些不被认为是触犯了《美国反回扣法》的商业实践作出界定。美国联邦卫生与社会服务部总监察署在1991年7月公布了一套最初的规则，并将其规定于《美国法典》第42篇第1002条第952项。这些规则在《美国反回扣法》中创造了一些相对来说数量较小的"安全港"（safeharbor）。在这些安全港中，有的贯彻了法定例外情形，包括适当公开折扣、真实雇佣关系和支付集团采购组织管理费用及共担风险安排等；还有的则未贯彻法定例外的安全港，如个人服务和管理合同安全港、空间和设备的租赁安全港等。

（四）《美国斯塔克法》（*Stark Law*）

《美国斯塔克法》也被称为《美国医生转介法》，旨在通过医疗保险和医疗补助禁止患者转诊到与医生（或其直系亲属）有财务关系的医疗实体，引导医生在作出医疗决策的时候，首要考虑的是患者及其需求，而不是引导患者进行某些过度的检查和使用医疗设施。

1993年修订后《美国斯塔克法》扩大了禁止转诊的范围，即"指定保健服务"，而且该法也适用于低收入人群的医疗补助项目。《美国斯塔克法》第1395nn条第（h）款第（6）项明确规定了"指定保健服务"包括以下内容：临床实验室服务，物理治疗服务，职业治疗服务，放射学服务（包括磁共振成像、计算机轴向断层扫描和超声波服务），放射治疗服务和用品，耐用的医疗设备和用品，肠外和肠内的营养物质、设备和用品，义肢，矫形器，义肢设备和用品，家庭健康服务，门诊使用的处方药、住院和门诊服务、门诊言语语言病理学服务。如果患者需要这些服务，医生则不能将他们转介到与其有经济利益的机构。

该法也有例外规定，其中最核心的例外是"诊所辅助服务"，如果几个诊所联合起来共同租用一些检查或者诊断设备，如 X 射线、磁共振成像（MRI），或诊断设备（如快速链球菌测试），那么这些诊所的执业医师可以安排患者在此接受检查，而不需要将其转诊到没有任何经济利益关系的其他诊所中。该例外规定也被称为"安全港条款"。《美国斯塔克法》的这款例外也有严格的适用条件，其中，《美国法典》第 42 篇第 1395nn 条第（h）款第（4）项规定了"团体执业"的定义和条件。

"团体执业"是指由 2 名或 2 名以上的医生组成的团体，形式可以为合伙企业、非营利性公司、基金会、高校教师实践项目或者类似的组织形式。"团体执业"条款要求每名医生通过使用共享的办公空间、设施、设备和人员，提供医生经常提供的全部服务，包括医疗护理、咨询、诊断或治疗；作为团体执业的医生的所有服务都是以这种方式提供的，每名医生都用分配的账单号计费，并持有该团体执业机构的收据；按照团体执业规定的方法分配管理费用和业务收入；任何医生不得直接或间接地根据转诊的数量或价值获得补偿；成员在团体执业中必须面诊 75% 以上的患者，每周至少提供 35 个小时的医疗服务。

（五）《美国虚假申报法》（*False Claims Act*，FCA）❶

美国最早的联邦反欺诈法是《告密者法案》，该法案是现行美

---

❶ 关于美国《虚假申报法》和相关"吹哨人"的立法，部分内容已经发表在《医学与哲学》2022 年第 14 期的《医疗保障基金使用监督管理举报制度的规制困境与破解之策》一文中，为了更完整地再现美国医保基金监管的法律，故将本部分全文保留，并更新了部分内容。

国联邦《美国虚假申报法》的前身。《告密者法案》包括一条公私共享罚金（Qui tam）条款，允许公民个人代表美国联邦政府对欺诈行为起诉，后来美国国会又扩大了该法的适用范围，使其可以适用于所有欺诈政府的行为。私人有权代表政府向欺诈行为起诉，并有权获得15%~30%的罚金作为奖励。掌握内部信息并向政府进行举报的人被称为"吹哨人"。一旦"吹哨人"起诉，政府就无权接管此案件，"吹哨人"本人要承担所有的诉讼成本。在医保领域，吹哨人提起的反虚假申报案件大多数是根据《美国虚假申报法》（《美国法典》第31篇第3730条）条的规定触发的。❶

其一，《美国虚假申报法》关于"吹哨人"举报奖励的规定。

首先，"吹哨人"必须是企业内部人士。"针对在工作环境中

---

❶ 该法条相关规定如下：(1)个人可就违反第3729条的行为为个人和美国政府提起民事诉讼。个人应当以政府的名义提起诉讼。只有当法院和总检察长提交书面的拒绝起诉并陈述理由时，法院才能驳回诉讼。

(2)根据《美国联邦民事诉讼规则》第4条(d)款第(4)项，个人应向政府送达申诉副本和书面披露当事人所拥有的实质性证据和资料。申诉应以不公开的方式提出，至少应在密封状态下保存60天，在法院下达命令之前不得送达被告。政府可选择在收到投诉及物证和资料后60天内进行干预和采取行动。

(3)如有正当理由，政府可根据第(2)款的规定，向法院提出延长申诉被查封时间的动议。

(4)在60天期限届满或根据第(2)款获得的任何延长之前，政府应当：(a)继续采取行动；或(b)通知法院它拒绝接管该诉讼，在这种情况下，提起诉讼的人有权自行进行诉讼。

(5)如果其他人根据本条提起诉讼，除政府外，任何人不得根据未决诉讼所依据的事实进行干预或提起相关诉讼。如果政府介入到诉讼中来，则吹哨人获得的赔偿是诉讼或理赔所得的15%~25%。如果政府拒绝干预该诉讼，吹哨人可以获得25%~30%的诉讼赔偿款。但是在任何一种情况下，法院都可以要求被告承担合理的诉讼费用。

总报告篇
第一章 域外典型国家医保基金监管法律制度的比较研究

发现并向监管机构披露一切形式不端行为（这种披露带有一定根据而且并非恶意）的人。"❶ 其次，举报信息是一手信息。根据《美国虚假申报法》第 3730 条第（e）款第（4）项的规定，"吹哨人"所指控的交易必须是吹哨人掌握"原始来源"的信息。"原始来源"在法规中定义为"具有直接和独立有关指控所依据的信息"，这意味着已经通过媒体、国会或其他联邦报告、审计、听证或调查或政府刑事、民事或行政诉讼公开披露的信息都不能提起反虚假索赔之诉，即著名的"一旦举报，后续的举报都被禁止"❷ 的原则。再次，被举报行为违反了医保领域的法律。由于医疗报销欺诈引发的"反虚假索赔之诉"往往涉及巨额的罚金，为保证联邦医保基金的安全，法院对于"吹哨人"提起的涉及医保基金欺诈的案件有明确规定，即要求被举报人的行为必须违反了联邦医保管理方面的法律规定。最后，被举报人存在欺诈故意。针对医疗保险基金诈骗提起的"反虚假申报之诉"不仅对"吹哨人"提供的证据有较高的要求，而且还要求"吹哨人"能够证明欺诈人存在医疗保险欺诈的故意。

其二，《美国虚假申报法》关于医保诈骗犯罪的规定。

根据《美国虚假申报法》第 1320 条第 a 款第 7b 项（a），政府必须证明被告在申请联邦保健计划的付款或福利时，对重要事实的陈述或表述存在虚假陈述；该陈述或表述是虚假的；以及被告故意作出虚假陈述。这里有几个重要的概念需要明确。首先是何为"重要的事实"的陈述，在大多数情况下，这是一个法律和事实的混合

---

❶ WANG S. Recent Case Developments in Health Law[J]. Journal law, medicina & ethics, 2010, 38(03):708-718.

❷ METNICK C V. The jurisdictional bar provision: who is an appropriate relator? [J]. Annals of health law, 2008, 17(01):101-33.

问题，需要陪审团进行具体的认定。对于如何确定陈述的虚假性，只要证明被告有以下行为即可，如对尚未实施的测试或服务的费用、对相同的服务进行重复的收费、向素未谋面的患者进行收费、对不属于自己的服务进行收费等。在主观意图上，违反《美国虚假申报法》第1320a-7b（a）条的制裁适用于任何明知故犯地作出或导致任何虚假陈述或表述的人。一般来说，在刑事范畴内使用时，故意行为是指出于不良目的行为。如果被告知道该行为是非法的，就满足了知情和故意的要求，但不需要证明被告具体知道违反了哪条法规。

在处罚上，如果被告是医疗服务提供者，医疗欺诈罪是重罪，可处以最高100 000美元的罚款，最高10年的监禁，或两者并罚。如果被告不是服务提供者，则犯有轻罪，可处以最高20 000美元的罚款，或最高1年的监禁，或两者兼而有之。

由于医疗欺诈行为愈演愈烈，美国国会要求对包括《美国虚假申报法》第1320a-7b（a）在内的医疗欺诈法规的行为进行重罚，这使得美国量刑委员会在2011年加大了对违反医疗欺诈的处罚力度。根据最新的规定，任何涉及政府医疗保健计划的联邦医疗保健罪行，如果导致该计划损失超过100万美元，处罚将提高等级。除了对欺诈行为的处罚外，法定条款规定，如果违法行为导致严重的身体伤害或死亡，将承担更严重的后果，包括终身监禁。

（六）《美国患者保护与平价医疗法》（*Patient Protection and Affordable Care Act*，ACA）

该法是奥巴马政府于2010年3月通过的医疗改革法案，旨在提高医保覆盖率、控制医疗费用、提高医疗质量。❶ 在医保欺诈方面，《美国患者保护与平价医疗法》强调了欺诈预防的重要性，要求医疗服务提供者必须建立详细的合规性计划来预防欺诈，尤其是高风险的医疗服务提供方和供应方，如耐用医疗设备供应商、家庭保健机构、社区心理咨询中心等。《美国患者保护与平价医疗法》要求医疗保健提供者和其他实体协商企业诚信协议（CIA）。❷ 此外，《患者保护与平价医疗法》还要求企业建立医保数据共享机制，并且试图改变美国医疗照顾与医疗救助服务中心（Centers for Medicare & Medicaid Service，CMS）"支付与追缴"的反欺诈模式。

针对医疗保险欺诈犯罪，《美国患者保护与平价医疗法》制定了新的量刑条款，加大了处罚力度。❸ 对于严厉的刑事犯罪，即涉嫌超过100万美元的医疗保险欺诈犯罪，联邦量刑将提高20%～50%，并且将阻碍欺诈调查、审计的行为均视为是犯罪。针对在联邦医疗照顾计划、医疗救助计划等联邦因为支付系统错误而出现的"超额支付"现象，该法专门规定了60天的超额支付期，在相关医疗服务提供方或者供应商在发现或理应发现超额支付现象60天内，必须将"超额支付"的款项返回，否则将视为医疗欺诈，将会被处以巨额的罚款。

---

❶ 邹武捷. 美国医疗保险改革分析——以奥巴马医改与特朗普医改对比为例[J]. 中国保险, 2020(03): 61-64.

❷ HHS-OIG. Corporate Integrity Agreements [EB/OL]. [2022-10-10]. https://oig.hhs.gov/compliance/corporate-integrity-agreements/index.asp.

❸ 林源. 美国医疗保险反欺诈法律制度及其借鉴[J]. 法商研究, 2013, 30(03): 125-135.

第三节　英国医保基金监管法律制度

英国是国家卫生服务模式的典型。在第二次世界大战后，英国国家医疗服务体系（National Health Service，NHS）出现，并于1948年7月5日正式开始运作。❶ NHS的目的是向所有英国公民提供全面的健康服务，目前英国国家医疗服务体系已经发展成为世界上最大的医疗系统之一。英国医疗保健在结构上分为初级护理（社区护理、全科医生、牙医、药剂师等）、二级护理（通过全科医生转诊获得医院护理）和三级护理（专科医院）。❷

一、英国国家医疗服务体系监管立法的主要内容

（一）《英国国家卫生服务法》（National Health Service Act）与《英国国家医疗服务体系反欺诈局（设立、章程和工作人员及其他转移规定）令》[The NHS Counter Fraud Authority (Establishment, Constitution, and Staff and Other Transfer Provisions) Order]

1946年《英国国家卫生服务法》于1948年7月5日开始生效，在英格兰和威尔士建立了国家医疗服务体系，从而成为"贝弗里奇

---

❶ GROSIOS K, GAHAN P B, BURBIDGE J. Overview of healthcare in the UK [J]. Epma journal, 2010(04):529-534.

❷ 朱庭萱,古巴、英国医疗保险制度对中国的借鉴意义[J]. 现代交际, 2020(01):235-236.

模式"（Beveridge model）❶ 首次在法律上的实施。这标志着英国国家医疗保险制度的确立。该法经历了几十次修订（构成当前国家医疗服务体系主体和基础的主要改革法案为2012年《健康和社会保健法》和2022年《英国健康和保健法》），目前最新的版本为2006年《英国国家卫生服务法》。2006年《英国国家卫生服务法》共十四章，其中与国家医疗服务体系资金监管密切相关的是第十章。

2006年《英国国家卫生服务法》第十章"保护国家医疗服务体系免于欺诈和其他不合法的行为"共16条，分为"预备阶段""披露通知""本章节规定的犯罪"和"补充条款"四个部分。其主要内容集中于国家医疗服务体系欺诈相关的信息和文件披露，并将部分职能授权给了国家医疗服务体系反欺诈管理局，包括官员的指定和授权、授权官员的资格要求和记录、与个人记录相关的特别授权要求和程序性规定等，这些规定确保了职能的委托和行使都应遵循明确的法律程序和要求，以保障国家卫生服务的有效运行和公众权益的维护。该法第195条赋予国务大臣在行使与卫生服务有关的反欺诈职能或安全管理职能时要求出示文件的权力。第196条明确了国家医疗服务体系相关机构和人员的范围，包括国民保健署、综合护理委员会、特殊卫生机构、国家医疗服务体系信托机构、国家医疗服务体系基金会信托机构、卫生服务提供者和国家医疗服

---

❶ "贝弗里奇模式"（Beveridge Model），又称公共医疗模式或福利国家型社会保障模式，是一种以普遍性和公平性为原则的社会保障体系。该模式由英国经济学家威廉·贝弗里奇（William Beveridge）在第二次世界大战期间提出，旨在通过建立社会性的国民保险制度，以全体国民为对象，提供包括养老、残疾、失业、死亡、丧葬、生育等在内的普遍社会保障制度来消灭"五害"，即财政匮乏、疾病、贫困、无知和怠惰。

体系承包商等。第197~208条规定了英国国家医疗服务体系信息披露与使用有关事项和犯罪条款。

更多与反欺诈有关的规定在《英国国家医疗服务体系反欺诈管理局（设立、章程和工作人员及其他转移规定）令》中。该令根据2006年《英国国家卫生服务法》第28条在英格兰地区设立一个特别卫生机构，名为"国家医疗服务体系反欺诈管理局"（NHS Counter Fraud Authority），该机构行使国务大臣在卫生服务方面的反欺诈职能。此前，这些职能由"国家医疗服务商业服务管理局"（NHS Business Services Authority，BSA）行使。该令自2017年11月1日起生效，新机构取代国家卫生服务商业服务管理局，行使国务大臣在英格兰地区卫生服务方面的反欺诈职能，并赋予新机构各种权力和职能。

根据该令第4条，国家医疗服务体系反欺诈管理局在行使职能时，需遵守并依据国务大臣给出的指示行事。国家医疗服务体系反欺诈管理局的职责如下：①采取行动以防止、发现或调查针对英格兰卫生服务或对其产生影响的欺诈、腐败或其他非法活动；②采取行动以防止、发现或调查针对国务大臣或对其产生影响的欺诈、腐败或其他非法活动，这些活动与国务大臣对英格兰卫生服务的职责有关；③与前两项所述职责相关的操作事宜；④根据国务大臣向该机构发出的指示，向确定的机构和人员提供与反欺诈有关的建议。第4条引入了附表1，该表规定了将2006年《英国国家卫生服务法》第十章中规定的国务大臣职权委托给新机构，以便在行使反欺诈职能时要求出示相关文件。国家医疗服务体系反欺诈管理局还具有协助国务大臣并提供相关反欺诈事宜信息的职责。该令第5条规定了新机构的组织要求，包括在过渡期间必须保持的机构成员和职

第一章　域外典型国家医保基金监管法律制度的比较研究

位。过渡期的截止时间为 2018 年 11 月 1 日。该指令第 6 条引入了附表 2，该表对新机构的组成和治理作出了进一步规定，包括新机构的业务运作，还包含了对担任主席或非官员成员职务的人员的一系列限制。

（二）《英国社会保障管理法》（*Social Security Administration Act* 1992）

《英国社会保障管理法》是一项合并了与社会保障管理和相关事务有关的各项法规并且对其进行修正的法案，共 16 章 192 条，对各项社会保障福利的索赔、支付、审查、社会保障信息的共享和使用、索赔人的权利和义务、调查员的权力和职责等事项进行了详细规定。

《英国社会保障管理法》第六章涉及行政主管部门调查的权利与相关法律责任。第 109A 条、第 109B 条、第 109BA 条和第 109C 条详细规定了获得授权的调查人员就社会保障福利有关的违法或犯罪行为进行调查的各项职权。为了调查和确认社会保障支付情况、引起索赔的医疗事故与伤残疾病情况、有关社会保障立法的违法行为，以及预防、侦查和获取（由特定人员或更广泛的）利益犯罪的证据等，获授权人员有权要求相关雇主或雇员，自营职业者，负责发放许可证的机构、个人或职业养老金计划的受托人或管理者、银行、保险公司，为预防或发现欺诈行为而促进信息交流的机构等主体提供其所拥有或能查阅的信息、文件并进入相关场所进行检查。

《英国社会保障管理法》第 111A 条规定了"为获取（与社会保障福利相关的）利益而作出不诚实陈述罪"，如果一个人为取得有关《英国社会保障管理法》所规定的任何利益或付款（无论是为自己还

· 35 ·

是为他人），不诚实地作出虚假声明或陈述，制作或提供或者促使他人制作或提供在某一重要事项上属虚假的任何文件或资料，即属犯罪。❶ 犯该条罪行的人，经简易程序定罪，可处6个月以下监禁，或不超过法定最高刑罚的罚款，或两者兼施；经普通程序定罪，可处7年以下有期徒刑，或罚款，或两者兼施。第112条"为获得利益而作的虚假陈述"规定，如果一个人为了使自己或他人获得社会保障法下的任何福利或其他付款，作出其知道是虚假的声明或陈述，或故意提供其知道在重要方面是虚假的任何文件或信息，即构成犯罪；第1（A）款至第1（D）款规定了4种有关影响其社会保障福利、支付或津贴发生变化的情况，行为人知道这种变更会影响其获得福利、支付或其他补贴的权利，但未以规定的方式将该变更及时通知法定的人，这种行为被认定为犯罪，一经简易程序定罪，可处以不超过标准等级5级的罚款，或不超过3个月的监禁，或同时处以罚款和监禁。

值得一提的是，《英国社会保障管理法》第115A条设置了超额支付情景下处罚可以替代起诉的机制。英国国务大臣（Secretary of State）或当局可向当事人追回多付的款项，且若多付的款项是由于该人的行为或不行为造成的，有理由对其提起诉讼，指控其犯有与多付款项有关的罪行。在这种情况下，英国国务大臣或主管部门可向该人发出书面通知，说明可能会邀请其同意支付罚款，如果其按照国务大臣或主管部门指定的方式支付罚款，就不会对其提起诉讼，罚款金额应为多付金额的30%。如果该人同意以指定的方式支付罚款，则罚金的数额可通过与追回多付款项的方法相同的方法追回，而且将不对他提起与多付款项有关罪行的诉讼。

---

❶ 该罪名由1997年《社会保障管理（欺诈）法案》第13条增设。

此外,《英国社会保障管理法》第六章还规定了两项行政处罚。一个是第 115C 条,对过失作出错误声明或陈述但未构成犯罪的人的行政处罚,该条适用于一个人在社会保障福利索赔过程中过失地作出错误的声明或陈述,或者过失提供不正确的信息或证据,该人未能采取合理的步骤来纠正错误导致社会保障福利有关当局多付款,但未构成犯罪的情况,有关当局可处以规定数额的罚款。另一个是第 115D 条"未披露信息"的民事罚款,当一个人无合理理由未能按照有关当局就有关社会保障福利的要求提供资料或证据导致社会保障福利有关当局多付一笔款项,或者该人无合理理由未按照有关社会保障立法的要求将有关情况的变化通知有关当局导致社会保障福利有关当局多付一笔款项,且上述情形均未构成犯罪时,有关当局可对该人处以规定数额的罚款。

(三) 2006 年《英国反欺诈法》(*The Fraud Act* 2006)

2006 年《英国反欺诈法》一共有 16 个条款,是一部对欺诈和不诚实地获得服务的刑事责任作出规定的法案,其实质性条款于 2007 年 1 月 15 日生效,而 1968 年《英国盗窃法》和 1978 年《英国盗窃法》,以及北爱尔兰的相应法律规定的欺骗罪被废除。❶ 取而代之的是《英国反欺诈法》第 1 条规定的欺诈罪可通过三种不同方式实施(第 2 条至第 4 条),以及第 11 条规定的不诚实地获取服务罪。新的欺诈罪与它所取代的旧的欺诈罪之间的关键区别是,以前被告必须实际获得或实现其欺骗的结果,而现在只要有犯罪意图

---

❶ 被取代的罪行是 1968 年《英国盗窃法》第 15 条(通过欺骗获得财产)、第 15A 条(通过欺骗获得资金转移)、第 16 条(通过欺骗获得金钱利益)和第 20(2)条(通过欺骗促成有价证券的执行),以及 1978 年《盗窃法》第 1 条(通过欺骗获得服务)和第 2 条(通过欺骗逃避责任,三种形式均适用)。

和犯罪行为即可，欺骗的成功与否与罪行是否成立无关。然而，就第11条罪行而言，与之前的规定相同，实际上必须获得服务。

《英国反欺诈法》第1条规定了一般的欺诈罪有三种实施方式，即虚假陈述、未披露信息和滥用职权，法条原文为："任何人如违反第（2）款所列的任何条文（实施该罪行的不同方式），即属欺诈罪。（2）这些方式包括（a）第2条（虚假陈述欺诈）、（b）第3条（未披露信息的欺诈）、（c）第4条（滥用职务进行欺诈）。"该罪最高可判处10年监禁，简易程序时最高可判处12个月监禁，两种情况下均可选择罚款。

其中，最有可能被起诉的欺诈方式是第2条（虚假陈述欺诈）。[1] 该条第1款规定，任何人如果不诚实地作出虚假陈述，且意图是为自己或他人谋取利益，或者给他人造成损失或使他人面临损失的风险，则属违反该条构成虚假陈述欺诈。第2款规定，虚假陈述是指不真实的或具有误导性的陈述，且作出该陈述的人知道它是或可能是不真实或有误导性的。第3款和第4款明确"陈述"是指对事实或法律的任何陈述，包括对作出陈述的人或任何其他人的心理状态的陈述，陈述可以是明示或暗示的。第5款就该条而言，如果一项陈述（或暗示该陈述的任何内容）以任何形式提交给任何旨在接收、传达或回应通信的系统或设备（无论是否有人为干预），则视为已作出该陈述。如前所述，这一规定最值得注意的是，该罪不要求有危害结果，只要行为人意图通过虚假陈述来牟取利益或给

---

[1] 值得注意的是，《英国反欺诈法》中的"虚假陈述欺诈罪"与1992年《英国社会保障管理法》第112条"为获得利益而作虚假陈述罪"不同，"为获得利益而作虚假陈述罪"中的"利益"必须是与社会保障福利相关的利益。

他人造成损失且付诸行动了,他就构成了虚假陈述欺诈罪。欺诈行为是否造成损害后果只会影响量刑。

《英国反欺诈法》第 3 条关于未披露信息的欺诈规定如下:"如果一个人(a)不诚实地未向另一个人披露其有披露法律义务的信息,且(b)意图通过不披露该信息来为自己或他人谋取利益,或者给他人造成损失或使他人面临损失的风险,则这个人违反了本条规定,构成未披露信息的欺诈。"应该注意的是,违反该条构成欺诈的人必须负有披露信息的法律义务。

《英国反欺诈法》第 4 条滥用职权的欺诈是指:"一个人如果(a)担任某一职位,在该职位上他被预期会保障或不损害另一人的经济利益,他(b)不诚实地滥用该职位,(c)意图通过滥用该职位为自己或他人谋取利益,或者给他人造成损失或使他人面临损失的风险,则这个人违反了本条规定,构成滥用职权的欺诈。"即使某人的行为是不作为,他仍可能被视为滥用职务。

《英国反欺诈法》第 11 条"不诚实地获得服务"规定,一个人如果通过不诚实的行为,在没有付款或没有全额付款的情况下为自己或他人获得服务,并且他在知情的情况下仍打算不付款或不全额付款,那么他就犯了本条规定的罪行。该罪被起诉的最高刑罚是 5 年。这一罪行在许多方面与通过欺骗获得服务的罪行相似,后者载于现已废除的 1978 年《英国盗窃法》第 1 条,它要求被告确实获得了有关的服务,且所涉及的服务必须是付费的服务。❶

---

❶ 英国反欺诈法[EB/OL].(2005-04-29)[2022-06-12]. https://www.tandfonline.com/doi/epdf/10.1080/09615768.2007.11427681?needAccess=true.

(四) 1998 年《英国公共利益披露法》(*Public Interest Disclosure Act* 1998)

英国国会于 1998 年 7 月通过了《英国公共利益披露法》,建立保护披露信息、揭发欺诈的举报人的法律框架,使之免于受迫害和被解雇。

《英国公共利益披露法》对举报人身份的界定限于"雇员",但是对雇员的定义作了扩张性解释,其定义的范围比传统意义上的"雇员"更宽。除了少数例外,该法规定的"雇员"不仅包括了与雇主存在劳动合同关系的员工,也包括了自由职业者、家庭雇佣者、兼职员工、国民健康服务行业的从业人员,如牙医、药剂师、医疗仪器商,以及这些行业的学徒。该法所规定的"合格披露"是指披露能够显示已经、正在或可能发生以下情况的信息:刑事犯罪、不遵守法定义务、审判不公 (miscarriage of justice)、危及任何人健康或安全的行为、破坏环境的行为,以及对上述行为采取的隐瞒行为。该法对举报人举报的主观动机及举报程序也作出规范,雇员在进行披露时,必须基于善意,并通过合理的方式进行。例如,举报人首先要确认自己所披露内容的正确性;正常情况下,举报人在向法律规定的相关单位披露前,不应将消息披露给其他媒体;不应单纯谋求个人利益。

二、英国 NHS 监管立法的特点

英国在医保基金监管的立法规范主要从两个方面开展:一方面是国家卫生服务体系中各个管理机构与参与机构的职能调整与责任划分,另一方面是完整的社会保障法律体系下的反欺诈法律机制。二者相辅相成,有效指导了各部门医保基金管理与反欺诈活动的实施与合作。总的来看，英国医保基金监管立法具有立法完善、范围宽泛、法律规定具体明确，具备很强的操作性及立法改革体现出一定的分散性与多元化趋势的特点。近年来，英国 NHS 改革立法着重于将权力下放给地方层面的医疗机构，同时加强了中央政府对医疗服务质量和资金使用的监管。

第四节 加拿大医保基金监管法律制度

加拿大是早期确立全民医保体系的发达国家。长期以来天主教中关于"医疗服务应当是免费的"的认知深深成为加拿大民众的文化信仰，为加拿大全民医疗保险体系的建立奠定了思想基础。但是同其他国家一样，加拿大同样面临医疗保障基金的滥用与监管问题。

一、加拿大医疗保险制度概述

加拿大公共医疗保险制度（Canadian Medicare），是一种类型较为特殊的单一付费制医疗保险体系。[1] 1984 年加拿大出台了《加

---

[1] 当今世界的主流医保体系分为两种：第一种为"俾斯麦式医保体系"，由普鲁士著名的"铁血首相"俾斯麦所倡议并于 1893 年得到落实；第二种为"贝弗里奇式医保体系"，以第二次世界大战后英国丘吉尔政府内阁部长贝弗里奇于 1948 年创建国家医疗服务系统为标志。简言之，在俾斯麦式医保体系中，是由多方保险基金提供资金，以单一方式提供服务；而在贝弗里奇式医保体系中，则与其相反。加拿大医保体系是结合了两者的特点，由单一方（即国家）提供资金，而购买多方医疗服务的医保体系。

拿大卫生法》❶，这部法律并不是一部提供医疗服务标准及约束的法律，而是一部侧重于加拿大联邦政府与地方政府关于医疗保障基金划分的法律。对于医疗服务标准及约束，加拿大交给了地方政府自行决定。《加拿大卫生法》规定加拿大每个省或地区建立独立的医疗保健计划，并指定独立公共机构管理和对中央政府负责。各省或地区的医疗保障计划需要向该省或地区的任何居民提供全面的医疗和医院服务，并且除个别的例外情况外，应当100%支付这些费用。这些明确的例外情况包括补偿工伤保险下的受伤工人、加拿大军队成员、联邦管辖权下的囚犯或未达到省或地区规定的3个月或更短时间的居住要求的居民。❷

《加拿大卫生法》明确规定，在加拿大全国范围内，加拿大人通常有权根据其居住省或地区的法律接受三类医疗服务而不被收取费用：①由医生提供的医疗必需的服务；②由医院提供的医疗必需的服务；③如果是在医院进行的医疗或牙科服务，而该服务是必须在医院提供的。❸ 然而，由于《加拿大卫生法》中确立的"医疗必要性"（与医院服务有关）和"医疗需要"（与医生服务有关）的概念比较模糊，各省或地区对两个概念存在不同的理解与解释，因此除以上三项所述的医疗服务外，各省或地区在其他医疗服务是否能够纳入医疗保健体系并没有取得共识，这涉及诸如家庭护理、长期护理、大部分牙科护理、处方药等医疗服务种类。同时，各省或地区根据本省或地区的财政能力推出各自的省级补充医疗保健计

---

❶ R. S. C. 1985, c. C-6(CHA).
❷ Canada Health Act, RSC 1985, c C-6[CHA] at s 3.
❸ Canada Health Act, RSC 1985, c C-6[CHA] at s 2.

第一章 域外典型国家医保基金监管法律制度的比较研究

划,对于医疗之外的额外收费是被禁止的。不过为了满足被保险人应对慢性病侵袭的长期照护的需要,对于那些由于接受长期护理服务而不得不在医院或者其他护理机构住宿的,其间的食宿费用可以正常收取,不属于额外收费。《加拿大卫生法》的另外一种特殊规定是明确禁止私立保险购买被省政府医疗保险覆盖的卫生医疗服务,这一规定最重要的目标就是要保障公平性。但是,新型冠状病毒感染疫情发生后,由于医疗服务能力的不足,加拿大地方政府开始购买私立医疗机构提供的服务来弥补当时医疗服务提供严重短缺的困境。安大略省政府在2023年1月宣布,允许私营医疗机构在政府资助下开展一些特定手术,以减少医疗系统所面临的大量手术积压的问题。❶

从筹资来源上看,加拿大公共医保制度所需的资金主要由联邦政府和省(区)政府共同承担,一般通过征收所得税来筹集。不同类型企业按不同的企业所得税率征收,个人则按其所得税实行累进税率征缴。2017年,加拿大平均每个家庭缴纳的公共医保税为5 789加元(约占加拿大同年平均家庭总收入的9.17%),其中收入最低的10%的家庭平均每户公共医保税为471加元,收入最高的10%的家庭平均每户要交39 123加元公共医保税。对于丧失自主经济能力的弱势人群(失业者、破产者、残疾人、寡妇)可以申请全部或者部分减免缴纳医疗保险税;65岁以上老年人则无论其经济能力如何,均可自动成为免费医保的享受者。值得指出的是,加拿

---

❶ 中新网.加拿大人口第一大省将引入私营医疗机构协助减少手术积压[EB/OL].(2023-01-17)[2024-04-07]. https://www.chinanews.com.cn/gj/2023/01-17/9937359.shtml.

大各省（区）除了通过所得税提取医保资金外，还可根据地方经济条件通过提取一定比例的消费税、福利彩票收入、征收工资税等方式筹集医保资金。加拿大医疗保障基金构成如图1-1-1所示。

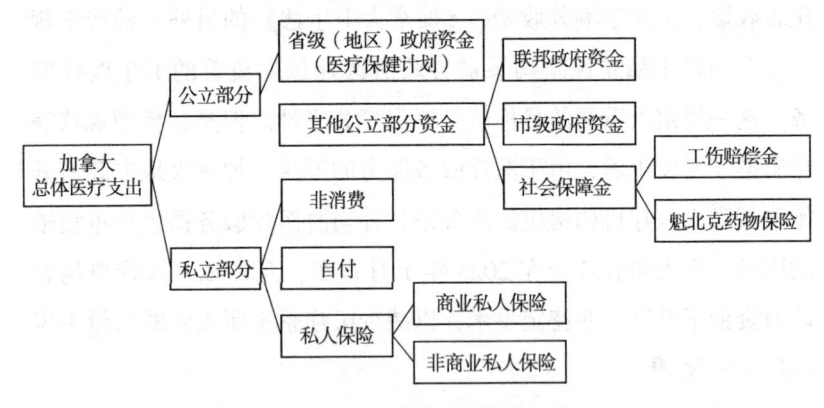

图1-1-1 加拿大医疗保障基金来源构成[1]

根据数据统计，加拿大在2011至2021年中，每一年度的医疗保障基金均呈增加的趋势。在新型冠状病毒感染暴发之前，加拿大公立医疗保障的支出就从2010—2011财政年度的1 317亿加元增加到了2018—2019年度的1 726亿加元。[2] 医疗保障基金更是达到了惊人的数字。2021年，该国医疗支出为创纪录的3 080亿加元。综合计算，加拿大六种常见家庭类型的医疗保障计划平均支付额从

---

[1] National Health Expenditure Trends 2021 Methodology Notes.（国家医疗支出趋势。）

[2] Health Care Cost Drivers in Canada, the Conference Board Canada, 2021.（加拿大医疗保障成本驱动因素。）

3 842 加元到 15 039 加元不等。❶

二、加拿大医疗保障基金欺诈与滥用的对象与种类

加拿大医疗保障基金的欺诈与滥用问题，同美国相比也许没有那么严重，但这并不意味着本身并不严重。❷ 由于加拿大在该领域中缺乏联邦政府层面的监督，将调查权完全赋予各省自行进行，在同一问题上可能由于各省政治考量立场的不同从而出现不同的执法力度与执法结果。

在医疗保障计划中，各参与方均可能会构成欺诈犯罪，包括接受治疗的公民、药剂师、药店老板、独立医疗机构的经营者、医生等。❸

第一类情况是公民犯罪，即接受医疗服务者为犯罪主体，最常见的情形是新移民为了让自己或者全家能够在等待周期内享受当地的医疗保障计划，伪造相关的医疗保障卡与档案，此种情况随着科技手段的进步得到了很大的缓解。

第二类情况是以药剂师与药店老板为犯罪主体，最常见的方式

---

❶ 2021 年公共医疗保险的价格[EB/OL]. (2020-11-23) [2022-06-12]. https://www.fraserinstitute.org/studies/price-of-public-health-care-insurance-2021-edition.

❷ PAUL J, HENRY P N, GILBERT G. Prescription for Profit: How Doctors Defraud Medicaid[M]. California: University of California Press, 1993.

❸ 由于加拿大联邦政府在这一问题上并没有统计数据，且描述具体案件的材料通常由警方掌握，不供公众阅读，因此关于欺诈与滥用的一些案例来源不得不从新闻与访谈中获悉。

是药剂师或者药店老板伪造处方药物开具记录，尤其是伪造售卖精神类管制药物。

第三类情况是以独立医疗机构为犯罪主体，独立医疗机构会与医生群体展开合作，通过开展放射、化验、睡眠治疗等方式伪造患者记录，从而获取账单。

第四类情况也是最为普遍的一类情况，即以医生群体为犯罪主体的情况。这一类的犯罪行为更为复杂，包括但不限于超时诊断、超额收费、超额治疗、虚构治疗等多种情况。其中超额治疗，即过度提供医疗服务的情况是最难被甄别的，因为提供何种医疗服务与后续的护理质量标准都非常模糊。在"虚构治疗"的情形中，基于从未提供过的医疗服务主张向政府医疗保障计划索要报酬，欺诈行为是显而易见的。

精神病学的欺诈行为在加拿大并不少见。例如，一个儿童精神病学家的账单资料显示，他在同一天看病的时间比一天中的总时长还要长。调查发现，在该医生声称正在治疗患者的许多时间里，他实际上是在家里与家人共进晚餐，在高速公路上开车，或者打高尔夫球。但是该名医生没有被起诉，这是因为执法官员不愿意用有精神问题的儿童作为证人，使他们受到创伤。[1]

三、加拿大应对医保基金欺诈与滥用的监管制度

加拿大对于所有欺诈类案件设有专门的举报电话热线与网站，

---

[1] WILSON, PAUL R, et al. Policing Physician Abuse in BC: An Analysis of Current Policies[J]. Canadian public policy, 1986, 12(01):236-244.

欺诈案件的受害人被鼓励在相关区域登记案件。同时，加拿大主要省份的警察部门设有专门负责小组进行刑事调查。然而此种依靠举报的方式仍是少数，加拿大大部分地区都会将该项审查权利交给各省医师协会自行审计，定期审计与随机审计是发现问题的主要来源方式。下文列举不列颠哥伦比亚省、安大略省情况进行说明。

（一）不列颠哥伦比亚省

1. 不列颠哥伦比亚省监管法律依据

代表不列颠哥伦比亚省执行医疗保健计划的是该省的医疗服务委员会（MSC），该委员会是一个由9名成员组成的法定机构，由3名政府代表、3名省医生代表（来自该省医师协会）和3名公众成员组成。不列颠哥伦比亚省的医疗服务费用是由医疗服务委员会根据《不列颠哥伦比亚省医疗保障计划保护法》第26条，通过医疗服务委员会和医师协会之间的协议建立的。[1] 医生应当按照收费指导进行收费，如果对于账单有所异议，可以向医疗服务委员会提出申诉。

《不列颠哥伦比亚省医疗保障计划保护法》第5（1）（r）条授权医疗服务委员会通过《不列颠哥伦比亚省医疗保障计划保护法》规定的医疗服务委员会对医生所提供的行为与主张的报酬账单进行检查和审计。然而，虽然医疗服务委员会有权检查和审计医生的付款要求和他们的计费模式，但依据《不列颠哥伦比亚省医疗保障计划保护法》第36（3）条，医疗记录只能由身为医生的检查员要求或检查，检查员可以进入除住宅以外的任何场所进行审计，并且在提出审计要求后，医生必须"出示并允许检查"所有记录，并

---

[1] 查询医疗服务费的网址：https://www2.gov.bc.ca/assets/gov/health/practitioner-pro/medical-services-plan/msc-payment-schedule-may-2021.pdf.

"回答检查员关于记录的所有问题"。根据该法第46（4）条，阻碍检查员履行法律规定的职责是一种犯罪，可被处以不超过10 000加元的罚款，第二次或以后的罪行可处以不超过20 000加元的罚款。检查员必须根据《不列颠哥伦比亚省医疗保障计划保护法》第36（11）条向医疗服务委员会主席报告审计结果，身为医生的检查员同医疗服务委员会的关系为合同雇佣关系。

2. 医疗服务计划的账单诚信计划

在1997年，医疗服务委员会构建了医疗服务计划的账单诚信计划（BIP）。账单诚信计划向医疗服务委员会提供审计服务，以便医疗服务委员会能够代表加拿大医疗保障计划（Medical Services Plan，MSP）受益人管理医保的支出。账单诚信计划包括两项职责：第一是开展针对服务报酬账单的审计（包括随机开展服务报酬审计和选择性服务报酬账单审计）；第二是对辖区管辖的医生及医疗服务者制作简介报告，根据报告显示的收费项目的类型，将医疗从业者划分为不同的同龄人小组，然后将单个小组内的每个从业者与组内的平均统计数据进行比较，如果医疗从业者在某些方面超出了其同龄人群体的收费标准或者其他标准，则会根据"与同龄人团体标准的相对距离"，对此医疗从业者进行标记。同时，账单诚信计划还会制作每一位医生的小型档案，记载其账单记录与同一小组的平均值，医生可以查阅，以此方便其避免出现错误收费等情形。

3. 具体审计流程

不列颠哥伦比亚省审计主要分为启动、现场审计、报告和追讨四个阶段（图1-1-2）。被审计人也可以要求进入替代性争议解决程序（ADR）。实际上，大多数案件都是通过替代性争议解决程序解决的。如果双方能够通过替代性争议解决程序解决问题，那么最终医疗服务委员会和被审计人签署一份正式的和解协议,这份和解协议也可以是执行某种"执业模式令",即要求医生遵守某些规则或限制。

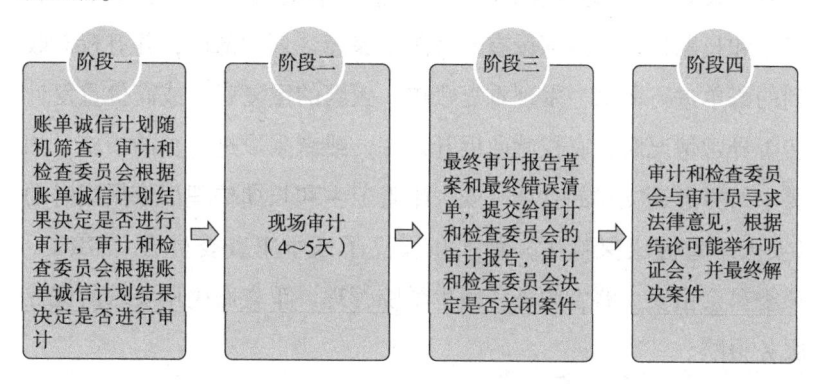

阶段一	阶段二	阶段三	阶段四
账单诚信计划随机筛查,审计和检查委员会根据账单诚信计划结果决定是否进行审计,审计和检查委员会根据账单诚信计划结果决定是否进行审计	现场审计(4~5天)	最终审计报告草案和最终错误清单,提交给审计和检查委员会的审计报告,审计和检查委员会决定是否关闭案件	审计和检查委员会与审计员寻求法律意见,根据结论可能举行听证会,并最终解决案件

图 1-1-2 不列颠哥伦比亚省审计流程

4. 不列颠哥伦比亚省医学协会执业模式委员会

不列颠哥伦比亚省医学协会执业模式委员会(POPC)本身并没有审计权,但有权向医疗服务委员会提供同行评审建议,并向医生提供有关其执业模式的教育信息。不列颠哥伦比亚省医学协会执业模式委员会还向 MSP 审计工作组提供有关选择审计的适当案例调查标准、审计标准和程序标准的建议,以确保医生得到公平对待。不列颠哥伦比亚省医学协会执业模式委员会的任务之一是教育医生了解他们的执业模式,防止医生由于不熟悉执业模式而出现错误的账单索求等不适当的执业行为。

(二)安大略省

1. 安大略省医疗保障计划的监管历史

安大略省医疗保障计划(OHIP)建立于 1972 年,由安大略省卫生和长期护理部（MOHLTC）进行管理。同不列颠哥伦比亚省情况一样，安大略省计划内的收费标准由该省医师协会（OMA）与卫生和长期护理部共同确立。在20世纪末至21世纪初，安大略省卫生和长期护理部内部设有监督医疗保障计划的部门，并有权对收到的账单进行监测，发现重复账单、频繁的重复就诊或高价重复计费等异常情况时，有权就此展开调查，或者采取进一步的措施，如要求对方返还支付的款项。安大略省卫生和长期护理部依据当时的《安大略省健康保险法》第5条设立了医学审查委员会（MRC），该委员会由安大略省内外科医生学院管理，审查医生所要求的医疗服务报酬。

在2003年年初，152 400名医生联名签署了一封抗议信，称医学审查委员会审查账单的程序歧视医生群体，并对审查的"同行"的成员资格也提出了疑问。2003年4月，一起医生自杀事件引发了整个安大略省医生的愤慨与社会的谴责。2004年，彼得·考利（Peter Cory）法官的调查报告指出当时的监督机制对安大略省的医生执业安全产生了破坏性的影响。之后，《安大略省健康保险法》（HIA）修改，卫生和长期护理部涉及审计与监管健康保险权限的全面收缩，医生支付审查委员会（PPRB）成立，改变了安大略省的计费审查方式。医生支付审查委员会是一个独立的裁决机构，但是它仅就医疗保障计划与医生之间无法通过提供教育和其他援助解决的付款问题举行听证会，无权获取医疗保障计划的具体账单。❶而安大略省政府在削弱监管力量后，并未赋予卫生和长期护理部检

---

❶ 医生支付审查委员会[EB/OL].（2020-12-14）[2022-07-22]. http://www.pprb.on.ca/en/.

查权。2014年以来，医生们同安大略省政府一直没能达成协议，两者关系变得越来越尖锐，直到2019年才谈判成功，达成合作意愿。

2016年安大略省审计报告显示，有9名专家每年提供超过360天的服务并收取相应费用，同时，一名医生的收费金额是一名类似专家一年内平均服务收费量的6倍。然而卫生部门能够追回的不适格账单数额仅有几十万元加元。❶ 缺乏医疗监管后，医生也能更容易隐蔽地推荐一些不必要或不适当的医疗服务。目前，在该省并没有形成一套非常完善的解决机制。

2. 安大略省当前审查流程

当前安大略省医疗保障计划由安大略省卫生和长期护理部进行管理。安大略省卫生和长期护理部会协助医生获取适当账单的信息，以便他们能够及时获得应得的付款。卫生和长期护理部和安大略省医学会（OMA）在其官方网站上提供了计费教育资源，旨在解答医生们的疑问，并帮助他们为所提供的医疗服务提交正确的收费代码。

安大略省医疗保障计划的支付要求载于《安大略省健康保险法》中（包括医生服务的福利表）。根据《安大略省健康保险法》第18条的授权，卫生和长期护理部会负责对医生进行审查。而根据《安大略省健康保险法》第18（8）条规定，如果医疗保障计划总经理认为存在以下情况之一，卫生和长期护理部就可以将付款后的账单审查事宜提交给卫生服务上诉和审查委员会：①所有或部分被保险的服务事实上没有提供；②服务没有按照《安大略省健康保

---

❶ 安大略省审计长办公室. 2016年年度报告［EB/OL］.（2016-03-31）［2024-09-11］. http://www.auditor.on.ca/en/content/annualreports/arreports/en16/v1_311en16.pdf.

险法》及其规定提供；③缺乏《安大略省健康保险法》第17.4节所述的记录；④服务的性质被故意或无意地歪曲；⑤所有或部分服务在医学上没有必要（经咨询医生）；⑥所有或部分服务没有按照公认的专业标准和实践提供。

安大略省审查程序需要体现法律所规定的程序公平、诚信、透明和问责原则，具体审查流程分为开始、全部审计与委员会听证三步，同不列颠哥伦比亚省相比略显粗糙，且因为省内医生自杀事件的发生，使得审计程序更加强调同医生的沟通与礼节问题。

四、医保基金诈骗后惩戒方法

（一）刑事惩戒

《加拿大刑法典》第380条第1款规定："任何人通过欺骗、虚假陈述或其他欺诈手段，无论是否属于本法意义上的假象，欺骗公众或任何人（无论是否确定）的任何财产、金钱或有价证券或任何服务，均犯有可公诉的罪行。如果犯罪标的是遗嘱文书或犯罪标的价值超过5 000加元，可判处不超过14年的监禁；如果犯罪标的物的价值不超过5 000加元，可判处不超过两年的监禁，或可通过简易程序定罪。"

构成欺诈罪的违禁行为由两个不同的要素组成。第一，需要具备欺骗、虚假陈述或其他欺诈手段的禁止行为。在没有欺骗或虚假的情况下，法院将客观地寻找"不诚实的行为"，即一个合理的人认为是不诚实的行为。第二，被害人财产的剥夺必须是由被禁止的行为造成的，且必须与财产、金钱、有价证券或任何服务有关。

此外还必须证明所禁止的行为是出于必要的犯罪意图。❶ 这就需要证明被告主观上意识到其正在进行一项被禁止的行为（如在明知其为虚假的情况下作出陈述），并且主观上认识到在进行这项被禁止行为时，他们可能会剥夺另一人的财产或将该财产置于危险之中而造成剥夺。往往在实践中存在一种知情但不调查继而默认的欺诈情形，此种情况也被称为"故意失明"。

在涉及医保基金欺诈的案件中，如果该类案件是由普通公民所触犯，那么除构成欺诈罪以外，还通常会构成伪造证件罪，或者伪造公民身份等其他类犯罪；如果欺诈的主体是医生、药剂师等具有一定职业的人员，那这就不只是一种欺诈，还是破坏公共信誉（Breach of public trust）。但是在具体案件的量刑方面，法院却依然会考虑被告的道德水平、工作态度、家庭关系、社会评价、是否积极偿还与忏悔等方面，从而作出不同量级的判决。例如，在R. v. Truong, 2017 BCPC 68 一案中，被告作为泌尿科医生数次谎报使用激光手术为患者治疗从而获取不应获得的报酬，并经过审计曝光了这一罪行。在该被告触犯欺诈罪的同时也违反了公众信任，从而属于一种加重情形，但又由于该被告诚挚悔过并尽力赔偿，从而减轻了他的罪责，最终加拿大法院判处其 9 个月的监禁。该种监禁并非在监狱中的监禁，而是在社区内服刑。

（二）行业内部惩戒

由于加拿大希望寻找一个同医生等特定职业者平衡的关系，所以实际上针对特定职业者的刑事诉讼并不积极。医师协会自己的权

---

❶ 欺诈罪的犯罪意图是故意从事被禁止的行为,而且明知该行为会导致他人财产的损失或者令他人的财产处于危险的状况。

力比较大，能够以行业内部惩戒为主的方式去规范医生的行为，从而避免外部力量的介入。以下列举不列颠哥伦比亚省与安大略省的行业内部惩戒方式。

1. 不列颠哥伦比亚省行业内部惩戒

实际上，不列颠哥伦比亚省是很偏向于同医生达成和解协议的，真正被指控刑事犯罪的医生是少数。多数医生在达成和解协议后，会由不列颠哥伦比亚省行业内部进行纪律惩戒，即不列颠哥伦比亚省医生和外科医生学院（College of Physicians and Surgeons of BC，CPSBC）。根据《不列颠哥伦比亚省医师执业法》第6条与第8条规定，不列颠哥伦比亚省医生和外科医生学院由理事会管理，理事会由10名从医疗选区中选出的医生和5名由政府任命的公共成员组成。根据《不列颠哥伦比亚省医师执业法》第27条与第29条的规定，理事会可将事务委托给执行委员会，执行委员会由4名医生和2名公共成员组成，有3名成员便达到执行委员会的法定人数。根据《不列颠哥伦比亚省医师执业法》第53条，理事会或执行委员会可以启动对成员行为的调查，并任命一个由3个或更多理事会成员或前成员（其中至少包括一个公共成员）所组成的调查委员会调查。

如果调查委员会发现成员实施了臭名昭著或不专业的行为（或其他形式的不当行为），必须向理事会报告，理事会可以施加一系列的惩罚，从缓刑、谴责或暂停，直至从登记册上删除（注销资格）。理事会可以命令该成员支付费用，如果该成员在不列颠哥伦比亚省或其他地方被判定犯有可公诉的罪行，理事会还有权将其从登记册中删除。如果一个案件同时涉及医学服务标准争议和计费问题，不列颠哥伦比亚省医生和外科医生学院将只处理涉及医学方面的问题，并将计费问题提交给医疗服务委员会。

2. 安大略省行业内部惩戒

主导安大略省行业内部惩戒体系的机构是安大略省医生和外科医生学院（CPSO）。该学院由理事会管理，理事会则由15~16名医生成员、13~15名政府任命的公众成员及3名来自安大略省各医学院的教师成员组成。理事会可将事务委托给旗下的执行委员会，该执行委员会由4名医生和2名公众成员组成，有3名成员可达到执行委员会的法定人数。该学院对从事专业不当行为的成员有纪律处分权❶，专业不端行为包括拆分费用，伪造医疗记录，签署或签发误导性或虚假文件，对未执行的服务收费、收费过高，未按要求逐项列出专业服务，以及任何"可耻、不光彩或不专业"的行为或不作为。实际上，执行委员会对于医生在医疗保障计划下从事诈骗或者滥用性质的医疗服务所给予的惩处并没有想象中的严厉，如果单纯因为诈骗医疗保障计划金额而没有其他不正当行为，不会当然被吊销注册证书，仍有机会继续从事医生职业。但是，惩处力度的趋势愈加严厉。

五、加拿大医保基金监控与惩戒的特点

加拿大在医疗保障基金方面的问题是不容小觑的，其主要特点如下。

（1）加拿大没有将医疗保障基金的滥用与监管作为第一等需要解决的问题。对于加拿大来说，医保制度最大的问题是等待时间过长，即"waiting list"。由于加拿大禁止私人医疗机构从事公共医疗保障所覆盖的领域，所以每一位加拿大公民，无论贫穷还是富裕，只要

---

❶ 《安大略省健康保险法》第51条第2款。

在本国内选择就医，就只能在等待清单上登记自己的名字，这种情况包括癌症治疗。这导致很多人不得不选择去海外（如美国）自费接受治疗。同时根据加拿大财政数据统计，医疗保障基金支出上涨的原因是多样的，更多的因素是通货膨胀、老龄化与移民人口增加。因此，医疗保障基金的滥用与等待时间相比，问题的规模要小很多。

（2）加拿大政府在医保基金监控与惩戒问题上寻求一条与本国医生的妥协之道。客观上加拿大医生在加拿大医疗体系下的收入水平同美国有较大的差距，如果政府过于严厉地对待医生群体，会加速医生逃离加拿大，选择经济环境更好的美国去执业；同时本国优秀的人才也将犹豫是否在本国选择接受医学教育；或者加拿大医生在执业时会陷入懈怠与不满的情绪，从而影响其执业的水平和热情。因此，法院在针对相关案件进行判决时，不会过于严厉地判处执业医生多年监禁，而是会对大部分的医生处以时间周期比较短的刑罚。该项监禁判决以社区监禁为主，政府会将惩戒权力下放到大学与行业委员会，以一个相对公平的组成方式，对违反职业道德的医生进行行业内部惩戒。

（3）加拿大主要省政府成立相应机构处理监管问题。加拿大各省处理涉嫌欺诈或滥用索赔的通常方法是设立一个特别调查单位（SIU），有时被称为欺诈控制小组。❶ 这些小组对各种来源的提示作出反应，并使用现代数据分析监视技术，当发现疑似欺诈账单时，欺诈控制小组会决定是否继续追回资金，防止进一步的不准确

---

❶ 例如，安大略省警察部门针对医疗保障计划欺诈的行为专门成立了调查组，安大略省警察部门的健康欺诈调查组成立于1998年4月，第一年规模便翻了一番，从9人增加到20人。1998—2000年，有500起案件被移交给该小组，其中包括60起指控欺诈医疗保障基金的案件，其后更多的数据并没有官方报道。

付款。一旦当事人被证实为欺诈或滥用，就可以认定为既定处理模板。这种方法在发现一般欺诈行为方面很有效，但在处理医院或医疗专业人员夸大索赔足以产生额外收入时所导致的超额收费滥用方面效率一般。这是由于对于该类案件的调查必须依靠准确的数据分析模式，并且不得不考虑可能涉及的患者隐私问题。

第五节　澳大利亚医保基金监管法律制度

澳大利亚是目前世界上人口健康状况良好的国家之一，具有较高的社会福利和较完善的全民健康保障制度，是典型的全民医疗保险国家。与英国的筹资方式不同，澳大利亚的医疗保障是基于税收筹资，而英国则基于国家的年度公共预算，澳大利亚这种筹资模式由于是加拿大首创，因此也被称为"加拿大模式"，又被称为全民健康医疗保险。❶

一、澳大利亚医保基金监管立法情况

（一）1953年《澳大利亚国家卫生法》（*National Health Act* 1953）及2020年《澳大利亚国家卫生（数据匹配）原则》[*National Health（Data-matching）Principles* 2020]

1953年《澳大利亚国家卫生法》是一部关于提供药品、疾病

---

❶ 顾昕.人民的健康(上):走向去碎片化的中国医保改革[M].杭州:浙江大学出版社,2022:41.

和医院福利，以及医疗和牙科服务的法律，对国家卫生服务、药品补贴、数据匹配等事项进行了规范。其中，与医保基金监管较密切的部分是数据匹配，数据匹配是一种利用分析技术，将来自两个或多个独立数据源、数据库或程序的数据记录进行比较、连接和（或）整合的过程，旨在发现并分析数据中的模式、异常以及潜在的联系。具体指根据《澳大利亚国家卫生法》第 VIIIA 部分为符合医疗保险规定的目的（permitted purpose）匹配信息。数据匹配用于识别与医疗保险计划有关的不正确索赔、不适当的做法或欺诈。

《澳大利亚国家卫生法》第 132A~132F 条规定了数据匹配的相关定义、许可用途、信息披露、数据匹配原则等事项。根据第 132A 条的规定，与 Medicare 相关的各项数据匹配许可用途包括：（a）识别是否超额支付；（b）追回医保计划下多付的福利；（c）侦查或调查违反澳大利亚联邦有关医疗保险计划法律的行为；（d）检测或调查某人是否可能有不当行为；（e）分析与（a）至（d）段所述目的有关的医疗保障计划提供的服务、福利、计划或设施；（f）对医疗服务提供者进行有关医疗保险计划要求的教育。第 132B 条授权医疗保险行政长官（CEM）为许可用途匹配规定范围内的数据，并允许医疗保险行政长官授权另一个联邦实体代表医疗保险行政长官为许可用途匹配数据。为促进相关数据的匹配，第 132C、132D 条分别规定了特定情形下卫生部秘书（Secretary）可向医疗保险行政长官披露治疗产品信息，以及私人健康保险公司可以向医疗保险行政长官披露有关住院治疗或一般治疗的信息。第 132F 条要求卫生部部长制定一项与数据匹配有关的法律文书，即 2020 年《澳大利亚国家卫生（数据匹配）原则》，列出数据匹配的治理需求，这有助于提供数据匹配活动的透明度和责任性。

总报告篇
第一章 域外典型国家医保基金监管法律制度的比较研究

2020年《澳大利亚国家卫生（数据匹配）原则》共7章20条，对数据匹配活动中的隐私保护实践、公开登记册、记录保存、数据销毁、数据质量保证等进行了详细规范。医疗保险行政长官必须在互联网上公布数据匹配概述、目标、数据匹配的原因、数据来源、数据质量保障、数据匹配时间或频率、数据匹配过程及结果、相关法律规定等有关信息（第5条）；必须以书面形式准备和维持技术标准，以管理每个授权的数据配对计划的实施。技术标准应包括数据来源、每种匹配算法的规范、风险及应对措施、控制和尽量减少对个人信息访问的安全功能等内容（第6条）。医疗保险行政长官应在数据匹配开始后的3年内进行隐私评估，并将评估报告副本交给澳大利亚信息专员（第7条）。医疗保险行政长官必须建立并维护一个记录数据匹配各类信息的公开登记册（第8条）。医疗保险行政长官和经授权的联邦实体应在90天内采取合理措施来销毁经匹配后不再需要的数据、匹配结果或不匹配的数据（第15~17条）。医疗保险行政长官和经授权的联邦实体必须采取合理措施，确保用于匹配的数据是准确、完整和最新的（第18条）。

数据匹配可以帮助检测重复支付、医疗服务提供者在其专业注册条件之外执业、医疗服务提供者为不符合医疗保险退税条件的医疗设备申请澳大利亚医疗保险福利计划（Medicare Benefits Schedule，MBS）福利及医保欺诈等情况。数据匹配还可以将药品福利发放数据与医疗保险数据相匹配，有助于确定是否提供了相应的医疗咨询和病理服务以满足药品福利要求；将医疗机构提出的MBS索赔日期与家庭事务记录相匹配，有助于确定医疗机构或患者在提供MBS服务时是否在澳大利亚境外；对服务索赔的日期进行匹配，以确定医疗服务提供者为同一服务同时索赔Medicare和澳大利亚退伍军人事务部（Department of Veterans' Affairs, DVA）福利的情况。

(二) 1973年《澳大利亚健康保险法》(*Health Insurance Act* 1973, HIA)

1973年《澳大利亚健康保险法》是一部规定医疗福利和医院服务支付等的法案，是医疗保险制度的基础。《澳大利亚健康保险法》规定了医疗保险的资格标准、计费规则，并包含促进Medicare计划运作的条款。尽管其名称为"健康保险法"，但它并不是一部规范健康保险的综合性立法。澳大利亚高等法院认为，依据《澳大利亚宪法》第51条第（xxiiiA）项，《澳大利亚健康保险法》是一部旨在提供医疗与牙科服务的法律，而非依据第51条第（xiv）项所授予的保险相关权力制定的法律。❶

《澳大利亚健康保险法》规定，每个公民都享受同等机会的医疗保险，每个居民都必须参加医疗保险，所有居民均可免费在公立医院得到基本医疗服务。通过全民健康保险制度和各州的医疗卫生计划，全体澳大利亚公民均可享受公立医院的免费医疗服务和全科医生服务。国家为患者支付的费用包括在公立医院的就诊费、手术费、住院（包括药品和饮食）费，不包括的费用有牙科、理疗和按摩治疗、救护车服务等。❷

为了构建更有力的机制来发现和解决欺诈和过度服务问题，澳大利亚联邦于1994年出台了《澳大利亚卫生立法（专业服务审查）

---

❶ MARGARET F, JONATHAN W, JON A. Medicare Billing, Law and Practice: Complex, Incomprehensible and Beginning to Unravel[J]. Journal of law and medicine, 2019, 27(01):3.

❷ 安华,金栋."全民医保"背景下的中国商业健康保险定位与发展：澳大利亚经验的启示[J].南方金融,2008(06):51-53.

修正案》，以建立一个法定的专业服务审查计划（The Professional Services Review Scheme，PSRS），旨在保护联邦医疗福利和药品福利计划的完整性，保护患者和社会大众免受不当行为的危害；保护联邦免于承担因不当行为而产生的服务费用（第79A条）。专业服务审查计划对服务的提供进行审查和调查，以确定专业人员是否有"不当行为"，并在必要时进行制裁。

《澳大利亚健康保险法》第VB部分规定要成立医疗保险参与审查委员会（Medicare Participation Review Committees，MPRC）。医疗保险参与审查委员会是一个独立的法定委员会，在个案基础上进行审查，以确定专业人员是否应该保留参与医疗保险的权利。该委员会负责审查专业人员发生的事件，包括被判定犯有相关罪行（第124D条）或相关民事违法行为（第124F条），从事被禁止的行为（第124FF条），通过专业服务审查（Professional Services Review，PSR）程序被发现有两次不适当的执业行为（第124FAA条），违反承诺（第124FB条）。该委员会可以施加类似于专业服务审查程序所施加的制裁，但取消资格的时间最长为5年。

此外，该法第128A条、第128B条和第129条也涉及虚假陈述的问题。第128A条规定任何人不得为了获得医疗保险金而作出虚假或误导性的陈述，否则可能受到20个处罚单位❶的罚款。第128B条规定，故意就医疗保险福利等问题作出虚假陈述的，可能受到监禁5年或100个处罚单位，或两者兼有的惩罚。根据第129

---

❶ 在澳大利亚，处罚单位（penalty unit）的价值及调整价值的方式和频率因不同的司法管辖区而异。例如，1个处罚单位，在澳大利亚联邦是222澳元，在维多利亚州是181.74澳元，在新南威尔士州是110澳元。

· 61 ·

条规定，任何人不得提供在重大事项上有虚假或误导性的申报表或信息，否则可能面临监禁 5 年或罚款 100 个处罚单位。

(三) 1973 年《澳大利亚人类服务（医疗保险）法》[Human Services（Medicare）Act 1973]

1973 年《澳大利亚人类服务（医疗保险）法》在服务部内设立了法定的医疗保险行政长官（Chief Executive Medicare，CEM）办公室（第 4 条）。❶ 该法确定了医疗保险行政长官的职能，包括提供服务、医疗保险和其他法案赋予的职能（第 5 条），医疗保险行政长官应依法提供由联邦、个人或机构提供的服务、福利、计划或设施。医疗保险的职能是由 1973 年《澳大利亚健康保险法》授予的（第 6 条）。医疗保险行政长官可以将其职能委托给雇员（第 8AC 条）。《澳大利亚人类服务（医疗保险）法》第 IID 部分规定了医疗保险行政长官的调查权，对于可能发生的相关刑事或行政违法行为，医疗保险行政长官可要求相关人员提供资料或出示文件，医疗保险行政长官有权进入相关场所进行搜查或扣押相关证据材料。《澳大利亚人类服务（医疗保险）法》第 8P 条规定，如获授权人员有合理理由相信：(a) 有关的罪行或有关的违法行为已犯或正在犯，且 (b) 有关资料或文件与该罪行或违法行为有关，则他可以以书面通知的形式要求个人向医疗保险行政长官提供由该人保管或控制的信息或出示相关文件。通知必须指明该人提供或出示相关资料与文件的方式、期限、对象及通知是根据第 8P 条发出的。

---

❶ 最初的 Medibank 计划就是由议会的两项法案《澳大利亚健康保险法》和《澳大利亚健康保险委员会法》促成的。在 2005 年对公共服务部门进行重大改革后，《澳大利亚健康保险委员会法》被《澳大利亚人类服务（医疗保险）法》取代。

除非有合理理由或者超出能力范围，任何人不得拒绝或不遵守根据第 8P 条发出的通知，否则可能受到监禁 6 个月的刑罚。

（四）2008 年《澳大利亚牙科福利法》（Dental Benefits Act 2008）

2008 年《澳大利亚牙科福利法》为提供牙科保险金建立了一个框架，规定由医疗保险行政长官支付牙科保险金给就牙科服务而支付牙科费用的人。在某些情况下，牙科保险金应支付给牙科服务提供者。牙科福利的支付金额是根据《澳大利亚牙科福利法》确定的。《澳大利亚牙科福利法》规定牙科福利的申请必须向医疗保险行政长官提出，还就获取与确定是否应支付金额有关的文件、信息披露、违反该法的罪行及其他事项作出了规定。在医保欺诈方面，根据《澳大利亚牙科福利法》第 50~55 条，个人如果作出与牙科保险金有关的虚假或误导性陈述，将处以 20 个处罚单位的罚款；构成犯罪的，可能将处以监禁 5 年或（和）100 个处罚单位的刑罚。

（五）1995 年《澳大利亚刑法典》（Criminal Code Act 1995）

1995 年《澳大利亚刑法典》第七章第 7.3 部分"欺诈行为"和第 7.4 部分"虚假或误导性陈述"对涉及欺诈与虚假陈述的犯罪行为及刑罚进行了规定，这也是澳大利亚医保欺诈刑事处罚的法律依据。该法典第 134 条规定，以欺骗手段取得财产或经济利益的，处以监禁 10 年的刑罚。第 135 条规定其他涉及欺诈的犯罪行为，个人实施了任何以欺诈的方式从他人那里获得利益、给他人造成损失或损失的风险、影响联邦公职人员行使职责等行为，将被处以 5 年监禁。个人与他人合谋，以欺诈的方式从第三人那里获得利益、给第三人造成损失或损失的风险、影响联邦公职官员行使职责，将被处以10年监禁的刑罚。根据《澳大利亚刑法典》第136.1（1）条，个人在为获取医保福利而提出的申请或索赔中故意作出虚假或误导性陈述的，即属犯罪，可能被处以监禁12个月的刑罚；根据《澳大利亚刑法典》第136.1（4）条，如果个人是由于鲁莽轻率而在为获取医保福利提出的申请或索赔中作出虚假或误导性陈述的，可能被处以监禁6个月的刑罚。

（六）2013年《澳大利亚公共治理、绩效和问责法》（*Public Governance, Performance and Accountability Act* 2013）

2013年《澳大利亚公共治理、绩效和问责法》是一部关于联邦、联邦实体和联邦公司的治理、绩效和问责制以及公共资源的使用和管理的法案。澳大利亚政府根据该法案制定了联邦欺诈框架，框架保持了欺诈控制的核心要素：严格的风险评估、欺诈控制计划，以及适当的预防、检测和调查措施。然而，虽然所有实体都面临欺诈风险，但每个实体都面临不同的欺诈风险。在一个实体中可能是有效的欺诈控制，而在另一个实体中可能是不必要的或不充分的。该框架允许联邦实体以最适合该实体个别情况的方式管理其欺诈风险。在该欺诈框架中，欺诈被定义为"通过欺骗或其他手段不诚实地获取利益或造成损失"。这一定义是基于《澳大利亚刑法典》第7.3部分规定的欺诈行为罪，以及《澳大利亚刑法典》第7章规定的其他相关罪行。

联邦欺诈框架由三层组成：第一，2014年《澳大利亚公共治理、绩效和问责规则》（*Public Governance, Performance and Accountability Rule* 2014）第10条"预防、发现和处理欺诈行为"，规定了欺诈控制的关键要求。一个联邦实体的责任机构必须采取一切合理的措施，以预防、发现和处理与该实体有关的欺诈行为，目的是确保联邦实体的责任机构有一个管理风险和欺诈事件的最低标准。合理措施包括定期进行欺诈风险评估，制订并实施欺诈控制计划，设置预防、发现、处理及记录和报告有关欺诈或涉嫌欺诈的事件的机制。第二，联邦欺诈控制政策，一项约束非公司联邦实体的政府政策，列明了调查和报告等欺诈控制具体领域的程序要求，联邦欺诈控制程序主要包括预防和培训、调查、报告三个步骤。第三，第201号资源管理指南《预防、发现和处理欺诈行为》，详细阐述了政府对所有联邦实体内的欺诈控制安排的期望，不作强制要求。该指南列出了各实体在其欺诈控制安排中应采用的更好的做法，同时考虑到其各自的情况，并采用常识性方法。

（七）2017年《澳大利亚医疗保险保障基金法》（Medicare Guarantee Act 2017）

2017年《澳大利亚医疗保险保障基金法》设立了医疗保险保障基金，用于支付 Medicare（澳大利亚全民医疗保险计划）和药物福利计划下的款项，包括"医疗保险保障基金（财政部）专门账户"［the Medicare Guarantee Fund (Treasury) Special Account］和"医疗保险保障基金（健康）专门账户"［the Medicare Guarantee Fund (Health) Special Account］。设置财政部专门账户的目的是确保金额可转移到健康专门账户，健康专门账户的基金则用于支付联邦医疗保险福利，根据医药福利计划支付款项。澳大利亚政府于2017年7月1日建立医疗保险保障基金，这是一个将医疗保险税和个人所得税收入计入的特别账户，澳大利亚政府表示这些收入将用于资助医疗保险和药物福利计划。2017—2018年，约338亿澳元计入该基金，其

中121亿澳元来自医疗保险税,其余来自个人所得税收入。❶

(八) 1988年《澳大利亚隐私法》(*Privacy Act* 1988) 与2012年《澳大利亚我的健康档案法》(*My Health Records Act* 2012, MHR)

作为联邦制的国家,澳大利亚通过联邦、州和地区的混合立法对健康医疗数据进行监管,其中当然也包括医保数据的安全。因为医保数据通常涉及个人身份信息、门诊或住院情况、医疗服务、检查、药品处方等多种健康数据。澳大利亚的健康数据保护立法由联邦、六个州和两个领地共同制定,联邦层面的重要法律包括1988年《澳大利亚隐私法》及其修正案、2012年《澳大利亚我的健康档案法》等。《澳大利亚隐私法》中的13条澳大利亚隐私原则(Australian Privacy Principles,APP),对个人隐私保护,个人信息的收集、处理、完整性、访问和修正等进行了规定。澳大利亚隐私原则第6.2 (e) 条规定,当有理由相信使用或披露信息对于执法机构进行的一项或多项执法相关活动是合理必要的,澳大利亚隐私原则适用实体可以使用或披露相关信息。《澳大利亚隐私法》将个人健康医疗数据与医保数据划入"敏感信息"的范畴,明确了合法收集、使用及披露个人健康信息的相关规定,提供了更高级别的保护。信息专员只有在确信澳大利亚隐私原则实体为相关目的收集健康信息的公共利益大大超过维持澳大利亚隐私原则所提供的隐私保护水平的公共利益时,才能给予批准(第95A条)。

---

❶ BIGGS A. Medicare [EB/OL]. (2017-05-18) [2022-12-04]. https://www.aph.gov.au/About_Parliament/Parliamentary_Departments/Parliamentary_Library/pubs/rp/BudgetReview201718/Medicare#_ftn12.

《澳大利亚我的健康档案法》则专门规定与"我的健康档案"有关的健康医疗数据与医保数据内容。该法详细规定了健康信息采集、使用和公开的情形,如为提供医疗卫生服务而采集、使用和公开,向服务对象指定人员的公开,为管理"我的健康记录"系统而采集、使用和公开等。该法第68条规定为用于医疗服务提供者进行医保报销等目的,可进行健康信息的采集、使用及公开。[1] 第70条是与非法活动有关的健康信息披露,在有理由怀疑与系统运营者的职能有关的非法活动已经、正在或可能发生及有理由相信使用或披露该信息对于调查该事项或向有关人员或当局报告关切事项是必要的情况下,系统运营者可以使用或披露系统中的健康信息。但是此次披露必须严格限制在调查需要的范围内,且以书面形式说明理由。

二、澳大利亚医保基金监管立法的特点

一方面,澳大利亚通过《澳大利亚国家卫生法》《澳大利亚健康保险法》《澳大利亚牙科福利法》《澳大利亚医疗保险保障基金法》以及2020年《澳大利亚国家卫生(数据匹配)原则》等法律法规对医疗保险基金的支付、专业服务审查、管理机构及其职能、数据匹配、医疗保险保障基金专门账户等方面进行了详细的规范。另一方面,通过《澳大利亚公共治理、绩效和问责法》针对一般的欺诈行为制定了联邦欺诈框架,《澳大利亚刑法典》以欺诈罪和虚假陈述罪的形式对严重欺诈行为的法律责任作了规定,《澳大利亚

---

[1] 单既桢,琚文胜,李静.澳大利亚《我的健康记录法案》解析及启示[J].中国数字医学,2022,17(03):16-19,100.

隐私法》与《澳大利亚我的健康档案法》则是从健康数据和个人隐私保护的角度对医保基金监管过程中涉及的数据收集、使用与公开等给予一定程度的限制。总的来说,澳大利亚医保基金监管立法既有专门法,也有普通法,各有侧重又相互衔接。最独具特色的是澳大利亚高度重视对健康数据(包括医保数据)的保护,同时也能够充分运用数据匹配等方法精准打击医保欺诈行为,最大程度上利用和发挥医保数据的价值。

第六节 域外典型国家医保基金监管立法的异同

一、域外典型国家医保基金监管立法的一致性

从世界范围内来看,由于各国医保基金监管法律体系虽然差异较大,但是从立法实践来看,域外典型国家的医保基金监管立法具有以下几个方面的共性。

(一)建立体系化、多层次的医保基金监管法律制度,将医保基金监管法律制度归于完整的社会保障法律体系之下

本书选取的五个域外典型国家(日本、美国、英国、加拿大、澳大利亚)医保基金监管制度的建立、发展、完善都呈现出立法先行、以法定制的特征。由于医保基金监管涉及政府、参保人、医保经办机构、医疗服务机构、医药机构等多方主体,域外典型国家的

第一章　域外典型国家医保基金监管法律制度的比较研究

医保基金监管立法呈现出体系化、多层次的特点。不仅是重视成文立法的大陆法系国家（如日本）非常重视医保基金监管实体法和成文法的制定工作，普通法系国家也积极以成文立法和专项立法的形式快速回应复杂多变的医保欺诈问题，弥补普通法的不足。以英国为例，英国多年来不断修订和完善《英国社会保障法》《英国社会保障管理法》《英国社会保障管理（欺诈）法》《英国社会保障反欺诈法》《英国反欺诈法》等一系列相关立法，对整个社会保险反欺诈进行了全面而细致的规定。对医疗保险欺诈行为的法律规制涉及刑法、民法、行政法，既有普通法又有专门法，形成了相当系统和完善的社会保障反欺诈法律规制体系。此外，立法所涉及的范围也很宽泛，涵盖社会保险欺诈信息提供及共享机制、社会保险反欺诈的监管、调查及处罚制度、申领人欺诈预防和检验措施，以及社会保险反欺诈机关之间的权责分工与相互协调机制，还涉及合格披露的举报人保护制度等。丰富的规制内容使各部门的反欺诈执法活动拥有强有力的法律支持，在整个监管过程中都能做到有法可依。

美国联邦和各州都分别制定了医保基金监管立法，各有侧重又相互衔接。针对联邦、各州医疗保险计划的欺诈行为分别由联邦和各州医疗保险反欺诈法律法规监管，而有关由联邦和州政府共同资助的医疗保险计划的欺诈行为，则由联邦法律和州法律共同制裁，且联邦法律效力高于州法律。针对医疗保险欺诈行为，美国在《美国社会保障法》《美国患者权利保护和平价医疗法》等作出相关规定，同时又针对联邦保险计划中涉及的各种主体（医疗器械药品供应商、医疗服务供方、医师、参保人等）在采购、诊疗、支付、申请过程中存在的各种欺诈违规行为进行专项立法。值得一提的是，美国医保领域的违法行为，尤其是医生收取回扣、医生不正当转介绍及各种虚假报销行为，既可以适用专门的医疗保险反欺诈法律如《美国反回扣法》《美国斯塔克法》《美国虚假报销法》等来规制，也可以针对案情参照欺诈行为（如诈骗、洗钱、虚假陈述）的普通法来起诉。这些不同效力层次的法律法规构成了有机整体，形成比较完善的反欺诈法律制度，使美国医疗保险反欺诈进入法制化轨道。

（二）法律法规规定明确，具有较强的可操作性

域外典型国家医保基金监管的立法不仅有原则性规定，而且对整个医保监管的各个方面和层次都有较为完备的规制，可操作性较强，从而可以为医保基金监管的执法提供有力的法律根据。英美法系国家除了成文立法，司法实践中也有大量的司法判例，从而使得成文立法在适用方面更加明确和具有可操作性。《美国反回扣法》在犯罪的客观方面，涉及对于报酬（remuneration）和劝诱（inducement）的解释。法律对于"报酬"的定义是可以表现为现金或者实物，但是没有更加具体的定义。在司法实践中，在 United states v. Greber 案中，美国第二巡回上诉法院将"报酬"解释为在提供某些专业服务情况下的给予或者支付。该法院认为，无论支付给医生的报酬是否同时涵盖了其"专业服务"，只要这些报酬的目的是诱导或促使医生采用特定供应商提供的服务，那么此类行为即被视为违反了《美国反回扣法》的规定。《加拿大刑法典》第 380 条第一款规定了诈骗罪，犯罪的主观方面要求"不诚实"，并且在判例中明确了"故意欺诈行为的要求排除了仅仅是疏忽的虚假陈述……被告必须故意欺骗、撒谎或实施其他欺诈行为，才能确立犯罪"。

（三）在保持法律稳定性的同时与时俱进地修改完善

医保基金监管的立法要保持相对的稳定性才能给公众提供稳定

的安全预期，然而稳定性并不等于立法可以一劳永逸。医保基金监管尤其需要根据新形势的不断变化而变化，因而相关法律需要适时调整。

在与时俱进修改完善立法的同时，域外典型国家也根据时代和形势的变化制定新的立法。随着电子信息、数据库和互联网在社会保险反欺诈领域中日益广泛应用，英国在1997年修改了《英国社会保障管理（欺诈）法案》，针对雇主与雇员共谋骗取社会保险待遇的行为进行了明确规定。为确保医保数据在内的个人健康数据的安全和保障"互联网+医保"下患者的隐私权，美国通过联邦层面的《美国健康保险可携性和责任法案》《美国联邦法规》（*Code of Federal Regulations*，CFR）（第42部分第164.501条）设定了全美健康医疗大数据的保护标准，并在州一级通过《生物识别信息隐私法》（*Biometric Information Privacy Act*，BIPA）建立起对生物识别信息收集、使用、保护、处理、储存和销毁的法律。日本于2018年颁布了《日本下一代医疗基础设施法》，该法将医疗健康数据视作未来医疗发展的关键基础设施，并通过对《日本个人信息保护法》设置的一般性的匿名化处理制度进行针对性改造，实现对个人医疗信息的特别规制，在提供有效保护的前提下进一步助推医疗健康数据的流动和利用。

加拿大一直坚持私立医疗机构不能覆盖公立医疗机构的保险范围内的服务，即所谓的"疾病（医院）面前人人平等"；但是由于新型冠状病毒感染疫情导致的医疗服务严重不足，安大略省率先迈出了第一步。2023年1月，安大略省政府公布了政府资助私营医疗机构开展特定手术的计划，开放渥太华、温莎、滑铁卢等地的私营外科和诊断中心进行白内障手术，将肠镜、内窥镜纳入资助范围

等，这一计划将会是永久性的，后续将纳入立法。❶

（四）相关法律比较健全，发挥有效协同功能

域外典型国家中与医保基金监管法并行的还有对医疗服务提供体系、药品管理领域、数据保护的立法，并确保彼此之间衔接通畅，形成协同效应。医疗保障基金监管的有效实现离不开对医疗服务提供体系化的有效管理。在日本，有关医保基金监管的法律也包括针对医务人员的法律和针对医疗机构的立法。前者包括《日本医师法》《日本齿科医师法》，后者包括《日本医疗法》《日本医院筹资法》《日本医院报酬法》等。美国针对医务人员收受回扣的行为专门制定了《美国反回扣法》。

医保基金的监管离不开医保数据的安全，医保数据通常涉及个人身份信息、门诊或住院情况、医疗服务、检查、药品处方等多种健康数据，健康数据安全是很多国家近年来关注的焦点问题，并成为立法的重要内容。澳大利亚的健康数据保护立法由联邦、六个州和两个领地共同制定，联邦层面的重要法律包括《澳大利亚隐私法》及其修正案、《澳大利亚我的健康档案法》等。《澳大利亚隐私法》中的13条澳大利亚隐私原则，对个人隐私保护，个人信息的收集、处理、完整性、访问和修正等进行了规定。这些立法与医保领域的立法保持了整体性和协同性，确保了基金监管的效果。

---

❶ 陈彩霞.加拿大人口第一大省将引入私营医疗机构协助减少手术积压[EB/OL].（2023-01-17）[2024-09-16].https://www.chinanews.com.cn/gj/2023/01-17/9937359.shtml.

第一章 域外典型国家医保基金监管法律制度的比较研究

(五)"硬法"和"软法"并用,共同保障医保基金监管的安全

本书所称的"硬法"是指立法机关通过的有法律拘束力的立法,而"软法"是指各行业协会、自治组织制定的没有法律拘束力但是在实践中仍然发挥了积极约束作用的规则,典型的如行业纪律、医师守则等。由于加拿大刑事诉讼时间周期漫长、所需证据庞杂、保护患者隐私等原因,所以加拿大对于违反医保基金监管法律的医师,较少提起刑事诉讼,而是在医生缴纳和解金后采用行业纪律惩戒的方法予以规制。安大略省内部的行业惩戒体系由安大略省医生和外科医生学院组成。该学院由理事会管理,对从事专业不端行为的成员有纪律处分权,专业不端行为包括拆分费用,伪造医疗记录,签署或签发误导性或虚假文件,对未执行的服务收费、收费过高,未按要求逐项列出专业服务,以及任何"可耻、不光彩或不专业"的行为或不作为。理事会有权施加一系列制裁,包括对医师进行谴责或暂停执照,甚至注销医师资格。

澳大利亚政府根据《澳大利亚公共治理、绩效和问责法》制定了联邦欺诈框架,该框架由2014年《澳大利亚公共治理、绩效和问责规则》第10条,联邦欺诈控制政策,《澳大利亚资源管理指南》No.201-预防、发现和处理欺诈行为三层组成。这三层文件具有不同的约束力,欺诈规则约束所有联邦实体,欺诈政策主要约束非公司联邦实体,欺诈指南则不作强制要求,仅建议各实体确保其从事欺诈控制的所有官员了解指南的相关内容。日本医保基金监管的规则大部分由法律规定,小部分由不属于法令规定的伦理规范指南、指导方针等(软法)构成,后者包括医保医师的道德规则、企

业的合规指南等。"软法"规范与"硬法"规范相得益彰,确保基金监管的立法发挥实效。

二、域外典型国家医保基金监管立法的差异性

由于域外典型国家国情和社会、经济、文化背景的差异,各国医疗保障制度模式不同,域外典型国家的医保基金监管立法也存在着很多差异。

(一)域外典型国家在是否存在中央统一立法方面存在较大差异

由于各国国家结构形式与社会文化背景不同,域外典型国家医保基金监管是否由中央统一立法存在较大差异。作为单一制的国家,日本、英国都是由中央统一立法进行监管。英国议会通过的公共和一般法案如《英国国家卫生服务法案》《英国社会保障管理法案》《英国社会保障反欺诈法》《英国反欺诈法》为整个联合王国(英格兰、威尔士、苏格兰和北爱尔兰)的医保基金监管提供法律依据。另外,苏格兰、威尔士和北爱尔兰有权单独为自己的辖区立法。日本厚生劳动省(相当于我国的国家卫生健康委员会、人力资源和社会保障部)负责制定国家卫生政策,领导全国47个都道府县推行卫生保健计划。

采用联邦制的国家情况有所不同。美国、澳大利亚通过联邦和州共同立法对医保基金进行监管。美国联邦政府有多项针对医疗保险欺诈和滥用的法律,包括《美国反回扣法》《美国斯塔克法》《美国反虚假申报法》等,各州也根据联邦立法的精神,并结合

本州实际,相应地颁布了类似的立法。以《美国反回扣法》为例,美国各州颁布的反回扣法,其立法内容几乎无一例外地借鉴了联邦反回扣法的相关规定,但稍有差异。具体而言,可以分为三种类型:第一种类型的州立法延续了联邦立法的规定,但在此基础上还规定了一些州法律法规适用的例外情形;第二种类型的州立法规定在有些情形下收受回扣可以以轻罪处罚;第三种类型的州立法没有规定"故意"的判断标准和例外情形,直接将收受回扣定为重罪。❶

澳大利亚的情况和美国相似,比较特殊的国家是加拿大,加拿大虽然也是联邦制国家,但是与美国、澳大利亚存在较大差别。由于《加拿大卫生法》是一部侧重于联邦政府与地方政府关于医疗保障基金划分的法律,对于服务标准及约束,完全交给了地方政府自行决定,因此加拿大各省的医疗保健计划是不同的。加拿大联邦没有统一的医保基金监管立法,由地方各省根据本省的医疗保健计划和医疗行业情况进行立法,实行地方自治。比如上文所述的安大略省政府允许私人医疗机构开展医疗保险计划内的手术服务就是该省自主的计划,只要不违反《加拿大卫生法》中的基本原则,加拿大联邦政府并不会过多干预。

(二)域外典型国家对于欺诈骗保罪的罪名、犯罪构成要件、法律责任方面规定差异较大

对于严重的欺诈骗保行为,域外典型国家都会予以刑事制裁。在各国的医疗保障计划中,医保各参与方均可能会构成医保欺诈犯

---

❶ 朱惠芳.美国医疗反回扣立法研究及对我国的启示[D].天津:南开大学,2011:13.

· 75 ·

罪，包括参保人、药剂师、医保医师、医药机构等，但是其刑法罪名、犯罪构成要件、法律责任方面差异比较大。

在罪名方面，不同主体违反刑法的罪名包括收受利益罪、受贿罪、医疗行业中的受贿罪与行贿罪、（结算）诈骗罪、虚假陈述欺诈罪、未披露信息欺诈罪和滥用职权欺诈罪、不诚实地获得服务罪等，具体信息见表1-1-1。值得一提的是，针对不同犯罪主体的多重违法行为，法律有数罪并罚的规定。加拿大医保基金欺诈的案件中，新移民为了让自己或者全家能够在等待周期内享受当地的医疗保障计划，伪造相关的医疗保障卡与档案。那么这种犯罪除构成欺诈罪以外，还通常会构成伪造证件罪，或者伪造公民身份等其他类犯罪。

表1-1-1 域外典型国家欺诈骗保行为的主要形式与罪名

国家	医保欺诈典型形式	罪名
日本	提供虚假医疗账单、附加索赔、转移索赔、双重索赔和其他索赔	单纯受贿罪、受托受贿罪、事前受贿罪、向第三者提供贿赂罪、加重受贿罪、事后受贿罪、斡旋受贿罪
英国	虚假、故意夸大服务收入、费用或工作时间，重复发票、串通，逃避处方费、牙科费用逃逸和滥用眼镜券，国家费率和绩效数据的操纵、非法开药、虚假申请和虚假使用欧洲健康保险卡（EHIC）等；未及时以法定方式向法定主体通报情况变更	虚假陈述欺诈罪、未披露信息欺诈罪和滥用职权欺诈罪、不诚实地获得服务罪

总报告篇

第一章 域外典型国家医保基金监管法律制度的比较研究

续表

国家	医保欺诈典型形式	罪名
加拿大	患者伪造相关医疗保障卡与档案；药剂师或药店老板伪造处方药物开具记录，尤其是伪造售卖精神类管制药物；独立医疗机构与医生群体展开合作，开展诸如放射、化验、睡眠治疗等方式，伪造患者记录；医生超时诊断、超额收费、超额治疗、虚构治疗	欺诈罪、伪造证件罪或伪造公民身份等其他类犯罪
澳大利亚	以欺骗或者其他手段不诚实地取得利益或者造成损失；使用虚假身份或他人身份申领医疗保险金或服务，提供虚假或误导性信息，对没有提供或获得的服务提出医疗保险索赔，使用他人的医保卡，使用无效的优惠卡，伪造药物福利计划（PBS）的药物处方，把药物福利计划的药品送到海外等	欺诈罪（以欺骗手段获得财产或经济利益罪、其他涉及欺诈行为的犯罪）、虚假陈述罪（申请中的虚假或误导性陈述、提供虚假或具有误导性的信息或文件罪）
美国	盗窃、贪污挪用、虚假陈述、阻碍犯罪调查及通过私人医保计划或者合同洗钱等行为；虚构服务、提供虚假账单等虚假报销行为、提供不必要的服务、分解服务、收受医疗回扣或违规转诊行为；未在60天内返还"超额支付"款项，视为医疗欺诈	医疗欺诈罪；与医疗有关的盗窃或贪污罪；与医疗有关的虚假陈述罪；妨碍对医疗犯罪的刑事调查罪及违反转让条款

· 77 ·

在犯罪构成要件上，域外典型国家的立法强调相关主体主观上存在"不诚实"的犯罪意图，即存在"虚假"或者"作假"的故意，虚假的陈述或者其他弄虚作假，即所谓的"欺诈"（fraud）。这些不诚实的表现包括虚假陈述、故意提供虚假信息或文件进行虚假索赔、夸大服务内容或时间、提供不必要的服务、分解服务、重复收费、伪造药物处方、使用虚假身份或他人身份申领医疗保险金或服务等常见手段。

《英国反欺诈法》第 1 条规定，任何人如果不诚实地作出虚假陈述，且意图由此来为自己或他人谋取利益，或者给他人造成损失或使他人面临损失的风险，则属违反该条构成虚假陈述欺诈，而欺诈是否造成了损害后果则为适当的量刑提供指导。《加拿大刑法典》第 380 条第 1 款规定的欺诈罪要求必须存在"不诚实的行为"，在司法判例中，需要证明被告主观上意识到他们正在进行一项被禁止的行为（例如，在明知其为虚假的情况下作出陈述），在进行这项被禁止行为时，他们可能会通过剥夺另一人的财产或将该财产置于危险之中。值得注意的是，往往在实践中存在一种知情但不调查继而默认的欺诈情形，此种情况也被称为"故意失明"。《澳大利亚刑法典》第 136.1（1）条规定，个人在为获取医保福利而提出的申请或索赔中故意作出虚假或误导性陈述的，即属犯罪，可能被处以监禁 12 个月的刑罚；根据该法第 136.1（4）条，如果个人是由于鲁莽轻率而在为获取医保福利提出的申请或索赔中作出虚假或误导性陈述的，可能被处以监禁 6 个月的刑罚。

《美国社会保障法》第 1128B 条规定了涉及联邦医疗保险计划的刑事处罚，这些犯罪行为构成要件都要求主观上"明知违法而故意做出某些虚假陈述是犯罪行为"，包括对报销有关的重要事实作

第一章 域外典型国家医保基金监管法律制度的比较研究

虚假陈述；隐瞒信息或以欺诈手段获得的不应被批准的付款；帮助医疗机构、疗养院、家庭保健机构作重要的虚假陈述以获得参加联邦医疗保险计划的注册资格等。

在法律责任方面，由于犯罪各国医保基金欺诈严重程度不一，美国医保基金监管法律制度体现了针对医保欺诈行为从严监管、严厉打击的理念，针对欺诈骗保行为的刑事处罚包括罚金、监禁乃至终身监禁等。《美国虚假申报法》规定，如果犯罪主体是医疗服务提供者，则其欺诈骗保行为将作为重罪处理，在处罚上，可处以最高 100 000 美元的罚金，法定刑最高 10 年的监禁，或两者并罚；如果被告不是服务提供者，则判定其罪行为轻罪，可处以最高 20 000 美元的罚款，或同时处以一年监禁，或两者并罚。

加拿大与美国截然相反。加拿大并没有将医疗保障基金的滥用与监管作为首要问题，其最主要的目标是寻求一条与该国医生的妥协之道，因此法院在针对相关案件作出判决时，不会过于严厉判处执业医生多年监禁，而是会对大部分的医生处以如两年半等时间周期比较短的判决，且多以社区监禁为主。加拿大政府将惩戒权力下放到大学与行业委员会，以一个相对公平的组成方式，对违反职业道德的医生进行行业惩戒。在法律责任上，英国、澳大利亚、日本等国家对医保基金欺诈、滥用等违法违规行为的惩罚力度介于美国和加拿大之间，通常都规定了不当得利返还、罚金、监禁等处罚，罚金数额及监禁期限等具体规定则由各国根据本国医疗保健计划、社会经济情况等国情进行拟定。

（三）域外典型国家对于基金使用范围和使用方式差异较大

由于经济、社会、历史文化传统的差异，域外典型国家在立法中对于医保基金的使用范围和方式都有较大差异。医保基金是否需要支付看病就医产生的间接损失（病假津贴）？对于预防疾病的产生的费用（如肠癌筛查）是否可以纳入医保基金的支付范围？医保基金是否可以进行投资增值？域外典型国家在立法中都依据本国国情作出了不同规定。

澳大利亚和日本将部分健康管理的费用纳入医保基金中支付。澳大利亚在2008年推出全国肠癌普查计划（National Bowel Cancer Screening Program）以降低其肠癌的发病率与死亡率；日本、美国对居家疗护期间产生的医疗费用支出、安宁疗护等纳入医保基金支付范围内。此外，如青少年的牙科检查、视力纠正等，也有域外典型国家纳入医保基金支付范围，各国在此方面差异非常大。

在医保基金使用方式方面，美国联邦立法规定Medicare基金仅可用于投资特定的计息证券。《美国社会保障法》要求理事会定期向国会报告信托基金的使用和运营情况，包括资金收益情况。

（四）域外典型国家医保基金监管模式差异较大

各国医保基金监管的模式差异较大，大致可以分为三类：主要由政府监管、"政府+第三方"监管、主要由行业自治组织监管三种类型（表1-1-2）。

表1-1-2 域外典型国家医保基金监管统一立法与监管模式情况

国家	中央有无统一立法	监管模式
日本	有	政府监管： 厚生劳动省为监管主体，众多社会团体和机构共同负责

续表

国家	中央有无统一立法	监管模式
英国	有	"政府+第三方"： 政府监管（英国卫生部、地方政府）和非政府监管相结合
加拿大	无	行业自治组织监管： 各省医师协会、医疗服务委员会等
澳大利亚	有	"政府+第三方"： 政府监管（联邦卫生和老龄部、服务部）和非政府监管（私人保险联盟、保险欺诈局、国家健康和医学研究委员会等）相结合
美国	有	"政府+第三方"： 政府监管（联邦调查局、司法部、卫生和公共事务部及其内部设立的监察长办公室（Office of Inspector General OIG）、医疗照顾与医疗救助服务中心、审计总署等机构；各州设置的Medicaid专门管理机构、州保险监督委员会、州保险反欺诈局、医疗委员会等）和非政府监管（国家医疗保健反欺诈协会、保险反欺诈联盟、保险公司反欺诈部门等）相结合

日本主要采用政府监管模式。包括医疗保障在内，日本的福利政策有很强的政府主导特性。日本厚生劳动省由医学教育背景的医疗官僚（日语为"技官"）和文科出身的社会官僚负责拟定包括医保基金监管政策在内的各类医保政策，负责医疗保障制度的监督、管理和运营。对医疗机构和医生等医务人员的监督主要由地方厚生局负责，地方厚生局是厚生劳动省的地方机构，在日本全国共

计设立7个地方厚生局和1个支局。地方厚生局负责日本定点医疗机构的审批和监管，如果发现虚假报销诊疗报酬的案件，地方厚生局会对医疗机构及其副主任进行"个别指导"，情况严重的会取消其定点资格。

美国、英国、澳大利亚等国家采用的是"政府+第三方"监管模式，但是不同国家又有所差异，差异主要体现在政府与第三方的关系方面，美国、英国采用的"政府+第三方"监管的方式，其中政府发挥了主导作用。美国Medicare项目由美国医疗照顾与医疗救助服务中心主办，商业保险公司经办，基本医疗保险管理服务提供商（Medicare Administrative Contractors CMS）负责为医疗机构提供结算服务并具体审核费用信息。医保基金监管在联邦政府层面，由联邦调查局（FBI）牵头，以卫生与公共事务部的总监察长办公室（HHS-OIG）、司法部、基本医疗保险管理服务提供商三个部门为主导，包揽了医疗欺诈的监控、调查和起诉的全部事务。❶ 各州政府也都设立Medicaid专门管理机构、州保险监督委员会、州保险反欺诈局、医疗委员会等参与医保基金监管。美国引入的第三方监管包括国家医疗保健反欺诈协会（National Health Care Anti-fraud Associootion，NHCAA）、美国反保险欺诈联合会反欺诈联盟（Coalition Against Insurance Fraud，CAIF）、保险公司反欺诈部门等机构，与各方合作共同打击医疗保险欺诈行为。❷

如前所述，英国政府在2004年开始推行独立监管者制度，由

---

❶ 孙菊,甘银艳.合作治理视角下的医疗保险反欺诈机制:国际经验与启示[J].中国卫生政策研究,2017,10(10):28-34.

❷ 林源,李连友.美国医疗保险反欺诈实践及对我国的启示[J].中央财经大学学报,2012(01):70-75,91.

独立于政府的监管局负责审核和评价信托基金的财务状况。英国政府在2017年成立的反欺诈管理局（National Health Service Counter Fraud Authority，NHSCFA）作为卫生部和社会福利部下设的独立部门，负责制定和执行反医保欺诈的具体工作。在非政府监管方面，众多社会团体也积极参与了医保基金反欺诈工作，包括反欺诈保险署（Insurance Fraud Bureau）负责为政府部门调查欺诈案件提供数据，向社会宣传普及医保欺诈知识；保险业协会（Association of British Insurers）定期发布保险欺诈报告，管理医保反欺诈数据库等。

加拿大采取由行业自治组织进行监管的模式。由于加拿大各省的医疗保健计划不同，因此加拿大在该领域中缺乏联邦政府层面的监督，并没有统一的医保基金监管主体，政府会将惩戒权力下放到大学与行业委员会，对违反职业道德的医生进行行业惩戒。加拿大绝大部分地区都会将该项审查权利交给各省医师协会自行审计，如代表不列颠哥伦比亚省执行医疗保健计划的是该省的医疗服务委员会，医疗服务委员会可以对医生所提供的医疗行为与主张的报酬账单进行检查和审计。安大略省医疗保障计划由该省卫生部门进行管理，该省计划内的收费标准由该省医师协会与卫生部门共同确立。

（五）医保经办机构的法律地位有较大差异

医保经办机构肩负医保基金监管的重要职责，其法律地位和法律性质也直接影响着基金监管的效果。医保经办机构是参保者的经纪人，代表参保人的利益购买医药服务。近些年来，域外典型国家也不断对医保经办机构进行改革，从立法上明确其法律地位，优化其机构职能。无论是作为政府内设部门还是法人化的疾病基金会，引入市场机制，不断提高其购买医药服务的质量，是域外典型国家医保经办机构改革的共同特点。

美国的公共医保经办部门是商业保险公司。美国崇尚自由的文化传统使美国人十分排斥政府过度的管控，在医保基金的运营和管理中，美国也体现出了"管办分离"的倾向。美国医疗保险计划由卫生与公众服务部（HHS）管理，主要由称为医疗照顾与医疗救助服务中心的子机构管理。但是，医疗保险计划工作的大部分都外包给了私人商业保险公司，即蓝十字与蓝盾健康计划公司。

英国、澳大利亚、加拿大直接由政府内设部门经办管理。英国由行政机制主导的国家医疗服务体系经历了多次改革，在20世纪80年代后期，英国专门建立了法人化的公立机构，代表民众负责向医护人员和医疗机构购买医疗服务，扮演付费者的角色。[1] 澳大利亚联邦政府（主要是服务部）负责运行 Medicare 和药物福利计划并为这两个项目筹资，而医保基金监管工作由卫生部和服务部负责。

日本的医疗保险承办及经办机构被称为"保险者"，直接翻译成中文就是"承保人"，这个机构不仅负责医疗保险的经办，而且也负责管理运营管辖范围内的医疗保险。由于日本医保制度的分散化，日本境内有数以千计的医保经办机构，这些机构有政府批准成立的官方组织，也有些是民间团体。

---

[1] 顾昕.全民免费医疗的市场化之路：英国经验对中国医改的启示[J].东岳论丛,2011,32(10):25-31.

第二章

医疗保险纠纷解决机制研究

第一节 域外典型国家医保纠纷解决机制

域外典型国家在医保纠纷解决方面方式多样,如果对医保福利相关的决定不服,医保利益主体具有多种救济途径可以选择,各国发展了诸如调解、仲裁、协商和解、中立评估等灵活多样的诉讼外争议解决方式。[1]但由于诉讼有公共权力的参与和国家强制力的保证,解决纠纷最主要的机制仍然是诉讼。除诉讼外,域外典型国家医保纠纷解决还包括行政救济,即行政机关内部的复议和审查,也有国家引入监察员制度、听证制度等方式。下面就其中几个域外典型国家的医保纠纷解决机制进行具体说明。

---

[1] 陈永怡,孟彦辰.我国多元化医保纠纷解决机制必要性和可行性研究[J].中国医院,2024,28(02):51-54.

一、英国

英国"行政正义体系"(administrative justice system)包括行政复议(reconsideration)、行政裁判所(administrative tribunals)、监察专员(ombudsman)等行政争议解决渠道,且各具特色(表1-2-1)。

表1-2-1 英国行政争议解决机制的特征❶

争议解决渠道	审查者的独立性	审查范围	审查方式	决定效力
行政复议	行政机关内部人员,但独立于初始决定者	事实、法律与裁量问题	书面调查审议	可上诉至行政裁判所或法院
行政裁判所	独立于行政机关	合法性与适当性问题	主要是口头对抗、纠问式审判	可上诉至高等法院
监察专员	独立于行政机关	不良行政与不公正问题	书面及口头调查	对行政机关提出不具有约束力的建议

与中国"行政复议"相对应的制度在英国称为"reconsideration",它是对行政决定的内部复审(internal review),是指行政相对人针对不利行政决定,向行政决定作出机关提出复议申请,由行

---

❶ 彭錞.再论英国行政复议制度[J].中国政法大学学报,2021(06):164-178.

政决定作出机关内部、原决定作出者（original decision makers）之外的人员，对原决定展开复审。在某些情形下，该制度还会被规定为其他行政救济措施（如行政裁判所或法院审查）的"强制性"前置程序，所以还可称为"强制复议"（mandatory reconsideration）。根据2012年《英国福利改革法》（Welfare Reform Act）第102条，若相对人不满自己的社会福利决定，可以向主管社会福利事务的工作与养老金部（Department of Work and Pensions）提出行政复议申请，工作与养老金部指派初始决定者以外的一名官员对原决定展开复议。相对人若认为初始决定存在错误或遗漏了重要证据、不同意该决定所基于的理由或者单纯希望再次审查该决定的，均可申请复议，其可通过信件或电话方式在初始决定作出一个月内向原决定作出机关提出申请，不收取费用。复议人对申请人提交的材料进行书面审查，复议申请材料可以包括初始决定时没有考虑的额外证据，如新的医疗证明等。复议是强制性的前置程序，在复议决定作出后一个月内，相对人可上诉（appeal）至初级行政裁判所或提请普通法院进行司法审查。❶

相对于复议是一种内部审查，上诉则是一种外部审查。对行政决定承担上诉职能的典型机构是行政裁判所。❷ 在社会保障领域中，根据1998年《英国社会保障法》第12~14条的规定，行政相对人对社会保障福利相关决定不服的，可以向"一级行政裁判所"（First-tier Tribunal）上诉，对一级行政裁判所的初始裁决不服的，

---

❶ 彭錞.再论英国行政复议制度[J].中国政法大学学报,2021(06):164-178.

❷ 李洪雷.英国行政复议制度初论[J].环球法律评论,2004(01):17-30.

可以申请原行政裁判所或另一个行政裁判所重新裁定，也可以向"上级行政裁判所"（Upper Tribunal）提起申诉。❶

英国监察专员制度经历了纯粹公共部门监察专员、私部门监察专员、混合监察专员和一站式（one-stop-shop）监察专员四个发展阶段，现今包括议会和卫生服务监察专员（Parliamentary and Health Service Ombudsman）、地方政府和社会保障监察专员（Local Government and Social Care Ombudsman）、法律监察专员、住房监察专员等多种类型。监察专员的权力主要包括调查权、决定权和建议权，其建议虽然对政府或公共部门没有强制约束力，但是政府和公共部门鉴于监察专员所具有的权威及对本部门声誉的考虑，会全部或部分采纳监察专员的建议。❷ 例如，议会和卫生服务监察专员对英国国家医疗服务体系和英国政府部门及其他公共组织的投诉进行处理并提出建议，这一过程是免费的。

二、加拿大

加拿大安大略省卫生和长期护理部负责对医生进行审查，具体审查流程分为三步，即开始部分、全部审计与委员会听证。如果安大略省卫生和长期护理部认为医生提交了不适当的账单，卫生和长期护理部可选择联系医生，为其提供账单教育，以提高索赔提交的准确性，并告知医生可能会对索赔进行进一步审查；和（或）寻求

---

❶ 宋华琳.英国的行政裁判所制度[J].华东政法大学学报,2004(05):78-85.

❷ 张倩.英国监察专员的类型、功能及启示[J].政法论丛,2017(04):139-150.

通过与医生的和解从而解决审计结果；和（或）将此事提交卫生服务上诉和审查委员会进行听证。卫生服务上诉和审查委员会是一个独立的准司法裁决法庭，有权决定医保计划总经理和医生之间的账单审计争议。审查小组由3名成员组成，包括1名医生和2名非医生（其中一名必须是律师）。医生将被告知需向卫生服务上诉和审查委员会提交的事项，并有机会作出陈述，该委员会将根据《安大略省健康保险法》附件1中规定的程序和该委员会议事规则展开听证会并作出命令。审计信息可通过卫生服务上诉和审查委员会流程公开。在没有结算协议或自愿还款的情况下，只有卫生服务上诉和审查委员会要求还款时，财政部才能收回资金。值得注意的是，卫生服务上诉和审查委员会只能要求医生偿还期限不超过24个月且在医保计划总经理要求审查前不超过5年的款项。如果任何一方对该委员会的命令不满意，该方可向安大略省高等法院——地区法院对该委员会的决定提起上诉。

加拿大不列颠哥伦比亚省医疗服务委员会（以下简称"医疗服务委员会"）负责执行该省的医疗保健计划。1997年，医疗服务委员会构建了医疗服务计划的账单诚信计划。账单诚信计划向医疗服务委员会提供审计服务，主要分为启动、现场审计、报告和追讨四个阶段。在经历前面的审计步骤之后，如果发现问题，医疗服务委员会将建议法律服务部门进行追偿，即进入最后的追讨阶段。被审计人将被告知医疗服务委员会正在根据《不列颠哥伦比亚省医疗保障计划保护法》第37条进行追偿，并在适当的时候，被审计人还会被告知其执业资格正在根据该法第15条取消注册。同时，医疗服务委员会还会向被审计人提供一份审计报告和错误清单的副本。法律服务部将为该案指派一名律师，并确认律师已收到己方追讨的指示。法律服务部还会同账单诚信计划合作，开始准备所有与被审计人有关的记录，以便在未来进行法律披露。被审计人必须在收到医疗服务委员会通知后的 21 天内要求举行听证会，否则医疗服务委员会可能会下达进一步的命令。

被审计人也可以要求进入替代性争议解决程序。实际上，大多数案件都是通过替代性争议解决程序解决的；然而，一旦替代性争议解决程序不成功，那么正式的听证会仍将按照之前的安排进行。如果双方能够通过替代性争议解决程序解决问题，那么最终医疗服务委员会和被审计人将签署一份正式的和解协议，这份和解协议也可以是执行某种"执业模式令"，即要求医生遵守某些规则或限制。

三、澳大利亚

澳大利亚作为英联邦国家，其行政争议解决机制与英国相似，主要有申请内部审查、向联邦监察专员投诉和通过法院上诉三种方式。根据 1973 年《澳大利亚健康保险法》第 129AAD 条第（1）款和 2008 年《澳大利亚牙科福利法》第 56D 条，行政相对人如果对澳大利亚服务部或卫生部追回 Medicare 债务或多付款项（包括牙科福利或药品福利）的决定不服，可以在 28 天内填写"Medicare 决定审查表"或"合规性审计的决定审查申请表"，向医疗保险行政长官（the Chief Executive Medicare，CEO）提出书面申请，要求对该决定进行复审，即对因联邦医疗保险合规性审计而被视为可收回款项的决定进行审查。如果仍对审查的结果不满意，可以向联邦监察专员（Commonwealth Ombudsman）提出投诉或通过法院上诉。

联邦监察专员是根据 1976 年《澳大利亚监察专员法》(Ombudsman Act 1976) 设立的，专门负责调查人民对政府各部门控告案件，并向有关部门或规定的当局提交相应报告，提出意见或建议并说明理由。联邦监察专员可要求接受报告的部门或指定机构在指定时间内向其提供关于其拟就报告所载事项和建议采取的任何行动的详情（第 15 条）。如果该部门或机构未就监察专员的报告采取适当行动，监察员可将此情况书面通知总理（第 16 条）。

四、日本

在日本，如果参保人对保险者的决定（如参保人和被扶养家属的资格认定、保费计算、保险医疗费的支付等）有不满，可以向社会保险审查机构申请复议，此制度的正式名称是社会保险审查制度。社会保险审查分职工保险审查和居民保险审查两个不同体系，包括健康保险在内的职工保险采用地方（一级审查）和中央（二级审查）两级审查制度。负责一级审查的是地方厚生局和支局的社会保险审查官；负责二级审查的是中央即厚生劳动省内的社会保险审查会，其成员由厚生劳动大臣任命，由委员长和 5 名委员组成，一般由经验丰富的厚生劳动省官员担任。

当事人（参保人、雇主等）如果对经办机构的决定不服，可以在 3 个月以内向地方厚生局的审查官申请审查。如果对地方审查官的审查结果仍有异议，当事人还可以在 2 个月以内向中央的社会保险审查会申请再审。社会保险审查会的审查采用公开审理的方式，当事人和经办机构各自陈述自己的意见，经社会保险审查会内部讨论后进行裁决。如果当事人对二级审查结果仍有不服，最终手段是向司法裁判所（司法法院）提起诉讼。

日本国民健康保险和后期高龄者医疗制度的审查机构是各都道府县的国民健康保险审查会和后期高龄者医疗审查会，这些审查会由参保人、经办机构、公益代表 3 人组成。与健康保险不同，国民健康保险采用一审制，没有中央级别的审查会。[1]《日本国民健康保险法》第 91 条规定，对于保险给付相关的处分（包含与被保险人证明交付的请求或返还相关的处分），与保险费或本法所规定的其他收取金相关的处分不服的主体，可请求国民健康保险审查会进行审查。该法第 92 条至第 103 条详细规定了审查请求、审查会的设置、审查请求与诉讼的关系等。

第二节 各国医保纠纷解决机制的特点

一、医保纠纷诉讼

通过对域外典型国家医保纠纷案件的分析可知，医保纠纷诉讼具有诉讼主体多元性和诉求类型多样性的特点。

第一，诉讼主体具有多元性。域外典型国家医保基金监管的法律诉讼中，主体可以是自然人、法人，也可以是相关社会团体，包括监察专员和医师专业协会、患者团体等。由于各国医保经办模式

---

[1] 李莲花.日本医疗保障[M].北京:中国劳动社会保障出版社,2021：182-184.

不同,此类案件起诉的被告也是多元的,包括国家和地方层面的政府职能部门、社团法人组织,还包括私人卫生保健的提供者,其中最为普遍的就是社会保险公司。诉讼的被告是根据医保基金使用和监管法律关系所确定的医疗保障义务的主体,其中既包括积极的给付义务(如提供药品和治疗服务),也包括消极的尊重义务(如禁止任意取消医保合同)。

第二,诉求类型具有多样性。医保纠纷案件请求权的内容和范围很大程度上由该国的医保制度的框架所确定,以参保人为主体提起诉讼的案件的诉求,多是要求恢复享受医保的权利及请求获得某种医疗服务和药物,也有涉及审查医保领域立法行为和政策合法性的诉讼请求。2015年,美国联邦最高法院作出了King v. Burwell案件的判决,这个案件也是由《美国患者保护与平价医疗法》所引发的三个著名案件之一。[1] 该法规定,个人可以在美国健康保险交易所购买价格有竞争力的商业健康保险,并享受联邦税收抵免。美国国内收入署(Internal Revenue Service,IRS)发布了一条规定,确认所有符合经济条件的美国人都可以因为购买健康保险而享受税收抵免,无论这个健康保险是否在美国健康保险交易所购买。原告King在美国弗吉尼亚州东区法院提起诉讼,认为根据《美国患者保护与平价医疗法》的规定,享受税收抵免的健康保险必须在法律规定的美国健康保险交易所购买,在其他地方购买的健康保险不能抵扣联邦个税。该法院认为,应该以"与其他法律相协调的体系解释"的方式来解释《美国患者保护与平价医疗法》的规定,从而

---

[1] King v. Burwell,576 U.S. 473(2015),Justia US Supreme Court Center.

否认了原告的这种字面解释。该法院站在理性立法者的立场,认为补贴的缺失会造成健康保险市场的不稳定,从而导致更多的人没有任何健康保险,这一结果并非立法者的原意。❶

需要指出的是,由于医疗服务本身是一项个性化服务,因此法院在解释某项医疗服务是否为该国医保规则所认可时,具有较大的自由裁量权。但是此类判决能否得到立法和行政机关的尊重,并在实践中承认和执行,也是一个现实问题。加拿大最高法院审理的Eldrige v. British Columbia案件中,原告是一名失聪患者,他请求将就诊过程提供手语翻译作为医保的必需服务,否则就违反了《加拿大权利和自由宪章》第15条。加拿大最高法院认可了原告的诉求,认为不为此类弱势人群提供手语翻译的服务,将会侵犯听障患者在就医方面的平等权。加拿大只有不列颠哥伦比亚省和安大略省认可最高法院的这一判决。

二、诉讼外争议解决方式

由于诉讼亦有其局限性,如耗时耗力、成本高昂,以及在某些案件中诉讼的公开原则不利于保护当事人个人隐私和商业秘密等原因,域外典型国家通常将司法救济作为最终的救济途径,以维护法律的权威,维护社会关系的稳定。在此基础上各国发展了灵活多样的诉讼外争议解决方式,如行政机构内部审查、社会保险机构审

---

❶ 李广德.请求共济与健康权的司法展开[M].北京:北京大学出版社,2022:26-27.

查、监察专员调查、举行听证会等,大多数国家还引入了替代性纠纷解决机制,如调解、仲裁、协商和解等方式。域外典型国家诉讼外争议解决方式具有以下特点。

第一,兼具灵活性与高效性。当事人可以自主选择解决争议的具体方式,如在澳大利亚,当事人如果对澳大利亚服务部(Services Australia)或卫生和老年护理部(Department of Health and Aged Care)追回 Medicare 债务或多付款项的决定不服,可以选择向医疗保险行政长官提出书面申请进行内部审查,也可以直接向联邦监察专员投诉。在解决纠纷过程中,当事人有权自主决定权利的取舍,具有充分的意思自治。同时,由于方式的灵活性和当事人的自愿,并且费用低廉(有的甚至是免费的),所以替代性纠纷解决机制通常迅速而又有效。

第二,注重程序公正。很多替代性纠纷解决机制都引入了中立的第三方进行调解或审查,这个第三方通常由一定数量比例的参保人、经办机构、医师等代表各方利益的专业人士组成。例如,加拿大的卫生服务上诉和审查委员会在处理医保计划总经理和医生之间的账单审计争议时,会成立专门的审查小组,审查小组由3名成员组成,包括1名医生和2名非医生(其中1名必须是律师)。《日本健康保险法》规定,国民健康保险审查会由参保人、经办机构、公益代表3人组成,这样能够在保证专业性的同时避免利益失衡影响结果的公正性。

第三,纠纷的解决结果一般不具有当然的法律约束力,也并不影响当事人付诸诉讼的权利（仲裁除外❶）。如英国和澳大利亚的监察专员制度，议会和卫生服务监察专员或联邦监察专员在接到投诉后，会开展相关调查并出具报告，在报告中提出建议并说明理由。这一建议并不具有强制约束力，但是政府和公共部门鉴于监察专员所具有的权威及对本部门声誉的考虑，会全部或部分采纳监察专员的建议，当事人如果对结果不满意仍可以上诉至法院。

---

❶ 医保纠纷案件中少见仲裁的方式。

第三章

我国医保基金监管立法现状与问题

第一节　我国医保基金监管立法现状

中共中央、国务院高度重视完善医保基金监管法律制度。《中共中央 国务院关于深化医疗保障制度改革的意见》规定："制定完善医保基金监管相关法律法规，规范监管权限、程序、处罚标准等，推进有法可依、依法行政。"《国务院办公厅关于推进医疗保障基金监管制度体系改革的指导意见》进一步明确推进医保基金监管制度体系改革建设的目标，即"到2025年，基本建成医保基金监管制度体系和执法体系，形成以法治为保障，信用管理为基础，多形式检查、大数据监管为依托，党委领导、政府监管、社会监督、行业自律、个人守信相结合的全方位监管格局，实现医保基金监管法治化、专业化、规范化、常态化，并在实践中不断发展完善。"由此，按照党中央、国务院决策部署，加快推进医保基金监管制度体系改革，构建基金监管法律制度建设，成为提升医保治理能力和国家治理水平的重要制度安排。

以国家医保局成立为里程碑，我国医保基金监管法律制度建设分为两个阶段，取得了一定成就。在国家医保局成立之前，医保基金监管法律法规主要"分散""嵌入"在《中华人民共和国社会保险法》（以下简称《社会保险法》）、《中华人民共和国基本医疗卫生与健康促进法》（以下简称《基本医疗卫生与健康促进法》）、《中华人民共和国刑法》（以下简称《刑法》）等的部分条款中，以及人力资源和社会保障部制定的《社会保险基金行政监督办法》《基本医疗保险定点医药机构协议管理经办规程》《社会保险基金财务制度》《社会保险基金会计制度》等，因此一定程度上规范了医保基金的监管工作。2018年国家医保局成立以来，积极推动医保基金专项法律制度的建构，取得了很大的成就。《医疗保障基金使用监督管理条例》作为我国首部医保基金专项法规，确立了我国医保基金监管体制，细化了法律责任，加大了对欺诈骗保的惩戒力度。与此同时，国家医保局还配套制定了《基本医疗保险用药管理暂行办法》《医疗机构医疗保障定点管理暂行规定》《医疗保障程序处罚暂行规定》等行政规章，在此前后，上海、河北、浙江、湖南、安徽、宁夏、山西等省（区、市）颁布了地方性法规（图1-3-1、图1-3-2），由此我国以《社会保险法》《基本医疗卫生与健康促进法》为上位法，以《医疗保障基金使用监督管理条例》为核心，贯穿医保基金使用的事前、事中、事后监管的医疗保障基金监管制度体系初步构建。

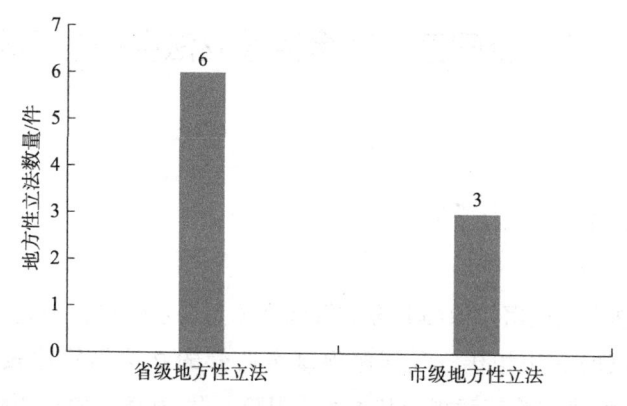

图 1-3-1 2022年地方性立法数量

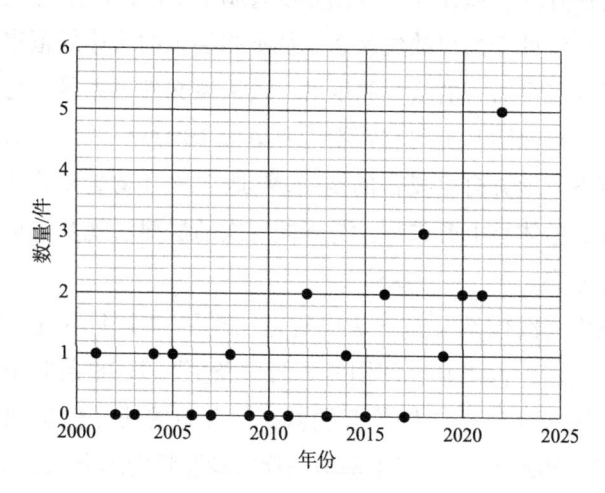

图 1-3-2 2001—2022年地方性政府颁布的规章和规范性文件数量

第二节　我国医保基金监管立法存在的问题

一、立法较为滞后

虽然我国的医疗保障基金监管制度体系初步形成，但是与域外典型国家的立法相比，我国医保基金监管的立法仍然比较薄弱。《社会保险法》第三章规定基本医疗保险，共10条，属于原则性规范，具体操作难度较大，有的规制已经滞后于时代的发展。《刑法》第266条诈骗罪中规定了医疗保险欺诈行为的有关内容，但并未规定专门的医疗保险欺诈罪。我国并没有制定专门的医疗（健康）保险法，上位法处于法律缺失状态。从不同层级的法律规范来看，当前我国医保基金监管的法律制度中，政策性文件占主导，行政法规层面对于医疗保障基金的监管则主要集中于使用环节，同时在规章层面上留下了地方自主操作的空间。❶ 地方政府规章和其他规范性文件的数量整体呈上升趋势，与不同层次的法律法规及其他规范性文件存在冲突。

实践中，医保基金监管法律规定出现了"上下不统一"的情况，例如《医疗保障基金使用监督管理条例》第38条对于定点医药机构的违法处理是"倍数"罚款，但各地的地方性法规中多是"数额罚"。2020年《上海市基本医疗保险监督管理办法》第17条

---

❶ 郑功成.从政策性文件主导走向法治化:中国特色医疗保障制度建设的必由之路.学术研究.2021(06),80-88,177.

对于定点医疗机构、定点零售药店严重违反基本医疗保险等规定的法律责任，采取的是"数额罚"，明确最高处罚限额是 30 万元。在一些经济发达的城市，骗保行为可能获利极大，采取倍数罚会出现违法机构无力承担罚款导致"执行难"的问题。但由于"上位法优于下位法"的法律原则，医保基金监管行政处罚中可能会出现选择"倍数罚"还是"数额罚"的执法困境。

二、立法内容不够明确

从医保基金监管的实践来看，医疗保障基金监管相关规定在实践中操作难度大。以《医疗保障基金使用监督管理条例》为例，许多条款亟待进一步细化明确，对于条款中"分解住院""挂床住院"等行为如何认定，《医疗保障基金使用监督管理条例》并未作出明确规定，在具体的实践过程中存在认定争议和遵守困难。

同时，我国缺少对于医疗服务协议违约金的明确规范，在实践中难以协调违约救济和行政处罚。由于行政处罚种类和协议的违约责任类似，经常出现追缴违约金和行政处罚是否都要执行的问题。医药服务协议属于行政协议，行政协议中的违约金并不能单纯认定为民事责任或民事违约金，也不应被认定为行政罚款。行政协议的违约金应该介于民事协议违约金和行政罚款的中间状态，需要有明确的法律规定作为根据。

三、医保基金欺诈骗保案行刑衔接标准过低导致资源浪费

当前，医保基金欺诈骗保案件在行刑衔接机制上存在一定问

· 101 ·

题，其具体表现为对于部分本应通过行政处罚即可有效遏制并符合比例原则的欺诈骗保行为，由于法律规定的刑事责任门槛相对较低，导致这些行为过早地进入了刑事司法程序。这反映了现行制度在行刑衔接点设置上不够细化，未能充分权衡行政处罚与刑事处罚的适用边界，以及各自手段在效率和威慑力上的优势。

《刑法》第266条规定："诈骗公私财物，数额较大的，处三年以下有期徒刑、拘役或者管制，并处或者单处罚金；数额巨大或者有其他严重情节的，处三年以上十年以下有期徒刑，并处罚金；数额特别巨大或者有其他特别严重情节的，处十年以上有期徒刑或者无期徒刑，并处罚金或者没收财产。本法另有规定的，依照规定。"《最高人民法院 最高人民检察院关于办理诈骗刑事案件具体应用法律若干问题的解释》第1条规定："诈骗公私财物价值三千元至一万元以上、三万元至十万元以上、五十万元以上的，应当分别认定为刑法第二百六十六条规定的'数额较大''数额巨大''数额特别巨大'。各省、自治区、直辖市高级人民法院、人民检察院可以结合本地区经济社会发展状况，在前款规定的数额幅度内，共同研究确定本地区执行的具体数额标准报最高人民法院、最高人民检察院备案。"由于医保基金欺诈骗保行为依法追究刑事责任所需的欺诈骗保数额较低（为3 000元到6 000元不等），违法行为人在许多省份骗取医保基金达3 000元以上即可由公安机关立案追究刑事责任。虽然实践中通过《医疗保障基金使用监督管理条例》第40条进行行政处罚就能对潜在的医保基金欺诈骗保人形成有效震慑，但现有制度要求绝大多数案件需移交给公安机关走刑事司法程序，这可能造成执法资源浪费等社会损失，故有必要通过提高起刑点来完

善相关制度。❶

四、对社会医疗保险诈骗犯罪与医疗回扣的刑法规制不足

在全国人大常委会作出《刑法》第266条立法解释❷之后，我国将诈骗医保基金的行为以诈骗罪论处。然而面对主体复杂、方式多样的社会医疗保险诈骗犯罪，已有规制方式显得力有不逮，针对社会医疗保险诈骗的特殊性的规制难以体现。首先，侵害法益的主次地位难以明确。诈骗罪位于《刑法》分则侵犯财产罪一章中，其保护法益为公私财产所有权，而社会医疗保险诈骗犯罪对社会医疗保险制度的运行秩序和社会医疗保险基金的所有权均具有法益侵害性，且前者为主要法益，后者是次要法益，将骗取医保基金的行为认定为诈骗罪不利于体现社会医疗保险诈骗行为所侵害法益的主次地位。其次，与单位犯罪的有关规定难以吻合。从《全国人民代表大会常务委员会关于〈中华人民共和国刑法〉第二百六十六条的解释》第30条❸的逻辑关系上看，组织、策划、实施人员被追究刑事责任须以单位实施了纯正自然人犯罪行为为前提。这与我国《刑

---

❶ 应亚珍,郝春鹏.中国医疗保障基金监督管理发展报告(2022)[M].北京:社会科学文献出版社,2022:53-54.

❷ 《全国人民代表大会常务委员会关于〈中华人民共和国刑法〉第二百六十六条的解释》(2014年4月24日第十二届全国人民代表大会常务委员会第八次会议通过)。

❸ 公司、企业、事业单位、机关、团体等单位实施刑法规定的危害社会的行为,《刑法》分则和其他法律未规定追究单位的刑事责任的,对组织、策划、实施该危害社会行为的人依法追究刑事责任。

法》中单位犯罪处罚的规定不谋而合，即只有在单位构成犯罪的基础上，才可能对该单位中的自然人施以处罚。故单位实施社会医疗保险诈骗犯罪，在其诈骗罪不能成立的前提下，对其中组织、策划、实施欺诈骗保行为的人定诈骗罪不合逻辑。最后，罪责刑相适应原则的内涵难以落实。自然人成立诈骗罪的数额起点为3 000元至10 000元，单位犯罪的入刑起点通常比自然人犯罪的入刑起点高，单位骗取医保基金的数额通常也比自然人犯罪所得数额大。因此面对单位实施的医保诈骗行为，以诈骗罪追究组织、策划、实施该行为的人的刑事责任，如若也以3 000元至10 000元作为入刑起点，单位将很容易达到入刑标准，存在司法打击面过大的风险，不符合罪责刑相适应原则的要求。

医疗回扣问题一直是医疗卫生行业难以消除的顽疾。2008年《关于办理商业贿赂刑事案件适用法律若干问题的意见》已明确将医疗机构中的国家、非国家工作人员、医务人员收受医疗回扣的行为界定为受贿罪和非国家工作人员受贿罪[1]，并予以严厉打击，但由于医疗回扣问题形成时间较久、形成原因复杂、牵涉部门较多，医疗回扣仍然侵蚀着医疗卫生系统并难以根治。我国反医疗回扣立法在适用上存在一定的局限性：在主体方面，由于我国《刑法》和

---

[1] 根据2008年《关于办理商业贿赂刑事案件适用法律若干问题的意见》规定，医疗机构中的国家工作人员，在药品、医疗器械、医用卫生材料等医药产品采购活动中，利用职务上的便利，索取销售方财物，或者非法收受销售方财物，为销售方谋取利益，构成犯罪的，以受贿罪定罪处罚。医疗机构中的非国家工作人员，有前款行为，数额较大的，以非国家工作人员受贿罪定罪处罚。医疗机构中的医务人员，利用开处方的职务便利，以各种名义非法收受药品、医疗器械、医用卫生材料等医药产品销售方财物，为医药产品销售方谋取利益，数额较大的，以非国家工作人员受贿罪定罪处罚。

《中华人民共和国反不正当竞争法》(以下简称《反不正当竞争法》)仅规定了"经营者"作为商业贿赂犯罪的主体,但并未对经营者作出明确的界定。虽然《中华人民共和国药品管理法》对医药行业商业贿赂主体进行了列举,但这种列举的方式不能完全穷尽。在客观方面,根据我国《刑法》的相关规定,贿赂犯罪只能通过"财物"手段予以实施,虽然财物包括经济交往中的回扣和手续费,但非财物的其他利益,如豪华宴请、娱乐则不受规制。

五、医保基金使用监督管理举报制度仍需完善

2022年1月,国家医保局颁布了《医疗保障基金使用监督管理举报处理暂行办法》,并于2022年3月1日起正式施行。《医疗保障基金使用监督管理举报处理暂行办法》鼓励社会公众和新闻媒体对涉嫌违反医疗保障基金使用监督管理的违法违规行为依法进行社会监督和舆论监督,对经查实符合举报奖励条件的举报人,医疗保障行政部门按规定予以奖励。

举报制度作为加强组织内部合规监管和社会综合监管的重要手段,其实质是要发挥广大群众尤其是组织内部成员的监督作用,鼓励其向监管机构报告其所了解的违法违规行为,达到保护公共利益的目的。但是从实践中来看,我国在医保基金监管领域,各种针对医保基金违法违规使用情况予以举报的行为仍然是零星出现的,各类奖励制度实施的效果并不好。虽然法律允许举报人匿名举报,但是现实中仍然有不少举报人主动放弃国家法律规定的举报程序而选择在社交媒体上实名公开举报。虽然各省(区、市)细化了奖励标准,提高了对举报人的奖金上限,但是金钱激励的效果并不佳。具

体而言，仍存在医保基金监管领域的举报人门槛过低、相关法律关系主体规定模糊、对举报人奖励和保护方式过于单一等问题。

(一) 举报人门槛过低

与其他领域的举报奖励制度相比，医保基金监管领域的举报人门槛很低，面向社会公众和新闻媒体。换言之，任何人（包括法人和其他组织）如果掌握了相关主体违法违规使用医保基金的信息，都可以按照规定的程序向监管机构举报。但是医保基金监管领域内隐蔽的违规违法行为，往往只有内部知情人能掌握有价值的线索和细节，并在后续调查中协助监管机构获取证据。不区分普通公众和内部举报人就会导致非内部知情人对公开信息重复举报或者为了获取奖励而就微不足道的违规行为重复举报。这一方面会提高监管部门获取信息的成本，另一方面也导致那些真正有价值的举报信息被湮没在各种低质量的"举报"信息中。笔者发现，《医疗保障基金使用监督管理举报处理暂行意见》与之前的《医疗保障基金使用监督管理举报处理暂行意见（征求意见稿）》相比，有了一些明显的变化。其中《医疗保障基金使用监督管理举报处理暂行意见（征求意见稿）》第10条规定了医保部门不受理的举报，包括"已经办结的举报，举报人在处理期间再次举报，且举报内容无新的事实、证据材料的；反映的被举报人违法违规行为已由其他医疗保障行政部门依法处理，或已由医疗保障行政部门通过举报以外的途径发现并依法处理的"。这说明医保监管机构已经意识到低质量的重复举报造成的资源浪费问题，但是在最终公布的《医疗保障基金使用监督管理举报处理暂行意见》中该条被删除，这无疑是一个遗憾。从举报制度设立的价值来说，举报人制度存在的最重要的价值是由行政监管外部的力量协助行政机关进行综合监管,弥补单一行政监管能力的不足,有效维护社会公共利益,将适格的举报人扩大为普通社会公众极大地弱化了举报制度的监督效应。

(二)相关主体法律关系模糊

在我国针对举报人与监管机构和被举报的实体之间的法律关系,在实践中一直都争议较大,如果行政机关拒绝对举报的违法违规行为处罚,举报人能否以侵犯公共利益为由针对上述违法违规行为直接起诉?举报人能否对行政机关提起行政起诉?司法界对上述问题的处理方法并不一致。2017年,北京市高级人民法院在朱某春与中国证券监督管理委员会案判决书中明确,行政机关履行法定职责,其首要任务在于维护公共利益。不特定相关公众基于行政机关对行政管理秩序的维护而客观上获得的利益,属于"公共利益的片段",即所谓"反射利益",尚不足以构成行政复议法上所指的合法权益,因此不能享有诉权。此后,2020年最高人民法院对举报人是否享有诉权的再审裁定中,提出了举报人只有"提供初步事实和证据,证明举报的违法行为和其有利害关系"的前提下才有资格作为原告起诉。司法界对举报人享有诉权的保守性做法,最重要的原因是担心那些所谓的职业打假人浪费国家司法资源。但遗憾的是,医疗领域的举报人多数举报事项都是符合公共利益的,而非出于一己之私,这种只鼓励自益性的举报人而限制公共利益举报人的司法实践,违背了我国设立举报制度的初衷。

(三)对举报人的奖励和保护方式过于单一

无论是国家制定的基本社会保险立法还是地方政府出台的深化医保基金监管的实施意见,都规定了对举报医保基金违法违规行为予以适当奖励,对于举报人的隐私进行保护。举报人举报后承担的风险没有上限,但是可以获得的奖励是有上限的。在此情形下,不能以简单的奖励多少或者罚金的比例来激励举报人,而应综合考虑举报人受保护的水平和举报后面临的各类风险。举报人举报后面临的直接风险就是所在单位的不公正待遇甚至是解雇。但是《社会保险法》《医保基金监管条例》《医疗保障基金使用监督管理举报处理暂行意见》对举报人的保护往往也只限于身份保密,虽然《医疗保障基金使用监督管理举报处理暂行办法》规定医保监管部门必须设立专人和独立的办公场所来接受举报,目的是控制知情人的范围。但实际上,举报人的身份信息泄露是很常见的现象,尤其后续需要举报人与医保监管机构合作查处违法行为或者出庭作证时更是如此。当举报人面对单位的解雇甚至全行业的就业封锁来维权的时候,根据《中华人民共和国劳动法》的相关规定,需要举报人证明自身遭受的来自雇主的不公正待遇与之前举报行为之间有因果关系,这在实践中非常困难,从而也在相当程度上打击了举报人的积极性。

六、医保信用管理立法内容缺乏一致性,需要顶层设计进一步引导

2019年6月,国家医保局正式印发《关于开展医保基金监管"两试点一示范"工作的通知》,指导开展医保基金监管信用体系建设试点工作。2020年3月,《中共中央 国务院关于深化医疗保障制度改革的意见》明确指出建立医疗保障信用体系,推行守信联合激励和失信联合惩戒。2020年7月,《国务院办公厅关于推进医疗保障基金监管制度体系改革的指导意见》提出,要"建立医药机构

总报告篇
第三章 我国医保基金监管立法现状与问题

和参保人员医保信用记录、信用评价制度和积分管理制度"。由此可见，信用管理将成为我国医保基金监管工作中的重要环节。

信用管理需严格在法治轨道上运行。然而在建设"社会信用基础性法律法规体系"的进程中，地方立法走在了国家前面。当前，国家尚未出台统一的社会信用管理法律，尽管已存在如《征信业管理条例》和《企业信息公示暂行条例》等专项信用法规，且超过50部法律及60余部行政法规中包含了信用相关的条款。从地方层面来看，各省（区、市）已相继制定了接近30部信用法律法规。❶总体来看，当前的信用监管体系主要由法规、规章及规范性文件构成，缺乏一部专门且核心的基础法律来引领，众多法规与规章因缺少高位阶法律的指导，而显得立法层级偏低。❷

相应地，我国在中央层面涉及医保信用管理的立法滞后，仅在《基本医疗卫生与健康促进法》《医疗保障基金使用监督管理条例》等法律中有原则性的规定。❸地方立法层面，部分省（区、市）在国家推行医保基金监管"两试点一示范"的工作基础上，对医保信用管理制度进行了初步探索（表1-3-1、表1-3-2）。

---

❶ 叶明,石晗晗.我国地方社会信用立法实证研究[J].征信,2021,39(02):39-46.

❷ 袁文瀚.信用监管的行政法解读[J].行政法学研究,2019(01):18-31.

❸ 《基本医疗卫生与健康促进法》第93条规定,县级以上人民政府卫生健康主管部门、医疗保障主管部门应当建立医疗卫生机构、人员等信用记录制度,纳入全国信用信息共享平台,按照国家规定实施联合惩戒。《医疗保障基金使用监督管理条例》第33条规定,国务院医疗保障行政部门应当建立定点医药机构、人员等信用管理制度,根据信用评价等级分级分类监督管理,将日常监督检查结果、行政处罚结果等情况纳入全国信用信息共享平台和其他相关信息公示系统,按照国家有关规定实施惩戒。

表 1-3-1　各地医疗保障信用管理办法及评价方法

地区	名称	评价方法	公布时间
浙江省	《浙江省医疗保障信用管理办法（试行）》	未提及	2020 年
宁夏回族自治区	《宁夏回族自治区医保服务医师诚信管理办法》	计分法	2014 年
天津市	《天津市医疗保障信用评价管理办法（试行）（征求意见）》	未提及	2020 年
天津市	《天津市医疗保障信用分类监管制度（试行）（征求意见稿）》	未提及	2020 年
河北省	《河北省医疗保障基金监管信用管理办法（试行）》	未提及	2020 年
福建省	《福建省医疗保障领域信用管理暂行办法》	未提及	2020 年
安徽省	《安徽省医疗保障信用管理办法（试行）》	未提及	2021 年
内蒙古自治区	《内蒙古自治区医疗保障基金监管信用评定与管理办法（试行）》	计分法	2020 年
海南省	《海南省医疗保障服务医师信用评价实施细则》	未提及	2020 年
山西省	《医疗卫生行业综合监管结果运用实施办法（试行）》	未提及	2021 年
福州市	《福州市医疗保险信用评价管理试行办法》	计分法、红黑名单	2017 年
亳州市	《亳州市医疗保障信用管理暂行办法》	积分制	2020 年

续表

地区	名称	评价方法	公布时间
金华市	《金华市医保医师信用管理办法（暂行）》	积分制	2020年
大连市	《大连市医疗保障信用"黑名单"管理试行办法》	黑名单	2019年
哈尔滨市	《哈尔滨市医疗保障局医保领域信用体系建设实施方案》	信用记录模块	2019年
南宁市	《南宁市医疗保障基金监管信用信息管理办法（试行）》	信用分值扣分制	2021年
泰安市	《泰安市基本医疗保险参保人员个人信用失信管理办法》	失信行为列举	2017年
开封市	《开封市医疗保障信用管理暂行办法》	计分法	2020年
阜阳市	《阜阳市医疗保障信用管理（暂行）办法》	红黑榜	2020年
广安市	《广安市医疗保障基金监管信用评价办法（试行）》	积分法	2020年
扬州市	《扬州市医疗保障定点医疗机构医师信用管理办法（暂行）》	未提及	2020年

表 1-3-2　各地区对信用行为界定的归纳

信用行为	行为类别	具体行为	地区举例	出现频次*
失信行为	违法违规行为	降低起付标准、减免个人自付费用等诱导参保人员住院治疗	阜阳市	1
		未认真核验凭证	海南省、河北省、阜阳市	3
		未按规定上传医疗保障信息	阜阳市	1
		伪造变造凭证或材料	河北省、大连市、南宁市等	5
		采取隐瞒、欺骗等手段，骗取社会保险基金	海南省、大连市、福州市等	7
		挂床住院	海南省、南宁市、泰安市	3
		不合理收费	海南省	1
		变卖、倒买倒卖药品	海南省、南宁市、泰安市等	3
		协助他人骗取医保基金	河北省、南宁市等	5
		医药购销中存在收取回扣	山西省、浙江省、金华市	3
		伪造、涂改医药费用票据、处方、病历、医疗文书的	泰安市、扬州市	2

总报告篇
第三章 我国医保基金监管立法现状与问题

续表

信用行为	行为类别	具体行为	地区举例	出现频次*
失信行为	过度医疗行为	重复检查	海南省、福州市等	6
		重复、超量配药	海南省、内蒙古自治区等	5
	未履行责任义务行为	未建立相关管理制度	阜阳市	1
		服务价格未公示	福州市	1
		不主动配合医保部门监督	海南省、河北省等	5
		不履行医保处罚	金华市、南宁市等	3
	其他失信行为	低标准入院	海南省、河北省	2
		提供监管信息不真实	河北省	1
守信行为	举报欺诈骗保行为	举报欺诈骗保并查实	福建省、河北省等	5
	承担社会责任行为	主动守信承诺信息	安徽省、金华市等	5
		提供安全、优质的医疗保障服务	福建省	1
		被聘任为医保基金社会监督员	福建省、南宁市	2
	其他守信行为	应记入信用档案的其他守信信息	安徽省、福州市等	6

注:"出现频次"是指前面的具体行为在文件中出现的次数。

· 113 ·

各地对于医保信用的评价方法各不相同,主要有计分法、积分制、红黑名单、信用记录模块、信用分值扣分制等。各地对参保人信用的理解缺乏统一性和一致性,在信用行为的界定及信用结果处理措施上均有差别。目前我国的医保信用管理内容设计缺乏一致性,需要顶层设计进一步引导。❶ 此外,信用联合激励与惩戒机制有待完善,目前惩戒措施较多,激励措施较少,缺乏对守信者进行褒扬和奖励的制度性安排。我国医保领域的信用管理仍处于初步发展阶段,亟需完善医疗保障信用管理立法,使医保基金信用管理工作有法可依,使守信激励和失信惩戒的效力最大化,保障信用管理体系在医保基金监管方面发挥最大作用。

七、医保经办机构的法律定位尚未明确

我国尚未制定专门的医疗保险法,医保经办机构的设置一直缺乏统一的法律法规与政策规制。2023年国务院发布《社会保险经办条例》明确将社会保险经办机构定义为"人力资源社会保障行政部门所属的经办基本养老保险、工伤保险、失业保险等社会保险的机构和医疗保障行政部门所属的经办基本医疗保险、生育保险等社会保险的机构"。根据《社会保险法》第8条及《医疗保障基金使用监督管理条例》等相关法律法规的规定,我国医保经办机构的职能主要包括服务协议管理、费用监控、基金拨付、待遇审核及支付等方面,

---

❶ 张金穗,胡敏,陈文,等.我国基本医疗保险参保人信用管理内容设计的探索与启示——基于18省市信用管理政策文本的内容分析[J].中国卫生政策研究,2022,15(05):47-51.

需要定期向社会公开医疗保障基金的收入、支出、结余等情况。

当前我国医保经办机构设置缺乏统一标准，医保经办机构的名称、属性、隶属关系、具体职能、信息系统等相差很大，各地对医保经办机构的定性不一，既有参公管理的事业单位，也有公益一类事业单位，还有公益二类事业单位，这直接影响基本医疗保险制度在全国范围内的有序实施。

更重要的问题是医保经办机构与行政部门的关系尚未理顺。从现实判断，医疗保险经办机构隶属于医疗保障行政部门（混合经办情况下则是人社部门），即医疗保险经办机构直接受行政部门的管理，其人财物均被纳入所属行政部门统一控制。医疗保险经办机构实质上构成了行政部门的组成部分，并直接服从于行政部门管理，这表明医保经办机构并非真正意义上的"保险人"，也无法真正成为以权利义务为核心的医疗保险关系中的责任主体。一方面，医保经办机构并非医保基金的产权人或者占有人，其以行政划拨经费为责任财产，实质上并不对医保基金运营的盈亏承担责任。另一方面，医保基金的汇集与使用采取预决算方式的公共财政运作流程，经办机构仅为所属行政部门决定的预决算执行机关。这一局面将医疗保险责任不当政府化，不利于责任分担机制的合理确定和制度的可持续，医保基金无法保持相对独立，行政机构无法从繁重的日常事务中抽身并强化监督，经办机构也无法独立履责。这些均表明中国医保经办机制尚未成熟，亟待加快改革步伐，加大发展力度。❶

---

❶ 华颖.中国医疗保险经办机制:现状评估与未来展望[J].西北大学学报（哲学社会科学版），2020,50(03):157-166.

八、医保数据缺乏针对性的立法规定

随着健康信息化建设全面快速推进和新技术快速发展与应用，全国各级各类医疗卫生机构采集产生的电子健康档案、电子病历等健康医疗数据的数据量越来越大，健康数据互联共享的范围也越来越广。医保结算中的患者身份核验、诊疗费用支付等会涉及与患者身份相关的隐私信息，因此医保数据通常涉及个人身份信息、门诊或住院情况、医疗服务、检查、药品处方等多种健康医疗数据，具有高度敏感性。医保数据如果遭到泄露或者滥用，可能会成为违法分子实施欺诈骗保最方便的工具，给社会医疗保险正常运行秩序和医保基金安全造成极大的负面影响。我国通过《网络安全法》《数据安全法》《个人信息保护法》等法律法规构建了全面的数据安全保护体系，不过具体到健康医疗领域，目前还未制定出涉及健康医疗数据的专门立法，有关健康数据保护的规定散见于各类法律、行政法规、部门规章和其他规范性文件当中[1]，如《医疗保障基金使用监督管理条例》第 32 条对医疗保障基金使用监督管理过程中的医保数据安全进行了规范[2]。我国对健康医疗数据法律规制的时间晚，地区差异较大，法律法规体系建设、政策和指南的匹配度有待于进一步提升。同时，健康医疗数据面临的安全威胁也在不断增加，亟

---

[1] 粟丹.论健康医疗大数据中的隐私信息立法保护[J].首都师范大学学报(社会科学版),2019(06):63-73.

[2] 医疗保障等行政部门、医疗保障经办机构、会计师事务所等机构及其工作人员,不得将工作中获取、知悉的被调查对象资料或者相关信息用于医疗保障基金使用监督管理以外的其他目的,不得泄露、篡改、毁损、非法向他人提供当事人的个人信息和商业秘密。

需借鉴国际的有益经验和做法，研究制定健康数据管理规范，进一步加强健康数据管理，保障健康数据安全，保护公民个人隐私。

九、针对互联网医保基金监管领域的立法仍然较为薄弱

2020年，新型冠状病毒感染疫情的突发影响了患者传统的就诊习惯，疫情防控期间医生在线开方，患者线上问诊、网上购药的互联网诊疗模式，成为疫情防控期间医疗服务的一个重要组成部分。互联网医保模式的持续健康发展与互联网医保支付的顺利推进密不可分。2020年10月发布的《国家医疗保障局关于积极推进"互联网+"医疗服务医保支付工作的指导意见》明确将"互联网+"医疗服务纳入医保支付的具体内容，线上、线下医疗服务实行公平的医保支付政策，不断推动互联网医保向更全面、深度化的方向发展。同时，互联网医保在实施中仍然存在患者医保身份真实性不确定、虚开药品导致的医保基金支出增加、符合医保报销的互联网医院和医生资质标准不明确等问题。

目前我国互联网医保仍处于试点探索阶段，对于互联网医保的监管较为薄弱：一方面，缺少专门针对互联网医保的法律法规[1]；另一方面，目前线下医保适用的《社会保险法》《医疗保障基金使

---

[1] 《国家医疗保障局关于积极推进"互联网+"医疗服务医保支付工作的指导意见》(医保发〔2020〕45号)中规定了医保基金支付和使用范围及医保费用安全监管的技术手段，并从强化医保部门费用审核责任和严厉打击互联网医保中的欺诈骗保行为两方面，出台了对于互联网医保服务的监管政策措施。但目前还没有出台明确的法律，规范互联网医保基金监管权限、程序、欺诈骗保的行为范畴及相关处罚标准措施。而对于互联网医保的监管，之前出台的法律法规主要针对医疗与药品方面，也并未找到专门针对互联网医保的监管办法。互联网医保监管的相关政策缺乏连续性、法律效力不高，互联网医保监管法律不健全。

用监督管理条例》等相关法律法规是否同样适用，以及针对互联网医保的特殊性是否需要额外增加规定措施需要进一步探讨。法律法规出台的滞后使得医保基金监管部门在调查、取证、界定、处理、处罚互联网医保的违规违法行为方面缺乏法律授权，也削弱了对医保基金违法违规行为制裁的威慑力，在一定程度上阻碍了互联网医保基金监管工作的开展。因此，有必要完善互联网医保的基金监管立法，积极出台相关法律法规，发挥立法引领作用，推动互联网医保基金监管的健康和可持续发展。

第四章

完善我国医保基金监管立法的对策和建议

医保基金监管法律制度是医疗保障法律制度的重要组成部分。医疗保障法律制度不仅关系社会基本民生和个人健康权的实现,也关系社会治理、社会发展与社会进步,而医疗保障领域因时代发展与医疗改革的深入推进具有利益主体多元化、社会关系复杂化、社会治理开放性的特点,迫切需要一系列立法来明确规则、明确赋权、明确责任。医疗保障制度作为一项独立的社会制度安排,在建制目标、保障对象、实施过程、利益关系等方面与其他社会保障制度存在较大区别。鉴于当前医保基金监管领域存在的诸多问题,我国迫切需要借鉴国际经验,尽快通过相关立法促使这一制度从政策性文件主导走向法治化轨道。

发达国家的医保基金监管法律体系在经历了一个多世纪的发展进程,已经走向成熟,我国应根据时代的发展对已有法律进行修订,以更好地适应老龄化社会来临下对医保基金的新挑战。我国的医保基金监管法律制度的完善应当以切实保障医保基金安全、维护参保人的合法权益并推动新时代的医保经办机构改革为基本出发点,在法治建设中广泛借鉴国外的有益经验;立足中国实践,坚持中国特色,为促进我国医疗保障的法治化进程、加强医疗、医药、医保的三医联动机制，完善社会治理工具与手段提供强有力的法治保障。医保基金监管立法的体系结构必须具有完整性、系统性，并需要确保法律之间的有机衔接与有效协同，杜绝重复立法、避免立法资源浪费。

第一节 建立医疗保障基金监管法律体系的核心问题

完善的医疗保障基金监管法律体系应由医疗保障领域的基本法律、若干专项行政法规、部门规章及规范性文件等多个层次共同构建而成。其中，基本法律应作为顶层设计，确立医保基金监管的基本原则、框架和核心制度；专项行政法规则针对医保基金监管的具体领域制定更为详尽的规则；而部门规章及其配套的技术性规范文件，则旨在细化实施前述法律法规，提供具体的操作指南和技术标准。上述三个层次需要同步推进，其中关键的一环就是制定医疗保障基本法。

医保基金监管立法应当解决的核心问题包括以下四个方面。

一、明确法律制度框架与功能定位

我国医保基金监管法律制度体系具有很强的技术性、专业性、政策性和变动性。从内容上看，医保基金监管立法调整范围较广，法律关系复杂，该体系中的法律类型多种多样，立法层级多元林立。

医保基金监管立法应当包括全方位、全流程、全环节监管法律制度体系建构，具体如图 1-4-1 所示。

第四章　完善我国医保基金监管立法的对策和建议

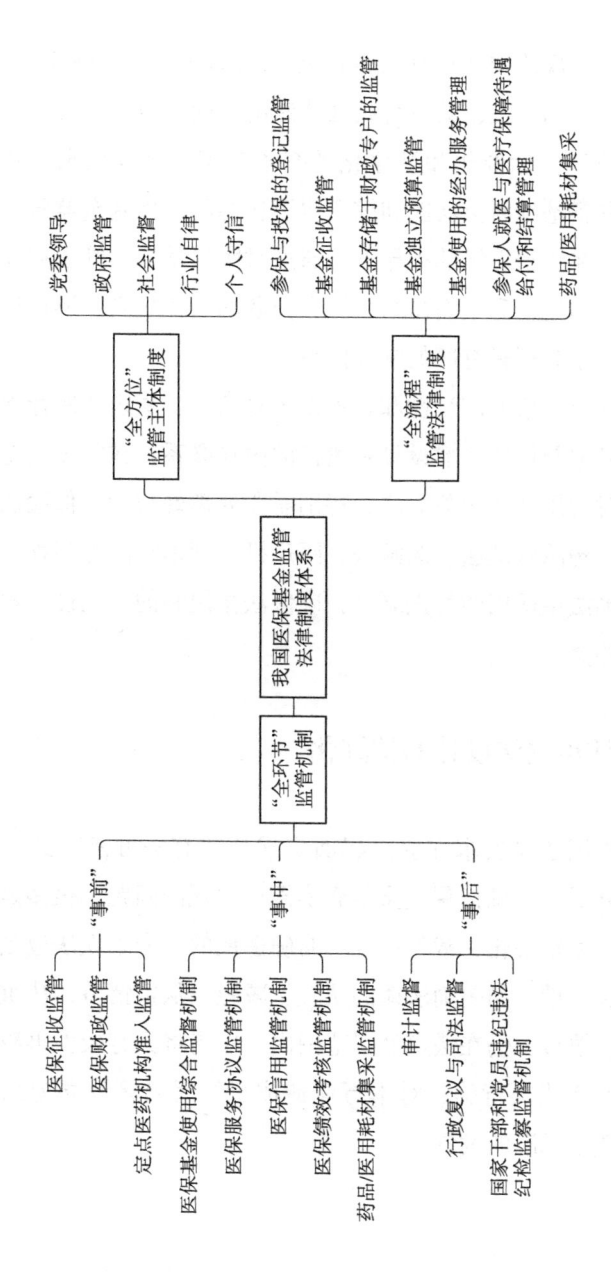

图1-4-1　全方位、全流程、全环节监管法律制度体系建构

体系化的规范构造可在各部门法之间形成内在的体系性关联，保障内在的协调一致，减少行政法律制度之间的分歧，同时也为行政执法部门提供标准化和秩序化的基本框架、基本准则、基本制度，形成具备基础涵摄功能和综合协调功能的医保基金监管的行政法律秩序。在法治思维的指导下，通过对医保基金监管法律规范整体内容的归纳概括和全面总结，统合分散的法律规则，形成层级分明的规范体系和逻辑有序的制度体系。

医疗保障对象的广泛性和其关系的复杂性，决定了医疗保障法治建设与其他领域法治建设具有紧密的内在联系，在制度实施中必然需要同时适用其他相关立法。特别需要处理好与社会保险法、社会救助法、药品管理法、医师法、医疗机构管理立法等多种立法的关系，明确法律适用的优先顺序，确保法律规制的一致性，杜绝法律之间的冲突。

二、注重立法设计的精细化

法治中国建设要求在立法层面实现从"有法可依"到"科学立法"的跃进。当前医保基金监管实践中出现的问题，很多是由于立法设计不够精细化、裁量标准不明确造成的。未来立法应当进一步提高立法质量，如明确法律的从轻、减轻、从重情节，从重情节不同于加重情节，仍在法定处罚范围内，应当将具有较大再犯可能性、多次实施违法行为、对本行业造成严重后果等设立为从重情节，丰富裁量标准的设置。

三、立法要贯彻风险预防的基本理念

随着社会经济的快速发展，各类风险和不确定因素增加，不确定性风险治理对现行法律体系构成挑战，立法者无法像传统规制方式一样，在充分了解法律规范的目标之后，制定详细的规制内容。例如，在突发公共卫生事件中如何合理使用医保基金、保障医保基金安全，并无事前详细的预案，突发公共事件在一定程度上打破了既有的法律秩序。未来立法应当确定风险预防的理念，明确规定风险行政的具体类型和方式，从而更好地指导行政法治工作。

四、立法要对智能监控、自动化执法等新型行政法治实践作出回应

随着信息技术的变革和数字经济的发展，互联网、大数据、人工智能、区块链等新技术应用与行政执法深度融合，催生了智能监控、自动化执法等新型行政法治实践。智能行政执法正在重塑行政执法模式与流程，法律体系应当回应这一新的现象。一方面，站在规范行政行为的角度，智能监控和自动化执法为电子化行政开放了通道，需要在未来立法中予以明确；另一方面，站在保障行政相对人权利的角度，数字行政技术的滥用也会形成风险，需要在立法中作出回应，在信息化技术推动医保基金监管的同时，避免信息化技术的滥用对行政相对人和参保人权利的侵害。

第二节　比较法视野下我国医保基金监管法律制度构建的具体建议

一、合理确定行刑衔接点，避免过度适用刑事司法程序

医保基金监管领域的行刑衔接问题引发了我国理论界和实务界的诸多争议。行刑衔接问题之所以会出现，其根源在于违反医保基金监管法的违法行为具备双重违法性及行政、刑法责任的二元化构造，即由行政机关依据行政法规范予以行政处罚，由刑事司法机关依据刑事法规范予以刑事制裁。一方面，行政处罚与刑事处罚在法律属性、实施机关、适用依据、适用对象、处罚方式、处罚程序等方面均存在明显差异❶，这种差异性决定了行政执法与刑事司法衔接的必然性与必要性；另一方面，在追究行政犯罪行为的行政、刑事责任过程中，行政实体法与刑事实体法、行政程序法与刑事程序法往往交织牵连在一起。根据《中华人民共和国行政处罚法》（以下简称《行政处罚法》）第8条第1款、第27条第1款之规定，在处理行政相对人违法行为时，如系一般行政违法，可由行政机关予以行政处罚；如违法行为涉嫌犯罪，则应移送司法机关追究其刑

---

❶ 李煜兴.行刑衔接的规范阐释及其机制展开[J].中国刑事法杂志，2022(04):64-78.

第四章 完善我国医保基金监管立法的对策和建议

事法律责任。究竟是一般行政违法还是涉嫌犯罪，其实质是行政违法与行政犯罪的界分标准，这也是案件移送的逻辑前提。"违法行为涉嫌犯罪"的前置判断一直是困扰行政机关案件移送的症结之所在。失之过严，应予移送而未予移送或未及时移送，行政机关涉嫌怠于履行移送职责，导致"有案不移""以罚代刑"，不利于打击犯罪，甚至滋生制度性腐败。失之过宽，将一般行政违法行为加以移送，导致大量违法案件涌入司法机关，势必增加司法机关办案成本。同时，因移送而中止行政处理程序，也不利于行政机关及时查处违法行为，实施有效行政管理。

国家医保局、公安部2021年12月8日发布的《国家医保局公安部关于加强查处骗取医保基金案件行刑衔接工作的通知》，在2020年修订的《行政执法机关移送涉嫌犯罪案件的规定》确立的移送办理程序的基础上，通过附件模板的形式对《涉嫌犯罪案件移送书》《骗取医保基金涉嫌犯罪案件调查报告》两项法律文书的内容作了明确的要求，为医保行政机关的移送工作提出了更加有针对性的规定。但对于医保基金案件移送情形基本上就是对《社会保险法》第87条至第89条，以及《医疗保障基金使用监督管理条例》第15条、第16条、第17条、第19条、第20条的复述，并没有增加太多实质性的内容，而这恰恰是实践中执法的重点问题和难点问题。

本书在域外典型国家立法研究中发现，对于医保行刑衔接问题，不同国家的做法并不完全一致。如前所述，美国对于同一违反医保监管的行为，同时规定了民事责任、行政责任和刑事责任。为了协助政府打击医疗欺诈，《美国反回扣法》规定了刑事、民事和行政三种法律责任。在刑事责任方面，《美国法典》第42篇第1320条A款第7项b（b）规定了对医疗回扣行为的刑事处罚，包括罚金和自由刑两种处罚形式。根据该条的规定，任何违反《美国反回扣法》支付非法报酬用于医疗转介的行为都属于重罪，违法者将被处以不超过 25 000 美元的罚款或不超过 5 年的有期徒刑，或两者皆罚。但在实践中，美国司法部提起刑事诉讼的案件很多是以涉案医药企业缴纳和解金的方式结案。

加拿大对医保领域医生和医疗机构违法行为提起刑事诉讼的条件则更为严格。根据《加拿大刑法典》380 条第 1 款规定，任何人通过欺骗、虚假陈述或其他欺诈手段，无论是否属于该法意义上的假象，欺骗公众或任何人（无论是否确定）的任何财产、金钱或有价证券或任何服务，均犯有可公诉的罪行。如果犯罪标的是遗嘱文书或犯罪标的价值超过 5 000 美元，可判处不超过 14 年的监禁；如果犯罪标的物的价值不超过 5 000 美元，可判处不超过 2 年的监禁，或可通过简易程序定罪。在没有欺骗或虚假的情况下，法院将客观地寻找"不诚实的行为"，客观上"不诚实"的行为是一个比较抽象的概念，司法实践中加拿大法院却仍旧会考虑被告的道德水平、工作态度、家庭关系、社会评价与是否积极偿还、忏悔等方面，从而作出不同量级的判决。有关于医生或者药剂师出于特定职业而从事的诈骗，称之为"白领诈骗"。这一类犯罪，加拿大法院会认可对其需要加以震慑的刑罚，以警示同类人员避免犯罪。但是加拿大法院认为监禁不是震慑的必要元素，仍然需要根据个案情况，结合被告自身情况最大程度地去合理地判决。此外，加拿大法院在针对相关案件作出判决时，不会过于严厉地判处执业医生多年监禁，而是会对大部分的医生处以周期比较短的判决，如两年半等时间。更重要的是，该项监禁判决以社区监禁为主，在一定程度上，考虑到医生职业培养周期较长，同一般职业不同，因此责令其监禁期对社区免费服务，避免人才的浪费，也是一种很好的惩戒方式。

在我国医保行刑衔接的案例中，笔者调研发现，医保欺诈骗保行为依法追究刑事责任的门槛比较低，在部分省份，甚至违法行为人欺诈骗保 3 000 元以上就可以由公安机关追究刑事责任，这既有可能造成执法资源的浪费，也不符合医保基金监管领域的实际。刑法是最严厉的法律，只有具有严重社会危害性的行为才应进入刑法的规制视野。刑法过早介入，可能会阻碍医保制度的发展，进而落后于时代的发展与更迭；刑法过晚介入，则会因规制与监管的缺陷导致医保领域的无序及风险现实化。❶ 刑法介入打击欺诈骗保行为的时机选择，应达到充分保障公民健康权的同时，有效遏制资金流失的目的。我国《刑法》第 266 条规定没有区分单位（法人）犯罪和个人（自然人）犯罪，也未将情节严重的医保基金诈骗犯罪行为与其他一般的诈骗犯罪进行区分，而对不同的诈骗行为形成有效威慑必须根据具体情况设置不同的起刑点，最高人民法院和最高人民检察院无法通过整体提高该法条规定的"数额较大"认定标准来解决医保基金骗保的起刑点过低的问题。

二、在《刑法》中增加医保诈骗罪、医疗回扣罪的罪名

2024 年 3 月 1 日，最高人民法院、最高人民检察院、公安部联合召开新闻发布会，发布《关于办理医保骗保刑事案件若干问题的

---

❶ 房慧颖.新型操纵证券市场犯罪的规制困局与破解之策[J].华东政法大学学报,2022,25(01):182-192.

指导意见》暨"两高"关于依法惩治医保骗保犯罪典型案例。❶ 该指导意见明确医保骗保刑事案件是指采取欺骗手段，骗取医疗保障基金的犯罪案件，医疗保障基金包括基本医疗保险（含生育保险）基金、医疗救助基金、职工大额医疗费用补助、公务员医疗补助、居民大病保险资金等。该指导意见明确，定点医药机构（医疗机构、药品经营单位）以非法占有为目的，骗取医疗保障基金支出的，对组织、策划、实施人员，依照《刑法》第266条的规定，以诈骗罪定罪处罚；同时构成其他犯罪的，依照处罚较重的规定定罪处罚。定点医药机构的国家工作人员，利用职务便利，实施前述行为，骗取医疗保障基金，依照《刑法》第382条、第383条的规定，以贪污罪定罪处罚。行为人以非法占有为目的，骗取医疗保障基金支出的，依照《刑法》第266条的规定，以诈骗罪定罪处罚；同时构成其他犯罪的，依照处罚较重的规定定罪处罚。《关于办理医保骗保刑事案件若干问题的指导意见》对于严重的医保欺诈行为仍然认定为"欺诈罪"，但如前所述，用"欺诈罪"定罪量刑在法理上仍然存在一定问题，不利于打击严重的欺诈骗保行为。

为了弥补我国对社会医疗保险诈骗犯罪与医疗回扣的刑法规制不足，维护医保制度的运行秩序，有必要在现行《刑法》中增设社会医疗保险诈骗罪和医疗回扣罪。结合域外典型国家对社会医疗保险诈骗罪犯罪构成要件的规定，我国未来确定该罪行时，犯罪构成要件应当明确以下几点。

---

❶ 中华人民共和国最高人民法院.最高人民法院 最高人民检察院 公安部《关于办理医保骗保刑事案件若干问题的指导意见》暨典型案例新闻发布会[EB/OL].（2024-03-01）[2024-04-07]. https://www.court.gov.cn/zixun/xiangqing/426562.html.

第四章 完善我国医保基金监管立法的对策和建议

首先,自然人和单位均可作为犯罪主体;其次,犯罪主观方面为故意,即"以非法占有为目的,骗取社会医疗保险基金";再次,犯罪客体为社会医疗保险制度的运行秩序和社会医疗保险基金的所有权;最后,犯罪客观方面应表现为使用虚构的证明材料或其他手段骗取社会医疗保险基金的行为,以及此行为造成或可能造成的危害结果,即本罪是结果犯。法定刑种类包括自由刑和罚金,个人构成犯罪的数额起点为 2 万元,单位构成犯罪的数额起点为 5 万元。

针对医疗回扣问题,美国医疗反回扣立法对提供和接受医疗回扣行为的刑事处罚作了统一规定,任何违反《美国反回扣法》支付非法报酬用于医疗转介的行为都属重罪,一经定罪,违法者将被处以不超过 25 000 美元的罚款或不超过 5 年的有期徒刑,或两者皆罚。在完善的立法规制下,美国医疗回扣行为得到了有效遏制。我国可以借鉴《美国反回扣法》的立法经验,在刑法中增设医疗回扣罪或医务人员受贿罪/对医务人员行贿罪。

在犯罪主体方面,不给主体限定具体的条件,可以是医生、医院、患者、医疗产品或服务供应商、中介机构等任何个人或实体。犯罪客体是社会医疗保险制度的运行秩序和患者、医疗用品供应商的合法权益。犯罪主观方面应为直接故意。在客观方面,将我国刑法中"贿赂"的形式进行扩大解释,既可以借鉴美国医药反回扣立法所规定的"任何报酬",也可以参照我国《反不正当竞争法》的规定,将贿赂手段定义为财物或者其他手段,用兜底条款的形式进行规定,从而扩大适用范围。

三、针对支付错误的不当得利，可以规定返还期限，主动在期限内返还的可以不追究责任

近年来，我国持续推进医保制度及相关制度变革，医保支付方式逐渐多样化。医保支付制度改革大致经历了按项目付费为主、以推广总额预付和单病种付费为主和以推广疾病诊断相关分组（Diagnosis Related Groups，DRG）和病种分值付费（Big Data Diagnosis-Intervention Packet，DIP）为主的多元复合式支付三个阶段。加上各统筹地区参保、缴费、待遇支付政策及标准差异很大，具体制度五花八门、复杂易变，而且越靠近基层，制度样式越多，导致实践中医保基金错误支付、超额支付、重复报销等情况难以避免。例如，某省在脱贫攻坚期间，在基本医疗保险、补充保险、医疗救助三重保障制度基础上，统一构建了"基本医保+大病保险+医疗救助+医院减免+扶贫特惠保+财政兜底"六重保障制度。对此，不仅参保者不熟悉，连经办工作人员都难以适应，导致重复参保、漏保及福利叠加、福利空白等现象。[1] 在这种情况下，十分有必要规定"不当得利返还"机制，减少定性为欺诈骗保行为的可能。

部分域外典型国家针对医保基金错误支付下的"不当得利"规定了一定的返还期限，主动在期限内返还的可以不追究责任。例如，《美国患者保护与平价医疗法》针对在联邦医疗照顾计划、医

---

[1] 单大圣.中国医疗保障决策的地方化特征与改革思路[J].社会保障评论,2022,6(06):85-99.

第四章 完善我国医保基金监管立法的对策和建议

疗救助计划等联邦因为支付系统错误而出现的"超额支付"的支付现象,专门规定了60天的超额支付期,在相关医疗服务提供方或者供应商发现或理应发现超额支付现象的60天内,必须将"超额支付"的款项返回,否则将视为医疗欺诈,被处以巨额的罚款。《日本健康保险法》也规定了"不当得利返还"的相关内容,该法第58条规定,对于通过欺诈或其他违法手段获得保险给付的主体,保险人可要求其返还全部或部分给付金额。医保医师在向保险人提交的诊断书上作虚假记载、报告、证明,导致保险人提供保险给付时,保险人可要求医保医师对被保险人的全部或部分给付金额返还义务承担连带责任。保险医疗机构、保险药店、看护事业者通过欺诈或其他违法行为获得疗养给付所需费用时,保险人可要求保险医疗机构、保险药店、看护事业者返还给付价额,此外还可要求上述主体给付所应当返还的40%补偿金额。英国甚至设置了超额支付情境下罚款替代起诉的机制。根据1992年《英国社会保障管理法》第115A条的规定,在超额支付的情况下(多付的款项是由于该人的行为造成的),除了返还多付的款项,行为人可以向国务大臣或主管部门支付一定数额的罚款金(多付金额的30%),以换取主管部门不对他提起与超额支付有关罪行的诉讼。

笔者建议我国也在相关立法中增加"不当得利返还"的规定,针对超额支付情境下的不当得利,设置一定的返还期限,主动在期限内返还的可以不追究责任;针对故意导致的不当得利,可以要求行为人支付一定数额的罚款金作为惩罚。

四、构建和完善我国医保领域的"吹哨人"制度

从域外典型国家的立法来看,美国是"吹哨人"制度的诞生地。由"吹哨人"启动的案件被称为"Qui tam actions",即"共享罚金"案件。这一法律机制可追溯至1863年美国国会通过的一项法案,该法案正是《美国虚假申报法》的前身。该法允许私人为了公共利益代表联邦政府对欺诈行为起诉,并在胜诉后按比例获得赔偿金作为奖励。该法规定"吹哨人"必须是内部专业人士,其举报的信息必须是原始来源的第一手信息;被举报人存在主观恶性,即有欺诈骗保的故意。

首先,借鉴美国"吹哨人"立法的经验,笔者建议未来我国将举报人确定为机构内部人员,只有将举报人的身份界定为内部人员,才能通过劳动法上的相关规定为举报人提供全方位的保护,禁止因为雇员的举报而被打击报复或者歧视对待,禁止雇主因此对雇员进行转岗、停职、降薪、削减福利待遇或者解除劳动合同关系等行为;上述行为严重的可以追究雇主的行政责任和刑事责任,从而有效打消举报人举报的顾虑。

其次,建议对举报人构建多层次、全方位的奖励和保护制度。医疗领域内的举报人具有强烈的举报违法违规行为的道德动力,单纯的高额奖金激励效果并不好,现实中可以设立对于内部举报人的精神奖励。每年的7月31日,是美国的"全国吹哨人日"。2002年,美国《时代》周刊评选出的年度风云人物就是三位女性"吹哨人",因为"她们冒着巨大的职业及个人危险去揭露世通公司、

第四章　完善我国医保基金监管立法的对策和建议

联邦调查局及安然公司的事实真相"。❶ 我国也可以为内部举报人设立精神奖励，通过新闻媒体报道内部举报人为维护社会正义挺身而出的价值观和维护社会公共利益作出的重要贡献。在"吹哨人"保护制度方面，我国《医保基金监管条例》《医疗保障基金使用监督管理举报处理暂行办法》对举报人的保护仍然局限于隐私保护，对于内部举报人最为关注的就业保护和免责保护较少涉及。1989年《美国吹哨人保护法案》分别从人身保护、就业保护和免责保护三方面，防止内部举报人因举报企业内部违法行为受到不公正处罚。"吹哨人"出庭作证前到开庭完毕均可由警方提供24小时贴身保护，庭审结束后出于安全的需要也可以由政府提供帮助，甚至通过改变身份或外貌后到其他城市重新生活。举报者本人参与其中的违法行为，举报揭发后可免于追究其部分或者全部刑事或民事责任。内部举报人举报后所引发的后果，往往涉及组织成员、组织本身及社会三者之间错综复杂的利益纠葛与权利关系。政府必须通过奖励、保护措施来引导行为人，让内部举报人在举报前产生举报动机，在举报时提供关怀，在举报后给予持续、有效的保护，全方位给予举报人制度的关怀，才能保证这一法律制度发挥作用。

再次，对举报信息的真实性和完整性应当有较高的要求。举报人尤其是内部举报人，具有双重身份。作为企业内部的一员，对于其工作获得信息具有保密的义务，从诚实信用的角度来看，举报人对所在的工作单位具有忠实的义务。从制度设计上，国外大多数保

---

❶ 中国新闻网. 三位女性"告密者"成美国时代周刊2002风云人物 [EB/OL]. (2002-12-22) [2024-09-21]. https://www.chinanews.com/2002-12-22/26/256130.html.

护内部举报人的立法都要求举报的动机必须是诚实善意,出于维护公共利益的目标,并且举报的内容必须是有合理根据的。我国在建立医保基金举报人制度的时候,也需要对内部举报人的举报动机进行规定,确保其出于公共利益而非一己之私;要对内部举报人提供的证据作出较高的要求,举报人需要提供较为确凿的违法违规行为的证据资料,同时也要积极协助行政主管部门做好后续调查和执法工作,必要的时候出庭作证;对于内部举报人举报的违法违规的程度也要有适当的要求,这也是各国对于内部举报的通行做法。例如,《澳大利亚公共服务条例》规定,政府没有义务去调查"无足轻重或无理取闹"的举报。

最后,建立竞争性的内部举报畅通机制。从举报程序上看,国外对内部举报都规定了专门的受理机构及严格的时效,确保此类举报能够得到及时、有效的受理。也有国家规定了"吹哨人"应该优先尝试内部途径,当内部改善不可能或者存在急迫严重的情形,雇员可以直接向外部告发。对于欺诈骗保行为,举报人可以首先尝试从内部寻求帮助来解决问题,企业内部的纠错程序失灵后再向外部的行政主管机构举报。我国在医保基金监管领域也应当建立具有竞争性的内部举报制度和外部举报制度,在实践中如果满足以下条件,举报人就可以将所在单位的违法行为直接起诉到法院。例如,违法违规行为是被举报人所为或者由被举报人直接指使的;有证据证明内部检举会导致证据灭失或者被伪造、编造;已经有其他人尝试内部举报而没有效果等。对于举报人是否享有诉权这一问题,为鼓励内部举报人为了维护公共利益而举报违法违规行为,司法部门应当赋予举报人诉权。根据美国的司法实践,赋予内部举报人诉权需要考虑以下几个条件:主观方面,内部举报人应当出于善意的动机和维护公共利益的目的;举报的违法违规行为情节较为严重,内部举报人可以提供确凿可靠的证据;内部举报人已经将此违法违规行为按照国家法定程序向监管机构告发。

五、完善我国医疗保障信用管理立法

建议我国尽快出台《医疗保障信用管理办法》等立法,围绕医保信用主体、信用信息采集、失信信息、信息评价和发布、信用信息应用、信用修复、监督管理等要素制度结构,有针对性地设计各方主体的权责义内容和规范。❶ 在国家医保立法层面对信用管理的定位、信用行为的界定、评价方法、信用结果处理手段等内容作出更为系统化、精细化的规定。在对医保医师进行信用评价时应充分考虑医生不同年龄、不同医疗从业领域的情况,采用群体的评分值和统计数据作为依据,更加科学合理,具备可参考性。在守信激励层面,考虑对信用优秀或良好的信用主体进行公示,在合理范围内减少或者免除日常监督检查,在行政管理中给予简化程序、优先办理等便利服务,在财政性资金和项目中列为优先扶持或优选对象,增加守信参保人在医保报销和就医过程中的便利度等。❷ 立法应当尤其强调在信用评价中严格遵守禁止不当联结原则❸,明确"事理

---

❶ 孙淑云.完善医疗保障基金监管法律制度论纲[J].中国医疗保险,2021(12):43-47.

❷ 袁文瀚.信用监管的行政法解读[J].行政法学研究,2019(01):18-31.

❸ "禁止不当联结原则"是行政法中的重要原则之一,是指行政主体作出行政行为时,必须与其所欲追求的行政目的之间存在实质关联,并应对与事物本质不相关的因素予以形式排除,从而达到既能实现行政目的又能保护公民基本权利的作用。

关联性"标准。

针对失信行为，应按照惩戒法定的要求，考查信用主体违法行为的严重性和主观故意性。将来的医保信用管理办法等立法应当明确规定：有权实施信用惩戒的机关和组织，应当根据信用主体违法行为的严重程度、主观过错等因素，在法定权限范围内依法对信用主体是否存在失信行为进行认定。经认定的失信信息，应当依法进行归集、共享和披露，并作为实施失信惩戒的重要依据。❶

信用监管领域的立法也要注重彰显程序控制的正义观。以行政限制从业这一较为严厉的处罚方式为例，除要遵守《行政处罚法》所规定的告知、说明理由、听证、送达等程序性规定外，由于行政限制从业对当事人的消极影响具有动态性、持续性和弥散性的特征，因此在程序性规定上，行政限制从业应当根据自身特点，增加提前退出机制这一程序上的要求。

六、建立医保医师信用评价指标体系，指导医保医师维护医保基金安全

医保基金信用制度试点以来已取得积极效果，各地试点在行业自律方面进行了一些尝试，主要形式是与定点医疗机构、定点药店、医师药师等信用主体签订承诺书，也有部分地区尝试组建相关行业协会，积极引导协助开展信用承诺、信用培训、自查核查、诚信倡议等活动，但目前也存在评价指标体系不完善、推行行业自律

---

❶ 王伟.失信惩戒的类型化规制研究——兼论社会信用法的规则设计[J].中州学刊,2019(05):43-52.

第四章 完善我国医保基金监管立法的对策和建议

的现实基础和意愿不足、行业自律流于形式等问题。除健全法律法规外,建立诚信制度,能够弥补单一的法律监督不足,从而指导医保医师对医保基金的使用。

本书通过内容分析法、德尔菲法和层次分析法,经过两轮专家咨询,构建了医保医师信用评价指标体系,涵盖一级指标3个,即医疗服务行为、践约情况、伦理道德与社会评价;二级指标9个,如不合理治疗等;三级指标23个,如无指征住院等。一级指标中"医疗服务行为""践约情况"和"伦理道德与社会评价"的权重分别为0.73、0.22和0.05。这一体系从多个维度出发,对医疗服务行为、践约情况及伦理道德与社会评价进行了全方位的考量,旨在确保医疗服务提供者能够遵循规范,为患者提供高质量的医疗服务。

首先,"医保医师医疗服务行为"权重最高(0.73),凸显了其在整个评价体系中的核心地位。医疗服务行为的规范性直接关系患者的就医体验和治疗效果,因此对其进行严格评价至关重要。在这一指标下,医疗文书记录不实、不合理住院、不合理用药等二级指标被一一列出,每个指标都有其特定的权重,反映了它们在医疗服务行为中的重要程度。以医疗文书记录不实为例,其三级指标中包括伪造、变造、隐匿、涂改、销毁医疗文书等具体行为,每一项都直接关系医疗服务的诚信和患者的权益。通过对这些行为的严格监管和评价,可以确保医疗文书的真实性和完整性,从而维护医疗服务的公信力和患者的利益。

其次,"其他医保欺诈行为"权重相对较低(0.22),但依然是评价体系中不可或缺的一部分。医保欺诈行为的存在,对医保基金的安全构成直接威胁,因此对其进行有效监控和评价至关重要。

"其他医保欺诈行为"下的二级指标包括"践约情况"和"目录管理",这些指标的评价能够反映医保医师在履行约定和管理目录方面的表现。

最后,"伦理道德及社会评价"权重最低(0.05),但反映出对医保医师伦理道德和社会评价的重视。医保医师作为医疗服务的提供者,其职业道德和社会形象同样重要,对于维护医疗行业的公信力和稳定性具有重要意义。

综合来看,这个指标体系不仅涵盖了医疗服务的多个关键环节,而且通过量化权重,使得评价更加客观、全面。通过对这些指标的评价和监管,可以推动医疗服务提供者不断提升服务质量,为患者提供更加安全、有效、便捷的医疗服务。

医保医师的信用评价结果不仅是对其个人诚信的简单评估,更是对整个医疗保障体系的一种衡量标准。它是决定医保医师诚信等级并进行分级管理的重要依据。因此,确保评价结果的公正、客观和准确至关重要。当前,各地已建立起医保医师信用评价指标体系,对医保医师的信用进行评价,划分了信用等级。在此基础上,建议医保医师信用评价实行百分制,将评价结果划分为四个等级:信用优秀(A级),评分为80分及以上;信用一般(B级),评分为70分或更高,但未达到80分;信用关注(C级),评分为60分或更高,但未达到70分;信用异常(D级),评分低于60分。

此外,为了确保评价程序的公正性,应当引入第三方监督机制。这可以由独立的第三方机构或社会监督员来执行,他们负责对评价过程进行监督,确保评价不受任何外部干扰。总的来说,医保医师信用评价结果作为分级管理的重要依据,必须以严格的评价程序加以保证。这不仅关乎医保医师个人的荣誉和利益,更是对整个医疗保障体系诚信建设的推动和促进。通过建立科学、公正、透明的评价程序，可以更好地对医保医师进行分级管理，激励医保医师提供更高质量的医疗服务，为保障广大患者的权益作出更大的贡献。

七、在立法中明确我国医保经办机构的法律地位

医保经办机构是医疗保险事业运行之载体，是国家立法明确规定的专门负责筹集、运营、管理医疗保险基金和提供医疗保险经办服务的实体，其治理的好坏直接关系医保制度绩效的高低。然而，在中国社会保险"官设、官管、官办、官督"型政府管理体制下，医保经办机构治理顺势携带"天然"的行政化基因，各项医疗保险业务由医保管理中心经办，但中央及地方各级医保管理中心隶属于同一层级的行政管理部门，陷入"管办不分"的尴尬局面，由此带来医保服务理念差、运行效率低的结果，难以满足国民对医保服务个性化、多样化的需求。因此，医保经办机构"去行政化"、打破垄断，走向"有管理的竞争"，是医保经办机构治理变革的方向。[1] 为实现医保经办机构的善治，需要按照"管办分离"的原则，建立医保经办法人治理结构，在立法中明确我国医保经办机构的法律地位。

在走向"有管理的竞争"的过程中，域外典型国家社会医疗保险制度的改革经验很值得我们参考借鉴。但是，由于中国医疗保障体系的发展时间较短，因此在借鉴发达国家的改革经验时应该特别

---

[1] 郎杰燕,孙淑云.中国基本医疗保险经办机构治理研究[J].云南社会科学,2019(01):82-88.

注意我国的国情,有必要采取专业化、竞争化和法人化的"三步走"改革战略。❶ 医保经办机构应努力实现从附属于行政部门向独立法人化的转变,依据"管办分离"的原则建立统一的具有独立法人地位的医保经办机构。当然,考虑到我国国情与实践,现阶段仍可采取让经办机构隶属于医保行政系统但独立运行的"过渡性"做法,即经办机构在人财物尚不独立的情况下独立开展业务,并承担相应的责任。在此基础上出台相应立法,统一明确行政监督与经办管理的关系,其核心内容是明确行政部门制定和细化政策、依法有效监管的职责,明确经办机构承担医保制度运行和业务管理的职责,尽快形成各司其职、各尽其责、管办协同的新格局。❷

八、规范医保数据的管理与应用,寻找平衡"医保数据安全"与"打击欺诈骗保"的最优解

在医保领域,医保数据不仅关乎参保人的个人健康隐私,还影响着医保基金运营、使用、监管的方方面面。《医疗保障基金使用监督管理条例》第24条规定:"医疗保障行政部门应当加强与有关部门的信息交换和共享,创新监督管理方式,推广使用信息技术,建立全国统一、高效、兼容、便捷、安全的医疗保障信息系统,实施大数据实时动态智能监控,并加强共享数据使用全过程管理,确保共享数据安全。"显然,在医保智能监控蓬勃发展的新形势下,

---

❶ 顾昕.人民的健康(上):走向去碎片化的中国医保改革[M].杭州:浙江大学出版社,2022:76-77.

❷ 华颖.中国医疗保险经办机制:现状评估与未来展望[J].西北大学学报(哲学社会科学版),2020,50(03):157-166.

总报告篇
第四章 完善我国医保基金监管立法的对策和建议

如何在保障医保数据安全的基础上促进数据的共享和利用，精准打击医保欺诈行为、最大程度发挥医保数据的价值，成为当下智慧医保监管工作中的重点。

澳大利亚高度重视对个人健康信息和隐私的保护，其通过《澳大利亚隐私法》《澳大利亚我的健康档案法》等立法充分保障了包括医保数据在内的健康数据安全。《澳大利亚隐私法》将个人健康医疗数据与医保数据划入"敏感信息"的范畴，明确了合法收集、使用及披露个人健康信息的相关规定，提供了更高级别的保护。信息专员只有在确信澳大利亚隐私原则实体为相关目的收集健康信息的公共利益大大超过维持澳大利亚隐私原则所提供的隐私保护水平的公共利益时，才能给予批准。但这并不意味着其放弃对医保数据的充分利用，澳大利亚信息数据处理中心在打击医保欺诈工作中发挥了重要作用。我国可以借鉴澳大利亚的经验，制定医疗保障数据安全管理办法等相关的信息安全保护法规，落实数据分级分类管理要求，依法保障智能监控系统乃至医保基金监管全过程中的医保数据与个人隐私安全，并尽快出台针对智能监控系统的标准体系，深入推进医保智能监控制度发展，强化医疗保障信息基础设施建设，维护信息平台运行安全，实现"保障医保数据安全"与"打击欺诈骗保"的有效平衡。

九、尽快出台中央统一立法，同时也给予地方在基金监管领域立法的空间

如前所述，当前我国医保基金监管领域的中央统一立法滞后，但从县级政府及其主管部门到省级政府主管部门均发布了大量的医

疗保障监管的政策性文件，既有复制国家层面医疗保障政策性文件，也有地方另行规制。

纵观各个域外典型国家，除了加拿大，大部分国家都出台了中央统一立法，同时地方也结合自身实际颁布了类似的立法。例如，《英国国家卫生服务法》《英国社会保障管理法》《英国社会保障反欺诈法》《英国反欺诈法》为整个联合王国的医保基金监管提供法律依据。而苏格兰、威尔士和北爱尔兰有权单独为自己的辖区立法。美国、澳大利亚通过联邦和州共同立法对医保基金进行监管，州法与联邦法律相抵触的部分视为无效。例如，美国联邦政府有多项针对医疗保险欺诈和滥用的法律，包括《美国反回扣法》《美国斯塔克法》《美国虚假申报法》等，各州也根据联邦立法的精神，并结合本州实际，相应地颁布了类似的立法。这种中央出台统一立法、地方根据中央立法结合自身实际分别进行适当补充和细化的立法模式，既能保证中央立法的权威性和可参照性，又能充分发挥地方的积极性与灵活性。

因此，建议尽快出台中央统一立法，形成统一、开放、竞争、有序的市场体系，充分发挥对地方立法的指导作用。同时由于我国幅员辽阔、地区差异较大，应给予各地在基金监管领域立法的空间。中央立法在对于地方可自主决定的事项上应尽量收缩，或仅作些原则性、概括性、富有弹性的规定，给地方立法留下足够的空间，允许地方立法具有相对独立性、创造性，因地制宜，尽可能发挥地方立法灵活、贴近现实的优势，创造性地规定一些便于具体适用、有强大生命力的立法。

十、完善"互联网+医保"下的医保基金监管立法

针对"互联网+医保"下的医保基金监管,未来我国从线下医保基金监管的问题出发,结合互联网监管的特殊性,有针对性地出台互联网医保基金监管的法律法规,为其监管提供有效的法律保障。监管法律条文规定要具体明确,操作性强,明确其中涉及的法律适用范围、监管执法主体的权限及程序、各相关机构的权责利、欺诈骗保的行为范畴及相关奖惩措施,保证互联网医保基金监管有法可依。

目前对于互联网医保基金的监管,可以鼓励将试点先行和整体协调推进相结合。例如,浙江省、山东省及银川市等对于互联网医保基金的监管均出台了管理实施办法,可基于对地方试行的医保基金监管办法考察的基础上,国家将实行较为成熟的做法并以制度的形式加以固定。在省级层面出台互联网医保基金监管地方政府规章的基础上,鼓励省级层面出台互联网医保基金监管的地方政府规章和地方性法规,作为医保定点机构法律监管的新模式。此外根据各地试点实行情况及时总结,在综合试点成功经验的基础上,为国家层面法律的出台积累切实可行的立法经验。

基于美国远程医疗对于患者身份确认的经验,我国可以建立互联网医保信息识别系统,精准识别医保患者身份,保证患者医保报销时身份的真实性,减少骗保套现等违法行为发生的风险及医保基金的浪费。为了防止医疗身份盗窃,准确识别患者身份,美国主要使用非接触式患者识别平台 RightPatient,其被美国卫生系统用于保护超过 1 000 万名患者身份。建议国家医保局将所有参保者信息与

各互联网医院平台联网互通,参保者在线上就诊前首先进行个人医保信息的录入,通过绑定身份证、医保卡、电话号码等基本信息确认医保信息的真实性。每次报销前,参保者需要上传就诊购药的处方及医生诊断信息记录,并进行人脸识别,审核通过医保信息验证后方可进行医疗费用的报销。如果有信息与事实不符的异常情况,系统将自动进行标记,多次标记则会予以警告,并影响其后续医保报销。建立黑名单制度,对于发现利用他人医保信息进行违规医保报销的患者,将其使用的医保信息加入黑名单,并在一定期限内限制该医保账户报销的使用,对违规患者进行惩处。

立法方面也需要规定符合医保报销的互联网医院及医生的准入资格标准。2014年美国远程医疗协会编写的《覆盖范围和报销》报告中,重点规定了实施远程医疗的医生执业标准和执业许可,创立了一套远程医疗评分制度,并督促各州修订远程医疗相关立法。[1]只有患者接受的是合格的远程医疗从业人员提供的服务,才能予以医保费用报销,其中合格的远程医疗专业人员包括医生、护士从业者、医生助理、助产士、临床护理专家、注册护士麻醉师、注册营养师或营养专业人员、临床心理学家和临床社会工作者。针对新型冠状病毒感染疫情防控期间卫生保健专业人员短缺情况,"为卫生法建立必要而有效的护理技术的法案"中提到让更多卫生专业人员提供远程医疗服务,并允许之前没有资格提供远程医疗服务的医疗专业人员提供此类服务。《美国远程健康法》中对提供远程医疗的医疗保健专业人员进行了详细规定,要遵守与药物供应有关的所有

---

[1] 徐永钊,霍增辉.美国远程医疗立法对我国的启示与借鉴[J].中国卫生法制,2018,26(02):21-25.

质量标准和适用政策。

笔者建议我国未来在"互联网+医保"中，严格控制互联网医院及医生的资格准入标准，鼓励实体医疗机构进驻互联网医院平台，利用线下专家医生的碎片化时间进行网上问诊，增加实体医院互联网咨询服务，借助实体医院医生的过硬资质保证互联网诊疗质量。对于营利性的互联网医院，要对其医生资质进行严格审核，并对每位医生的问诊记录进行储存，患者线上就诊结束后需要对该医生本次的医疗质量作出评价，对于患者多次评价质量差的医生予以资格的重新审核。国家要出台针对互联网医保定点医院的准入标准及相关医保报销的申请、监督管理办法，营利性医院与非营利性医院需要共同遵守，如有违反规定的医疗机构，医保部门可与其解除医保报销关系，以此来不断提高医保基金的监管力度，促进互联网医保的发展。❶

十一、建立和完善我国多元化医保纠纷解决机制

目前，我国解决医保纠纷在国家立法层面主要有《医疗保障基金使用监督管理条例》《医疗机构医疗保障定点管理暂行办法》《零售药店医疗保障定点管理暂行办法》等，根据相关规定，参保人员或定点医药机构对医保部门的行政行为不服的，可以依法申请行政复议或者提起行政诉讼；而与医保经办机构就医保协议产生纠纷的，可以自行协商或请求同级医疗保障行政部门协调处理。我国医疗保障

---

❶ 海洋,孟彦辰.互联网医保基金监管问题及对策探析[J].中国卫生经济,2021,40(09):11-14.

制度具有较明显的地方化特征，在全国基本医保制度框架大体统一的基础上，各地的具体制度、政策和标准存在明显差异。❶ 然而在医保纠纷解决方面，目前地方立法并没有作出新的突破或者创新，3部地方性法规、11部地方政府规章均沿袭行政法规和部门规章的相关规定（表1-4-1）。可见当前我国医保纠纷解决途径比较单一，最主要的解决途径仍是行政复议与行政诉讼，不足以应对日益复杂化的医保纠纷状况。因此，有必要在医保纠纷领域建立多元解纷机制，充分利用诉讼之外的纠纷解决资源，发挥非诉方式的止争功效。

表1-4-1 我国医保纠纷解决的地方立法

效力位阶	地区	施行时间	名称	相关法条
地方性法规（3部）	浙江省	2021.7.1	浙江省医疗保障条例	第48条
	黑龙江省	2023.4.1	黑龙江省医疗保障基金监督管理条例	第42条
	江苏省	2023.6.1	江苏省医疗保障条例	第42条
地方政府规章（11部）	山东省	2007.8.1	山东省抚恤定补优抚对象医疗保障办法	无
		2022.5.1	山东省医疗保障基金监督管理办法	第27条
		2023.2.1	济南市医疗保障基金使用监督管理办法	第19条
	广东省	2012.7.15	汕头经济特区医疗保障规定	第29条
	内蒙古自治区	2021.8.1	内蒙古自治区医疗保障基金使用监督管理办法	无

---

❶ 单大圣.中国医疗保障决策的地方化特征与改革思路[J].社会保障评论,2022,6(06):85-99.

总报告篇
第四章 完善我国医保基金监管立法的对策和建议

续表

效力位阶	地区	施行时间	名称	相关法条
地方政府规章（11部）	山西省	2021.10.1	山西省医疗保障基金使用监督管理办法	无
	重庆市	2021.12.1	重庆市医疗保障基金监督管理办法	无
	安徽省	2022.5.1	安徽省医疗保障基金监督管理办法	无
	宁夏回族自治区	2022.3.1	宁夏回族自治区实施《医疗保障基金使用监督管理条例》办法	无
	江西省	2022.10.1	江西省医疗保障基金使用监督管理办法	第17条
	辽宁省	2023.3.5	辽宁省医疗保障基金监督管理办法	第14条
地方规范性文件	以"医疗保障基金"为标题关键词，现行有效的地方性规范文件有262件			

首先，应当完善医保纠纷解决机制相关立法。以多元化医保纠纷解决机制的建构为导向，借鉴国内外现有的相关立法和实践经验，针对医保纠纷案件处理的重点与难点，在《医疗保障法（征求意见稿）》中设专章或制定相应的医保纠纷预防和处理条例，使之与现有的《医疗保障基金使用监督管理条例》《医疗机构医疗保障定点管理暂行办法》等形成法律层面的联动机制，全面、系统地对医保纠纷解决机制法治化进行统筹与整合，对医保纠纷的定义与范围、纠纷当事人的权利、可选择的解纷途径、解纷程序等基本问题

· 147 ·

作出原则性规定。后续可出台相应的实施细则进行细化与完善，提高法律的执行度和可操作性。

其次，拓展医保纠纷多元化解纷渠道，引入协商、调解等多元解纷方式；可以考虑引入行业调解力量，采取"法官指导+行业调解+司法确认"的解纷模式，将诉讼强制措施更多地引入调解。经行业调解达成一致协议时，法院可根据当事人的申请，进行司法确认，确保调解协议具有强制执行力。除通过调解书确认赋效外，还可以考虑把财产保全等措施运用于调解，保持并提升调解的刚性约束和有效性。

最后，推动医保纠纷数据化管理。在医保基金监管领域，全国统一的医保信息平台已全面建成，国家医保局及各地医保部门都会定期公布欺诈骗保典型案例，警醒定点医药机构及广大参保人员自觉遵守法律法规，有效提升群众反欺诈意识。因此各省（区、市）医保部门可以在此基础上建立医保纠纷数据库，定期汇总并整合产生的医保纠纷案例，充分运用人工智能和大数据技术，对医保纠纷成因、争议焦点、处理方式等情况进行统计分析，了解最新医保纠纷动态和发展趋势，以便于及时作出调整和改善，不断完善在医保基金支付过程中科学、公正、高效的医疗行为评价机制，进一步加强医保基金监管执法的专业性和公正性。[1]

---

[1] 陈永怡,孟彦辰.我国多元化医保纠纷解决机制必要性和可行性研究[J].中国医院,2024,28(02):51-54.

第五章

结 语

对医保基金进行有效监管是维护医保基金安全的必要手段，而监管手段是否成熟取决于法治化水平的高低。习近平总书记在党的二十大报告中指出，要"在法治轨道上全面建设社会主义现代化国家"[1]。他山之石，可以攻玉。国外部分发达国家在医保基金监管立法方面积累了非常丰富的经验，有很多值得我们学习和借鉴的地方。同时我们必须意识到，医保基金监管法律制度必须建立在国家经济发展水平、医疗保障模式、历史文化制度等众多因素交织的基础之上，应客观分析国外法律制度的利弊，总结其经验、教训，"取其精华"并结合我国国情，构建具有中国特色的医保基金监管法律制度。

时代在发展变化，医保制度面临的环境条件也在发展变化。当前我国人口老龄化加速行进、疾病谱发生深刻变化、人民群众的医

---

[1] 中国政府网.习近平:高举中国特色社会主义伟大旗帜 为全面建设社会主义现代化国家而团结奋斗——在中国共产党第二十次全国代表大会上的报告[EB/OL].(2022-10-25)[2023-02-16].http://www.gov.cn/xinwen/2022-10/25/content_5721685.htm.

疗保障与健康需求升级、地区发展不平衡与医保制度追求统一公平的矛盾不易化解，医保基金发展仍面临重大挑战，这充分反映了加快健全医保基金监管法律制度的必要性与紧迫性。希望《医疗保障基金使用监督管理条例》的出台成为医保走向法治化的良好开端，在国家立法机关的主导下，尽快出台综合性的医疗保障法，加快医保基金监管的法治化进程，为中国特色医疗保障基金监管制度走向成熟、定型提供法律依据，也为全国人民提供清晰、理性的医疗保障预期❶，从而不断增强人民群众的获得感、幸福感、安全感。

---

❶ 郑功成.法治是保障医保基金安全的治本之道[J].中国医疗保险，2021(03):9-11.

参考文献

论文：

[1] 安华,金栋."全民医保"背景下的中国商业健康保险定位与发展：澳大利亚经验的启示[J].南方金融,2008(06):51-53.

[2] 曾见.德国医疗行业反腐制度与启示[J].医学与哲学(A),2018,39(04):55-59.

[3] 陈永怡,孟彦辰.我国多元化医保纠纷解决机制必要性和可行性研究[J].中国医院,2024,28(02):51-54.

[4] 单大圣.中国医疗保障决策的地方化特征与改革思路[J].社会保障评论,2022,6(06):85-99.

[5] 单既桢,琚文胜,李静.澳大利亚《我的健康记录法案》解析及启示[J].中国数字医学,2022,17(03):16-19,100.

[6] 杜婧,毕军.德国药品监管机构及职能概述[J].中国食品药品监管,2022(01):40-49.

[7] 房慧颖.新型操纵证券市场犯罪的规制困局与破解之策[J].华东政法大学学报,2022,25(01):182-192.

[8] 顾昕.全民免费医疗的市场化之路：英国经验对中国医改的启示[J].东岳论丛,2011,32(10):25-31.

[9] 郭敏,赵钦凤,焦晨,等.国内外医保基金监管信用体系建设综述[J].中国医疗保险,2020(11):25-29.

[10] 海洋,孟彦辰.互联网医保基金监管问题及对策探析[J].中国卫生经济,2021,40(09):11-14.

[11] 蒿思宇,毛宗福.新加坡保健储蓄账户制度及对我国职工医保个人账户改良的启示[J].中国卫生经济,2021,40(12):113-117.

[12] 侯宜坦,吴绍棠,周银铃,等.健全我国医保基金监管机制的SWOT分析[J].中国医疗保险,2020(06):22-25.

[13] 胡九英,吴娟,宋月丽,等.医保基金欺诈骗保现状及防范对策探析——以372份裁判文书为分析样本[J].南京医科大学学报(社会科学版),2022,22(04):363-368.

[14] 胡仙芝,马长俊.治理型监管:中国市场监管改革的新向标[J].新视野,2021(04):60-67.

[15] 华颖.中国医疗保险经办机制:现状评估与未来展望[J].西北大学学报(哲学社会科学版),2020,50(03):157-166.

[16] 黄华波.浅议医保基金监管的体制性特点、机制性问题与长效机制建设[J].中国医疗保险,2020(04):20-24.

[17] 郎杰燕,孙淑云.中国基本医疗保险经办机构治理研究[J].云南社会科学,2019(01):82-88.

[18] 李洪雷.英国行政复议制度初论[J].环球法律评论,2004(01):17-30.

[19] 李润生.论个人医疗信息的匿名化处理制度——兼评《个人信息保护法》相关条款[J].交大法学,2022(04):122-136.

[20] 李文静.医疗保险经办机构之法律定位——论社会行政给付主体之角色与功能[J].行政法学研究,2013(02):42-48,85.

[21] 李煜兴.行刑衔接的规范阐释及其机制展开——以新《行政处罚法》行刑衔接条款为中心[J].中国刑事法杂志,2022(04):64-78.

[22] 林毓铭,谭景文.美国公共医疗保险的影响效应分析[J].中国卫生经济,2020,39(02):42-43.

[23] 林源,李连友.美国医疗保险反欺诈实践及对我国的启示[J].中央财经大学学报,2012(01):70-75,91.

[24] 林源.新型农村合作医疗保险欺诈风险管理研究[D].长沙:湖南大学,2014.

[25] 林源.美国医疗保险反欺诈法律制度及其借鉴[J].法商研究,2013,30(03):125-135.

[26] 刘孟嘉,张金穗,陈文,等.定点医疗机构信用管理在医保基金监管中的重要性与实现策略[J].中国卫生政策研究,2020,13(11):32-36.

[27] 罗培新.遏制公权与保护私益:社会信用立法论略[J].政法论坛,2018,36(06):170-180.

[28] 孟彦辰.医疗保障基金使用监督管理举报制度的规制困境与破解之策[J].医学与哲学,2022,43(14):43-47,59.

[29] 宋华琳.英国的行政裁判所制度[J].华东政法大学学报,2004(05):78-85.

[30] 粟丹.论健康医疗大数据中的隐私信息立法保护[J].首都师范大学学报(社会科学版),2019(06):63-73.

[31] 孙菊,甘银艳.合作治理视角下的医疗保险反欺诈机制:国际经验与启示[J].中国卫生政策研究,2017,10(10):28-34.

[32] 孙淑云.完善医疗保障基金监管法律制度论纲[J].中国医疗保险,2021(12):43-47.

[33] 谭中和.着力构建医保基金监管长效机制——基于"两试点一示范"的思考[J].中国医疗保险,2021(04):43-46.

[34] 汤甜甜.新形势下医院医保基金监管工作存在的问题及对策[J].黑龙江人力资源和社会保障,2022(04):83-85.

[35] 王斌斌,肖锦铖.我国医疗保障基金监管现状研究[J].卫生软科学,2022(05):3-8.

[36] 王超,吴群红.基于信息不对称理论的医保资金套取行为的影响因素及干预策略研究[J].中国卫生经济,2021,40(03):21-26.

[37] 王红波,元瑾,孙向谦.我国医保监管的历史进路、演变逻辑和未来展望——基于历史制度主义的分析[J].中国卫生政策研究,2022,15(06):1-8.

[38] 王佳慧,孟楠,陈佩雯,等.我国医保基金监管创新实践现状研究[J].中国医院管理,2021,41(12):30-35.

[39] 王培.浅议医保基金监管的体制性特点、机制性问题与长效机制建设[J].商业文化,2022(04):141-142.

[40] 王伟.失信惩戒的类型化规制研究——兼论社会信用法的规则设计[J].中州学刊,2019(05):43-52.

[41] 王月强.医疗保障基金监管的问题检视与法律优化研究[J].卫生软科学,2022,36(01):17-19,25.

[42] 徐军,陈晓磊,朱珍瑛,等.医保诚信评价指标体系构建的思路与方法[J].中国医疗保险,2020(07):30.

[43] 徐永钊,霍增辉.美国远程医疗立法对我国的启示与借鉴[J].中国卫生法制,2018,26(02):21-25.

[44] 杨华.利益相关者视域下医疗保障基金监管的合作机制[J].中国医疗保险,2022(01):33-39.

[45] 叶明,石晗晗.我国地方社会信用立法实证研究[J].征信,2021,39(02):39-46.

[46] 袁文瀚.信用监管的行政法解读[J].行政法学研究,2019(01):18-31.

[47] 张金穗,胡敏,陈文,等.我国基本医疗保险参保人信用管理内容设计的探索与启示——基于18省市信用管理政策文本的内容分析[J].中国卫生政策研究,2022,15(05):47-51.

[48] 张倩.英国监察专员的类型、功能及启示[J].政法论丛,2017(04):139-150.

[49] 赵辉.构建以信用为基础的医保基金监管长效机制——基于江苏省的实践与思考[J].中国医疗保险,2020(09):40-43.

[50] 赵雪松,陈童,里扎·阿德列提别克,等.新加坡保健储蓄计划对完善我国城镇职工医保个人账户的启示[J].卫生软科学,2020,34(12):91-95.

[51] 郑功成.从政策性文件主导走向法治化:中国特色医疗保障制度建设的必由之路[J].学术研究,2021(06):80-88,177.

[52] 郑功成.法治是保障医保基金安全的治本之道[J].中国医疗保险,2021(03):9-11.

[53] 郑考.医疗保障基金监管专职机构发展改革的实践经验及启示[J].中国医疗保险,2022(09):83-87.

[54] 朱惠芳.美国医疗反回扣立法研究及对我国的启示[D].天津:南开大学,2011:13.

[55] 朱建华,康敬然.北京市医疗保障行政执法的实践与思考[J].中国医疗保险,2022(04):91-96.

[56] 朱庭萱.古巴、英国医疗保险制度对中国的借鉴意义[J].现代交际,2020(1):235-236.

[57] 邹武捷.美国医疗保险改革分析——以奥巴马医改与特朗普医改对比为例[J].中国保险,2020(03):61-64.

[58] RICKEMAN A, DEMALLIE K, KOWALSKI T, et al. Health Care Fraud[J]. American criminal law review, 2022(59): 975.

[59] BUTTON M, JOHNSTON L, FRIMPONG K, et al. New directions in policing fraud: The emergence of the counter fraud specialist in the United Kingdom[J]. International journal of the sociology of law, 2007, 35(04):192-208.

[60] FRANKFORD, DAVID M. The Medicare DRGs: Efficiency and Organizational Rationality[J]. Yale journal on regulation, 1993.

[61] ALAN D. Fraud: from national strategies to practice on the ground-a regional case study[J]. Public money & management, 2018, 38(02): 147-156.

[62] FISHER E. The Impact of Health Care Fraud on the United States Healthcare System[J]. Spea honors paper, 2008, 2(04).

[63] MARGARET, FAUX, JONATHAN, et al. Medicare Billing, Law

and Practice: Complex, Incomprehensible and Beginning to Unravel[J]. Journal of law and medicine, 2019, 27(01):66-93.

[64] KONSTANTINA, GROSIOS, PETER, et al. Overview of healthcare in the UK[J]. Epma journal, 2010.

[65] KATHRYN FLYNN. Financial fraud in the private health insurance sector in Australia[J]. Journal of financial crime, 2016, 23(01).

[66] CAMPBELL K. The Fraud Act 2006[J]. King's law journal, 2007(18):337-347.

[67] KIRBY TONY. Australia rocked by Medicare fraud and wastage allegations[J]. the Lancet, 2022, 400(10362).

[68] KRAUSE, JOAN H. Health Care after the 2020 Election: The Path Forward[J]. Saint louis university journal of health law & policy, 2022, 15(02):361-390.

[69] METNICK C V. The jurisdictional bar provision: who is an appropriate relator? [J]. Annals of health law, 2008, 17(01):101-33.

[70] SASAI Y, SUZUKI Y, TAKEUCHI Y. An analysis of the current condition of the medical insurance system in Japan[J]. Journal of oral science, 2019, 61(03):481-482.

[71] WANG S. Recent Case Developments in Health Law[J]. Journal law, medicine & ethics, 2010, 38(03):708-718.

[72] WILSON, PAUL R, et al. Policing Physician Abuse in BC: An Analysis of Current Policies[J]. Canadian public policy, 1986, 12(01):236-244.

专著：

[1] 蔡江南.医疗卫生体制改革的国际经验:世界二十国(地区)医疗卫生体制改革概览[M].上海:上海科学技术出版社,2016.

[2] 高芳英.20世纪以来美国公共医保制度研究[M].北京:中国社会科学出版社,2018.

[3] 顾昕.人民的健康(上):走向去碎片化的中国医保改革[M].杭州:浙江大学出版社,2022.

[4] 郝春彭,谭中和.中国医疗保障基金监督管理发展报告(2021)[M].北京:社会科学文献出版社,2021.

[5] 李广德.请求共济与健康权的司法展开[M].北京:北京大学出版社,2022.

[6] 李莲花.日本医疗保障[M].北京:中国劳动社会保障出版社,2021.

[7] 宋娟.阶层与地域:我国社会医疗保险制度的多元碎片化与整合研究[M].北京:中国经济出版社,2021.

[8] 杨翠迎,郭光芝.澳大利亚社会保障制度[M].上海:上海人民出版社,2012.

[9] 杨杰,刘兰秋,李晶华.部分国家卫生基本法研究[M].北京:法律出版社,2017.

[10] 应亚珍,郝春鹏.中国医疗保障基金监督管理发展报告(2022)[M].北京:社会科学文献出版社,2022.

[11] COLLEN M. Flood & Aeyal Gross(eds),The Right to Health in the Public Divide:A Global Comparative Study[M].Cambridge:Cambridge University Press,2014.

[12] DEUTSCHE, SPICKHOFFA. Medizinrecht: Arztrecht, Arzneimit-telrecht, Medizinprodukterechtund Transfusionsrecht [M]. 7Aufl. Berlin: Springer, 2014.

附录

中国医疗保障基金监管相关法律法规

表　中国医疗保障基金监管相关法律法规

位阶	名称
法律	《中华人民共和国基本医疗卫生与健康促进法》
	《中华人民共和国社会保险法》
	《中华人民共和国刑法》
行政法规	《关于建立城镇职工基本医疗保险制度的决定》
	《国务院办公厅转发卫生部等部门关于建立新型农村合作医疗制度意见的通知》
	《关于开展城镇居民基本医疗保险试点的指导意见》
	《关于整合城乡居民基本医疗保险制度的意见》
	《关于推进医疗保障基金监管制度体系改革的指导意见》
	《医疗保障基金使用监督管理条例》
	《关于印发〈"十四五"全民医疗保障规划〉的通知》

续表

位阶		名称
地方性法规		《湖南省药品和医疗器械流通监督管理条例》
		《宁夏回族自治区社会保障资金审计监督条例》
		《珠海市社会保险基金监督条例》
		《内蒙古自治区城镇基本医疗保险条例》
		《广州市社会医疗保险条例》
		《江苏省社会保险基金监督条例》
		《广东省社会保险基金监督条例》
		《天津市基本医疗保险条例》
		《昆明市社会医疗保险条例》
规章	部门规章	《关于印发纠正医药购销领域和医疗服务中不正之风部际联席会议机制成员单位及职责分工的通知》
		《关于做好2019年医疗保障基金监管工作的通知》
		《关于开展医保基金监管"两试点一示范"工作的通知》
		《关于开展医保定点医疗机构规范使用医保基金行为专项治理工作的通知》
		《关于印发〈医疗保障行政执法文书制作指引与文书样式〉的通知》
		《关于印发〈医疗保障系统全面推行行政执法公示制度执法全过程记录制度重大执法决定法制审核制度实施办法(试行)〉的通知》
		《关于印发〈医疗保障行政执法事项指导目录〉的通知》
		《关于开展定点医疗机构专项治理"回头看"的通知》
		《医疗机构医疗保障定点管理暂行办法》
		《零售药店医疗保障定点管理暂行办法》

续表

位阶		名称
规章	部门规章	《关于开展不合理医疗检查专项治理行动的通知》
		《关于印发〈2021年纠正医药购销领域和医疗服务中不正之风工作要点〉的通知》
		《医疗保障行政处罚程序暂行规定》
		《关于印发〈规范医疗保障基金使用监督管理行政处罚裁量权办法〉的通知》
		《关于加强查处骗取医保基金案件行刑衔接工作的通知》
		《医疗保障基金使用监督管理举报处理暂行办法》
		《关于印发〈医疗保障基金智能审核和监控知识库、规则库管理办法（试行）〉的通知》
		《关于开展2022年度医疗保障基金飞行检查工作的通知》
		《医疗保障基金飞行检查管理暂行办法》
		《关于调整纠正医药购销领域和医疗服务中不正之风部际联席工作机制成员单位及职责分工的通知》
	地方政府规章	《呼和浩特市社会保险基金征缴监督管理办法》
		《汕头经济特区医疗保障规定》
		《青岛市社会医疗保险办法》
		《贵阳市城镇职工基本医疗保险办法》
		《苏州市社会基本医疗保险管理办法》
		《湖北省社会保险基金监督办法》
		《湖南省基本医疗保险监督管理办法》
		《上海市基本医疗保险监督管理办法》
		《昆明市社会医疗保险监督管理规定》
		《重庆市医疗保障基金监督管理办法》

续表

位阶		名称
规章	地方政府规章	《合肥市基本医疗保险办法》
		《山东省医疗保障基金监督管理办法》
		《江西省医疗保障基金使用监督管理办法》
		《广州市社会医疗保险规定》
		《济南市医疗保障基金使用监督管理办法》

分报告篇

第一章

日本医保基金监管法律制度研究

日本医疗保障制度的特征是其高度的多元性和分散性，也有学者称其为碎片化。因为在日本，参保人按照年龄、职业、所在地的不同，参加不同的社会医疗保险制度，不仅参保方式和经办方式差异较大，而且其医疗保险经办机构众多。此外，日本国内医疗服务体系以中小规模的民间医疗机构为主，这使得日本的医疗保障制度看起来更加错综复杂。但是，日本的医疗保险取得了良好的效果，日本卫生事业拥有较高的投入产出比。2018年，日本卫生支出占GDP的比重为10.9%，人均卫生支出4 766美元，略高于经济合作与发展组织国家的平均水平，但该国拥有经济合作与发展组织国家中最高的出生预期寿命，并且在健康产出指标、医疗服务可及性指标和初级保健服务指标等方面均有突出表现，连续多年被世界卫生组织评选为卫生系统全球第一名。[1] 对于这一成绩，日本医疗保险功不可没。因此，在研究日本医保基金监管的立法之前，应先了解日本的医疗保险制度。

---

[1] 见2015—2018年世界卫生组织（WHO）发布的《世界卫生统计报告》的综合评估。

第一节　日本医保基金概况

一、日本医保基金筹资机制

日本医保基金的主要来源为国家财政拨款、医疗保险费和患者负担三个部分。国家财政拨款来自地方财政和中央国库财政，医疗保险费由被保险人和用人单位共同缴纳。个人和企业缴纳的保险费是医保基金的主要来源，政府对医保基金提供一定的财政补贴，以支持医保制度的运行和发展。

日本医保制度在不断发展和改革中逐渐定型，兼具德国模式的普遍色彩和"日本特色"。从就业形势和年龄来看，当前日本医保制度呈现雇员医保、高龄医保、国民医保三制并存的格局，分别覆盖75岁及以上老年人、正规雇员及其被扶养人、自我雇佣者等人群。日本选择了德国模式下的社会医疗保险模式，从参保机制的角度看，其参保机制的改革和发展道路既遵循了一般的规律和原则，也存在一些独具日本特色的做法。日本针对不同人群的参保政策有所差异，主要根据职业、收入等因素进行区分。第一类是雇员医保，其保障对象覆盖雇员本人及其符合被扶养人条件的家属，该制度又可细分为适用于公务员的共济医保、适用于大企业雇员的组合医保及适用于中小企业雇员的协会医保；第二类是高龄医保，年满75岁的老年人将自动转为高龄医保的被保险人，并且以个人为单位参保；第三类是国民医保，保障对象包括自雇者，75岁以下的

分报告篇
第一章 日本医保基金监管法律制度研究

退休老年人，以及所有不符合第一类、第二类参保条件的人，国民医保以家庭为参保单元，以都道县府（相当于省）为统筹单位。雇员医保的保费与雇员工资收入挂钩，由劳资双方各负担一半；高龄医保依据老年人收入情况确定保费；国民医保根据每户家庭收入、资产、家庭人数等情况酌情确定保费。个人对于加入何种医保制度没有自由选择权，但在给付端，所有医疗服务都是根据全国统一的费用表定价，各类保险覆盖的医药服务的种类和报销政策都相同，患者可以在任何时候、选择任何医院或诊所享受待遇相同的医药服务，但自付比例依年龄而有所区别。[1] 日本针对不同人群的参保政策体现了差异化和个性化的原则，旨在确保所有人都能够获得必要的医疗保障和服务。[2]

随着人口老龄化程度加剧，日本不断扩大筹资来源，改革社会保障和税收制度，上调中高收入老年人的负担比例，以应对老龄化带来的财政压力。同时，为了应对老龄化带来的医疗需求，日本还扩大了医保基金的规模，通过提高保险费率和增加政府财政补贴等措施增加资金来源。日本是社会保险模式下唯一为75岁以上老年人单独建立医保制度的国家。历经数十年对各种方案的讨论，日本为65~74岁老年人设计了在原有制度内进行财政调整的前期高龄者医疗制度，并为75岁及以上老年人单独建立了后期高龄者医疗制度，即高龄医保制度。该制度分为前期高龄者医疗制度和后期高龄者医疗制度，以此明确相关主体对老年人医疗费用负有的财务责

---

[1] 郭鹏.日本厚生年金基金缘何失败[J].中国人力资源社会保障,2017(09):50-51.

[2] 蒋浩琛,李珍.从参保机制看日本医保制度的经验与教训[J].社会保障研究,2021(05):103-111.

任，增加了财政管理上的可控性和透明性。其中，前期高龄者医疗制度针对低龄老年人（65~74岁），该制度并不是一项独立的制度，低龄老年人仍在国民医保或雇员医保中参保。因这一年龄段老年人的平均个人收入及身体健康状况同65岁以下相比并没有太大变化，因此不改变其作为被保险人的制度资格和缴费规则，而是根据低龄老人在每个制度中所占的比重，由比重低的制度向比重高的制度援助，形成一种年轻一代向退休老人再分配的年龄风险结构调整方式。后期高龄者医疗制度则是针对75岁以上老年人建立的独立制度，达到75岁的老年人将从之前的保险制度中自动退出，以个人为单位加入后期高龄者医疗制度，保费来源于老年人缴费（10%）、其他医保制度的援助金（40%）及政府的转移支付（50%）。[1]

二、日本医保经办机构

日本医保承办及经办机构被称为"保险者"，直接翻译成中文即"承保人"，"承保人"不仅负责医保经办，而且作为独立法人承担管辖范围内的医保管理运营责任，这一点与我国的医疗保险经办机构有很大区别。为了避免误解，以下使用"保险者"一词。日本的公共医疗保险采用多元、分散的制度体系，全国有数千个保险者，这些保险者在规模、筹资等方面都存在较大差异，大致可以分为六类：健康保险组合、全国健康保险协会、共济组合、国民健康保险组合、都道府县市町村（地方政府）、后期高龄者医疗广域联

---

[1] 吴妮娜,高广颖,李莲花,等.老龄化背景下日本医保体系与卫生体系的协同变革与启示[J].中国卫生政策研究,2021,14(11):67-74.

合,其中前三类属于受雇者(职工)医疗保险,后三类属于居民医疗保险。[1]

(一)健康保险组合

健康保险组合是指由大企业职工参加的组合健康保险。所有长期受雇于企事业单位的劳动者都必须加入协会健康保险,这些保险由参保人所属公司所在行业的协会管理运营。对于企事业单位劳动者来说,保险费由用人单位和劳动者各分担一半,具体金额通常按工资计算,配偶与未成年子女也可以一并同时加入,且不需要另外付费。值得注意的是,如果用人单位有健康保险组合,加入手续需要在年金事务所办理。另外,对于没有加入协会健康保险的人员,他们必须加入国民健康保险。国民健康保险由地方政府管理运营,并要求强制缴纳。所有在日本居住三个月以上、年龄在 0~75 岁的人员,如果没有加入其他形式的健康保险,都必须加入国民健康保险,这包括没有加入后期高龄者医疗制度的人、没有参加社会健康险的人、没有最低生活保障的人及没有加入国民健康险组合的人。此外,已经进行过外国人登记并想要在日本居住一年以上的外国人也需要加入国民健康保险。

大企业的健康保险组合是医疗保险的主要经办机构之一,拥有近百年的历史,至今在日本医保制度中起着重要作用。健康保险组合是由企业内的职工互助组织发展起来的,因此注重劳资双方的参与和自主管理,有较强的社团性质。健康保险组合分"单一/联合组合"和"综合组合",前者要有 700 人以上的正式职工,后者要

---

[1] 马艺方.日本医保经办管理机构两次改革的比较及启示[J].中国医疗保险,2020(12):72-76.

有3 000人以上同一行业或同一地区不同行业的职工。根据《日本健康保险法》规定，健康保险组合可以自主决定保费比例，也可以在法定项目以外进行额外支付，如体检、预防、超过法定水平的伤病津贴或运营幼儿园等。根据日本全国健康保险协会各年度决算报告书可知，截至2018年，日本有1 394个健康保险组合，覆盖2 938万人左右（包括职工本人和被扶养家属），占总人口的23.8%。健康保险组合的全国性组织为健康保险组合联合会（以下简称"健保联"）。健保联代表医疗保险的支付方（尤其是大型企业）的利益，在医疗保险政策的制定、诊疗报酬的定价等方面有较大发言权。[1]

（二）全国健康保险协会

全国健康保险协会是2008年协会保健改革后成立的半官方的经办机构，管理日本全国中小企业健康保险及船员保险。2008年以前，日本中小企业的健康保险（政府掌管健康保险）和公共年金由厚生省管辖下的社会保险厅长负责，但是由于20世纪90年代以后该组织被暴露年金记录遗失等多种丑闻，在2008年协会保健改革中日本社会保险厅被撤销，新组建了日本年金机构和全国健康保险协会两个独立机构。作为日本最大的保险者（覆盖3 830万人，占总人口的31.9%），全国健康保险协会与中央政府关系紧密，协会的理事长由厚生劳动大臣任命，理事由理事长任命。全国健康保险协会设有运营委员会，由参保人、雇主及学者组成。各都道府县

---

[1] 李三秀.日本医疗保障制度体系及其经验借鉴[J].财政科学，2017（06）：92-108.

有全国健康保险协会的支部,并有由三方代表构成的"评议会"。[1]

(三) 共济组合

各级政府和公共部门的公务员、准公务员(公立学校教师等)及私立学校的教职工均有各职业内的互助组织——共济组合。共济组合和企业的健康保险组合的不同之处在于,共济组合除医疗保险(短期给付)外,还管理养老保险(长期给付)和其他职业福利项目。由于兼管养老保险,共济组合拥有巨额的基金和财产(包括全国各地的疗养设施、酒店等),具有较强的财团性质。共济组合的负责人不是经过选举产生,而是由主管部门任命,因此与健康保险组合相比,共济组织自治性质比较弱。日本全国有85个共济组合,参保人数860万人,占总人口的7.2%。[2]

(四) 国民健康保险组合

国民健康保险组合是居民医疗保险——国民健康保险制度中的特殊保险者,由同一行业的自营业或自由职业者组建,要求所有在日本居住三个月以上、年龄在0~75岁的人员,如果没有加入其他形式的健康保险,都必须加入国民健康保险。例如,律师行业、美容师行业、个人出租车司机行业、土木建筑行业、个体饮食行业等均有本行业的国民健康保险组合,一般以都道府县为单位,也有全国性的组合。国民健康保险依据1958年修订的《日本国民健康保险法》建立,日本居民按地域参加的国民健康保险,参保人员包括

---

[1] 任静,程念,汪早立.日本医保制度概况及对我国新农合制度的启示[J].中国农村卫生事业管理,2012,32(03):302-305.

[2] 蒋浩琛,李珍.从参保机制看日本医保制度的经验与教训[J].社会保障研究,2021(05):103-111.

未被职域医疗保险覆盖的农民、灵活就业人员、无业人员、自主经营者和5人以下小企业的雇员等，在职域保险中丧失了参保资格的人也可申请参加国民健康保险。这类保险覆盖人群广，真正实现了"全民皆保险"。虽然国民健康保险组合是国民健康保险的一种，但其性质和健康保险组合、共济组合类似，具有较强的参保人互助性质。国民健康保险组合的数量为163个，覆盖274万人，占国民健康保险参保人数的7.9%，占总人口数的2.3%。[1]

（五）都道府县市町村（地方政府）

除上述国民健康保险组合以外，普通的国民健康保险由市町村即最基层的地方自治体负责管理，日本全国有近2 000个居民保险的保险者。市町村和国民健康保险组合以都道府县为单位组成国民健康保险联合会，共同运营医疗费的审查支付、保健项目、制度宣传等与医疗保险相关的事务。国民健康保险联合会的全国性组织为国民健康保险联合会中央会，主要负责高额医疗费的特别审查、全国国保信息系统的开发、对国民健康保险联合会的支援和调整等业务。市町村国民健康保险的财政问题一直是日本医保制度的最主要难题之一，近几年由于高度老龄化和人口减少，市町村越来越难以维持独立的国民健康保险。于是在2015年，日本政府把国民健康保险的保险者由市町村改为市町村和都道府县的双重保险者制。参保人的资格管理、保费征收、体检等事务继续由离居民最近的市町村负责，国民健康保险的财政责任则扩大到都道府县，保费也从以市町村为单位变为以都道府县为单

---

[1] 高山宪之,王新梅.日本公共医疗保险制度的互助共济机制[J].社会保障评论,2020,4(01):48-66.

位。除国民健康保险组合以外的国民健康保险的参保人数大约为3 200万人，占总人口的26.7%。[1]

（六）后期高龄者医疗广域联合

与国民健康保险不同，后期高龄者医疗制度从一开始就采用了都道府县制（广域联合）。参保人的资格认定、医疗保险证的发放、保费的计算、保险医疗费的支付等由该广域联合负责。但是，由于都道府县地理范围较广，各种手续的受理、发保险证、保费征收等具体操作仍由市町村代理。可以说，把国民健康保险的财政责任扩大到都道府县，参考了后期高龄者医疗制度的经办模式。后期高龄者医疗广域联合的数目与都道府县数相同，为47个，覆盖1 690万人，占总人口的14.1%。[2]

三、医保参保人员制度

日本的医保参保人员制度是一个全面且复杂的体系，旨在为其国民提供广泛的医疗保障。这一制度主要由三部分组成：职域保险、地域保险和老年人保险。职域保险，也被称为职工医疗保险或雇佣者医疗保险，主要面向产业工人、政府机关工作人员、公共事业人员等在职职工及其家属。职域保险是根据职业形态的特点，将同类型职业从业者划归为一个保险集团。由于历史原因，职域保

---

[1] 吕学静.日本医保筹资与费用控制措施[J].中国医疗保险,2014(05):68-70.

[2] 陈仰东,越川佑子.日本后期高龄者医疗保险制度问题研究[J].天津社会保险,2012(03):44-46.

进一步细分为不同的医疗保险制度，如中小企业雇员加入的政府掌管的健康保险（政管健保），大企业雇员加入的组合掌管健康保险（组合健保），以及船员保险、公务员等加入的共济组合。地域保险，也被称为国民健康保险，主要面向农民、自由职业者等未被职业性保险覆盖的人群。这种保险制度由地方政府管理运营，旨在为上述人群提供平等的医疗保障。地域保险的设立，确保了即使在没有固定职业或单位的情况下，人们也能够获得必要的医疗支持。老年人保险，日本政府建立了相应的制度来应对日益严重的老龄化问题，这些保险制度旨在为老年人提供更为全面和细致的医疗保障，确保他们在晚年能够享受到高质量的医疗服务。老年人保险通常包括一系列针对老年人的优惠政策和服务，如降低保险费用、提高报销比例等，以减轻老年人在医疗方面的经济负担。

这些医保制度并不是孤立的，而是相互补充、相互衔接的，它们共同构成了日本完善的医疗保障体系，为国民提供了全方位、多层次的医疗保障。同时，日本政府还根据社会经济发展状况和人口结构变化，不断调整和完善医保制度，以适应时代的需求和挑战。为了确保医保制度的顺利实施和公平性，日本政府还制定了一系列相关法律进行规范。健康保险由《日本健康保险法》进行规范，分为以中小企业雇员为保险对象的协会健康保险及以大企业雇员为保险对象的健康保险组合，协会健康保险指由中小企业职工参加的协会健康保险。船员保险以船员为保险对象，由《日本船员保险法》进行规范。共济组合以公务员为保险对象，由《日本国家公务员共济法》《日本地方公务员共济法》《日本私立学校教职员共济法》进行规范。地域保险分为以个体经营者、非正式雇员（临时工）等为保险对象的国民健康保险组合以及以农业从业者、年金生活者

（正式雇员退职后）、居住在日本的外国人等为保险对象的市町村国民健康保险（简称市町村国保），地域保险由《日本国民健康保险法》规范。

四、定点医疗机构及医保医师制度

定点医疗机构通常指的是与医保制度相挂钩，经过政府或相关机构认证，能够为医保参保人员提供医疗服务的特定医疗机构。这些机构与医保系统有直接的合作关系，能够按照规定的流程和标准进行医疗费用的结算和报销。医保医师是指经过个人申请在卫生、劳工和福利部注册，并在定点医疗机构中从事健康保险治疗的医生。根据《日本健康保险法》第71条的规定，通过国家体检并获得医疗执照的医生会自动注册为医保医生，但医生必须向有管辖权的地方福利（分局）局长提出申请并进行备案。[1]

五、日本的诊疗报酬制度

（一）日本诊疗报酬的基本内容

在日本公共医疗保险机构支付给定点医疗机构的费用被称为"诊疗报酬"，指医疗行为、医药品等的官方价格，诊疗报酬制度指保险医疗费用的支付制度。日本的诊疗报酬主要分为医科诊疗报

---

[1] ODIPO E, JARHYAN P, NZINGA J, et al. The path to universal health coverage in five African and Asian countries: examining the association between insurance status and health-care use[J]. The lancet global health, 2023, 4(03): 15-23.

酬、牙科诊疗报酬和配药诊疗报酬三类，患者向地方厚生（支）局指定保险医疗机构或保险药店出示医保卡并支付一定比例的医疗费，即可获得相应的医疗服务（即"保险诊疗"）。根据《日本健康保险法》第63条，医疗机构和药店向医疗保险的参保人提供治疗、药品等医疗服务的行为被称为"疗养给付"，具体包括以下五类：①诊疗；②提供医药品或治疗材料；③处置和手术等其他治疗；④居家疗养管理及相关看护；⑤医院或诊所的住院、疗养及相关看护。美容整形和体检等服务不在疗养给付的范围之内，因交通事故需要治疗的人及被认定需要护理的老年人，有时需要对其给付进行限制或调整。从这个意义上讲，诊疗报酬是医疗机构疗养给付后从公共医疗保险的经办机构获得的相应报酬，也就是"医疗队价格"。日本的诊疗报酬主要采用按服务（项目）付费的方式，即把医疗机构实施的每个医疗行为（诊疗费、检查费、手术费、处方费等）的点数加起来，乘以"1点=10日元"的单价就是治疗一位患者的保险医疗费用。其中，除去10%~30%的患者自费负担，即为该医疗机构能够从保险机构（中间经过审查支付机构）获得的金额。按照疗养给付的性质，诊疗报酬可以分为两大类：一类是有关诊断、手术、处置等技术服务的报酬；另一类是有关药品、医疗材料等物品价格的报酬，它以厚生劳动大臣（部长）告示的形式颁布。告示又被称为"点数表告示"，其中每个医疗行为都以"某诊疗项目；某点"的形式规定。此外，点数表不仅列举各项诊疗项目的点数，也规定了医疗机构获取诊疗报酬需要满足的条件，如医疗设施、人员配置标准、提供医疗行为的上限及条件。如果违反上述条件，审查及支付机构会对医疗机构申请的诊疗报酬减少相应的支付。因此，点数表也是医疗机构获得诊疗报酬的条件表，与《日本保险医疗机构及保险医的疗养担当规则》一起对保险给付的范围和内容进行规制。日本诊疗报酬的一个特点是日本诊疗报酬使用点数法来定价,即上文所述:规定了医疗机构获取诊疗报酬需要满足的条件。日本诊疗报酬的另一重要特点是全国价格统一,即患者无论是在日本国内哪个医疗机构就诊,所接受的诊疗项目的价格都是相同的。例如,初诊费的点数为282点,患者首次就诊这一行为的单项诊疗报酬即为2 820日元(1点=10日元),并不因为医生的级别与经验有所不同。[1]

(二)日本禁止混合诊疗

厚生劳动省至今在原则上禁止混合诊疗,主要有两个理由:一是原本用保险诊疗就可以向患者提供必要的医疗服务,如果无限制地放开混合诊疗则有可能不当地增加患者保险外的医疗费负担;二是没有经过安全性和有效性等方面认证的医疗服务与保险诊疗同时实施,可能会诱导医疗机构向患者提供缺乏科学依据的"特殊"医疗服务。究其根本,还是在于医师与患者之间存在信息不对称,可能导致无德医师强制患者接受不合理的治疗,也就是所谓的"大处方、大检查"问题。从医疗保障的价值观角度看,日本的医疗保险一直追求的是"平等消费"的理念,即无论患者的收入水平多少,都能得到必要且全面的治疗。然而,放开混合诊疗则意味着医疗保险只能保障患者最低限度的治疗,其以上的部分则需要患者通过加入商业医疗保险或全额自费的形式负担,结果很有可能使医疗服务成为"阶级消费"。当前,日本的医疗保险仍在坚持"平等消费"

---

[1] 吴妮娜,高广颖,李莲花,等.老龄化背景下日本医保体系与卫生体系的协同变革与启示[J].中国卫生政策研究,2021,14(11):67-74.

医疗服务的理念,这也意味着原则上禁止混合诊疗政策在短期内不会有大的动摇。❶

第二节　日本医保基金监管法律制度的主要构成与内容

日本医保基金监管立法可以分为"硬法"和"软法"两部分。"硬法"是日本立法机构颁布的有法律强制约束力的立法,主要包括《日本医疗法》《日本社会保险诊疗报酬支付基金法》《日本医师法》《日本医疗服务法》和《日本药品和器械法》等。《日本医疗法》确立了日本国内对于定点医疗服务机构的行业准入标准;《日本社会保险诊疗报酬支付基金法》是日本医保费用审查与支付的重要立法,利用信息通信技术,确保公平和中立地审查和分析医疗费用索赔信息,努力确保业务运营的透明性,达到向患者正确收取医疗费用的目标。"软法"是不具有法律强制约束力的规范,包括《日本医师伦理规范指南》和《日本医师行为指导方针》等。日本还针对特殊人群制定了诸如《日本海员保险法》等专门立法。详细内容参见总报告的相关内容。

---

❶ 赵永生,谢玄.《日本医疗保障制度与中日比较》专栏(9)日本医疗卫生供给制度的发展与现状[J].中国医疗保险,2009(10):60-63,55.

第三节　日本医保反欺诈执法机构、反欺诈成效和欺诈案例

针对医疗保险欺诈问题，日本建立了政事分开的医疗保险管理体系，设立独立的监督机构，部门机构之间职责分明，互相制约和监督，并且有效地利用和发挥了中间机构的监督作用。❶最终形成了以厚生劳动省为监管主体，众多机构共同负责，但各有分工的日本保险诊疗的运行机制。

日本的保险医疗基于《日本健康保险法》和其他医疗保险法规定的公法合同，由医疗机构提供医疗服务，保险人支付医疗费用。截至2022年10月，日本约有181 093家医院和诊所被指定为保险医疗机构，由注册为医保医师的医生提供医疗服务。❷患者为被保险人，具体来讲，当患者携带保险卡并在任何投保的医疗机构接受治疗时，他们就被认定为被保险人。日本卫生、劳动和福利部（MHLW）根据《日本健康保险法》《日本医疗主管条例》和《日本医疗费用积分表》，制定了医疗保险规则。保险医疗机构在进行保险医疗之前必须先申请并通知主管的健康福利局，根据向患者提

---

❶ 吕学静.改革与借鉴——从日本医保制度改革谈起[C]//武汉大学社会保障研究中心.社会保障问题研究——和谐社会构建与社会保障国际论坛论文集.首都经济贸易大学,2007:9.

❷ 医療施設（静態・動態）調査（確定数）・病院报告の概況[EB/OL].（2020-12-14）[2024-02-19]. https://www.mhlw.go.jp/toukei/saikin/hw/iryosd/22/dl/02sisetu04.pdf.

· 181 ·

供的医疗服务，保险医疗机构然后从患者那里获得部分付款（0%~30%），剩余的金额（70%~100%）由保险者支付。医疗费每月以所谓的收据形式开具发票。索赔由支付机构审查，之后将索赔发送给保险者，参见图 2-1-1。

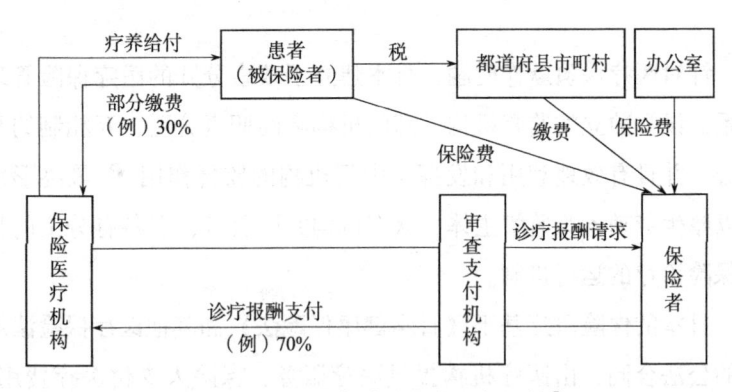

图 2-1-1 日本保险诊疗的运行机制[1]

一、反欺诈执法机构

（一）政府部门

日本的医疗监管具有很强的官僚主导性质，通过中央和地方联动形成合力，共同打击欺诈骗保行为。厚生劳动省是医疗保障事业的主管部门，负责有关健康保险事业、国民健康保险事业及医疗保险制度的调整等事务。厚生劳动省作为医疗保障事业的主管部门，负责制定和执行医疗政策，确保医疗服务的公平和效率。厚生劳动

---

[1] 保险诊疗の理解のために【医科】[EB/OL].（2020-12-14）[2022-09-27]. https://www.mhlw.go.jp/content/000962383.pdf.

省还负责监管医疗保险制度，包括健康保险事业和国民健康保险事业等，以确保保险资金的有效使用并防止欺诈骗保行为。地方厚生局是厚生劳动省的地方组织，负责监督医疗机构和医生等医务人员。如果发现医保欺诈案件，地方厚生局首先对医疗机构及负责人进行集体指导；如果情况非常严重，就会进行监察；如果严重违反法律、情形极其恶劣，就取消保险指定医疗机构的资格或取消医保医师的登录，并把行政处分公布于众。

从监管对象来看，主要是对医疗保险定点医疗机构和医生进行监管。从监管内容来看，一是监管健康保险、国民健康保险项目的运行；二是监管审查医院、诊所和药店的保险偿付请求；三是监管医疗保险基金运行。从监管的方式和工具来看，按时间和流程分为事前监管、事中监管、事后监管。事前监管，医疗保险支付范围的确定、支付方式的改革、政府主导下的集体谈判；事中监管，对医疗行为的监督、账单审查；事后监管，对骗保等行为的惩罚。但是，日本缺乏对医疗质量实施过程及结果方面的相关检查与监督。[1]

日本在全国约10个地区建立监管办公中心，构建起由厚生劳动省牵头，将收据管理检查和支付系统等业务合并到监管办公中心，覆盖反欺诈业务的全流程。具体分为：核心监管行政中心（6所）、监管事务中心（4所）、监管事务中心的分支办事处（4所）、监管委员会秘书处（47所）。日本还推进信息化建设，加强人工审查与智能审查相结合。通过云计算实现中央服务器的集中化、业务

---

[1] 李倩.国际视野下江苏省医疗卫生服务体系及其分级诊疗制度研究[D].南京:南京中医药大学,2020:21.

模块化、建立统一的计算机检查规则，复审分析后上传至中央处理器，在医疗机构开票前的阶段，引入纠正收据错误的制度，协助发现医疗欺诈行为。同时，引入自动报告功能实现筛查结果的可视化，通过大数据和医保监管网络发现欺诈行为。❶

对医疗机构和医生等医务人员的监督主要由"地方厚生局"负责。日本全国共有7个地方厚生局和1个支局。如果要成立新的医院或者诊所，其医生和法人必须向所在辖区的地方厚生局提交"保险指定医疗机构"，地方厚生局在咨询地方的社会医疗保险协议后进行审批。因为日本的保险外治疗控制非常严格，如果不能成为保险指定医疗机构，那就无法在日本进行经营。

(二) 社会团体

除政府部门外，众多社会团体或机构也积极参与医保基金反欺诈工作。日本医师会是自民党的主要志愿团体之一，曾被誉为日本第一大利益团体。日本医师会首先制定自己的章程，对会员的进入、退出都有详细的规定，所有的协会内成员都享有相同的权利、承担相同的义务。一旦某个医师违反了行业章程，那么就会被取消会员资格或者受到相应的惩罚。这些章程对协会内会员起到了约束作用，督促会员诚实守信，有助于医保监管工作。日本在发挥政府相关作用的同时，更注重发挥行业协会的自律作用，行业协会作为中介和纽带，还会对政府决策产生一定影响。每个地方政府都建立了一个健康护理委员会对当地的医疗保健计划进行讨论，根据相关法律，这些委员会必须代表患者的权益。日本医学专业委员会由

---

❶ 社会保険診療報酬支払基金-70年のあゆみ[EB/OL]．(2020-11-12)[2022-10-26]．https://www.ssk.or.jp/goannai/70th.files/70th.pdf．

医生领导,该委员会在未来可能会为医学专业认证的标准和要求制定一个新的实施框架。同时中央政府为了研究疾病谱和医疗设备使用的发展状况,每3年会对患者病历进行调查。日本的电子健康记录网络此前仅在选定地区进行实验,医疗机构之间的互操作性尚未得到普遍的确立。❶ 未来,日本将充分利用国内社会力量并积极构建本国的医疗信息系统来确保医保体系的完善,搭建信息分享平台。❷

二、日本医保基金监管反欺诈成效

通过反欺诈执法机构的努力,日本在医疗保险反欺诈方面取得了一定的成效。本书所指的诈骗主体为以不正当方式获取医保基金支付费用的保险医疗机构。2020年,日本通过保险公司和其他机构提供的信息(保险公司、医疗机构工作人员、被保险人根据医疗费用通知等)撤销保险医疗机构12例,通过其他方式(报纸报道、具体的联合指导、个别指导)撤销保险医疗机构7例,追缴损失595 925万日元,其中包括指导调查金额286 594万日元,及时调查金额26 872万日元,审计调查金额48 459万日元。另外,撤销保险医疗机构、保险医师资格的行政行为不等同于刑事认定的诈骗行为,是否以诈骗罪起诉会另案处理。

总之,日本5个财政年度反欺诈执法机构共计撤销119个保险医

---

❶ YASUOIDEZUKI. Long Live the Health Care System in Japan[J]. Bioscience trends,2008,2(02):50-52.

❷ 刘子琼,单苗苗.医疗保险支付方式:国际经验与启示[J].卫生科学,2019,33(08):64-70.

疗机构，追回损失高达1 836亿日元之多。取消保险医疗机构等的数量随着财政年数的增长逐年减少，这表明日本政府加大了对医疗保险欺诈的打击力度并取得了一定成效（表2-1-1、表2-1-2）。

表2-1-1　取消保险医疗机构等的数量[1]

途径	取消保险医疗机构等的数量/个				
	2016	2017	2018	2019	2020
保险公司和其他机构提供的信息	18	21	17	12	12
其他	9	7	7	9	7
总数	27	28	24	21	19

表2-1-2　返还金额的统计[2]

年度	返还金额/万日元				比上年度的增（-减）
	指导调查	及时调查	监察	合计	
2016	408 898	435 931	44 705	889 535	-354 202
2017	312 641	367 539	39 709	719 888	-169 647
2018	327 869	493 272	52 699	873 840	153 952
2019	342 498	504 652	240 205	1 087 355	213 515
2020	286 594	260 872	48 459	595 925	-491 430

---

[1] 来源：令和2年度における保険医療機関等の指導・監査等の実施状況 https://www.mhlw.go.jp/content/12404000/000875852.pdf，2022-07-01。

[2] 来源：令和2年度における保険医療機関等の指導・監査等の実施状況 https://www.mhlw.go.jp/content/12404000/000875852.pdf，2022-07-01。

三、日本典型欺诈案例

医保基金欺诈可分为内部欺诈和外部欺诈两类。内部欺诈主要是医疗保障经办机构和基金经营管理的工作人员、执法人员或其他参保机构员工的欺诈违规行为;外部的欺诈又分为医疗技术服务提供方主导的欺诈、医疗卫生服务需求方主导的欺诈和供需双方共谋的欺诈三类。❶

本书对2021年日本开展专项整治活动以来厚生劳动省公布的26起医疗保险机构取消情况案例作了系统的梳理(表2-1-3)。根据骗保涉及的主体,结合骗保的方法和骗保金额,日本医保欺诈大致可分为提供虚假医疗账单、附加索赔、转移索赔、双重索赔和其他索赔五个类别。提供虚假医疗账单是指对没有进行的医疗服务开具账单;附加索赔是指对医疗程序(天数)、数量和内容的收费高于实际情况;转移索赔是指将实际进行的诊疗内容转移到保险点数高的其他诊疗内容中进行索赔;双重索赔是指患者自费治疗从患者处收取费用,并要求保险补偿医疗费用;其他索赔是指医生人数、护士人数等不符合《日本医疗法》的标准数量但要求不降低基本住院费,平均住院人数超过标准但要求不降低基本住院费用,不符合诉讼标准要求但发出虚假通知,要求不被视为保险治疗的诊疗(未经患者要求就诊、体检、无医疗用药、自我治疗等)。

---

❶ 刘格华.医疗保险基金欺诈形式分析及对策研究[J].中国总会计师,2015(06):49-52.

表2-1-3 医疗保险机构取消情况[1]

编号	县名	名称	返还金额	主要事故
1	北海道	翱翔齿科	—	拒绝审计
2	北海道	户西会元町站前牙科	—	拒绝审计
3	宫城	小畑皮肤科诊所	审查中	提供虚假医疗账单、附加索赔、转移索赔、双重索赔和其他索赔
4	福岛	石井纯牙科诊所	1 334万日元	附加索赔、转移索赔、双重索赔
5	福岛	松川药房	审查中	其他索赔
6	埼玉	尤里牙科诊所	审查中	其他索赔
7	千叶	日光牙科诊所	2 282万日元	附加索赔
8	东京	育生会矢野诊所	5 651万日元	附加索赔、转移索赔、其他索赔
9	东京	惠比寿布埃纳维斯塔诊所	5 032万日元	其他索赔
10	东京	山本皮肤整形外科	4 620万日元	附加索赔、转移索赔、其他索赔
11	东京	笠松牙科	3 132万日元	提供虚假医疗账单、附加索赔、转移索赔、双重索赔和其他索赔

[1] 来源：令和3年度における保険医療機関等の指導・監査等の実施状況 https://www.mhlw.go.jp/seisakunitsuite/bunya/kenkou_iryou/iryouhoken/shidou_kansa.html，2022-7-16

续表

编号	县名	名称	返还金额	主要事故
12	东京	平和岛牙科诊所	—	拒绝审计
13	东京	小林牙科所	—	拒绝审计
14	东京	汉字牙科	—	拒绝审计
15	神奈川县	楠木牙科所	953 万日元	拒绝审计
16	新潟	黑崎山田药房	1 808 万日元	转移索赔、其他索赔
17	新潟	下门禅药房	888 万日元	转移索赔、其他索赔
18	新潟	抹茶牙科	—	拒绝审计
19	富山	鱼津堇药房	2 689 万日元	其他索赔
20	石川	博爱会藤井医院	1 017 576 万日元	提供虚假医疗账单
21	大阪	大正家庭诊所	—	拒绝审计
22	大阪	葛木牙科	审查中	拒绝审计
23	大阪	山崎牙科诊所	审查中	拒绝审计
24	福冈	井上诊所	审查中	提供虚假医疗账单、附加索赔、转移索赔、双重索赔和其他索赔
25	福冈	增田牙科诊所	审查中	双重索赔和其他索赔
26	鹿儿岛	Rindo 心脏诊所	审查中	提供虚假医疗账单

本书对 2021 年厚生劳动省公布的 2 起医疗保险机构取消情况案例中的典型案例作了系统的梳理（表 2-1-4）。巨大的医保基金欺诈案件数量及涉案金额，折射出日本在医保基金反欺诈方面存在制度漏洞或亟待完善之处。医疗服务机构众多、欺诈基金追索成本高、流程烦琐是导致医保基金监管难的主要原因。

表 2-1-4　2021 年日本保险医疗机构典型医保基金欺诈案例列举[1]

案例	案件概述	涉案金额	处罚
案例一	笠松牙科实际未进行的保险诊疗，违规索取诊疗报酬。在实际进行的保险诊疗中增加没有进行的保险诊疗，不正当地请求诊疗报酬。将实际进行的保险诊疗转移到保险点数高的其他诊疗中，不正当地索取诊疗报酬。尽管作为自费诊疗向患者收取费用，但仍将该诊疗作为保险诊疗，不正当索取诊疗报酬。将不被认可为保险诊疗的项目，当作进行了保险诊疗，不正当地索取诊疗报酬。作为在与实际进行的诊疗不同的部位进行保险诊疗，不正当地索取诊疗报酬	3 132 万日元	取消保险医疗机构的指定、取消保险医生的注册
案例二	藤井医院指派的夜班护理人员不符合设施标准的要求，同时规定的工作时间与实际的工作时间不同，并虚收取医疗费用	1 017 576 万日元	取消保险医疗机构的指定、取消保险医生的注册

第四节　日本长期护理保险基金监管概况

日本长期护理保险制度作为该国社会保障体系的重要组成部分，在应对日益加剧的老龄化社会挑战中发挥着举足轻重的作用。

---

[1] 令和 3 年度における保険医療機関等の指導・監査等の実施状況[EB/OL].[2024-02-19]. https://www.mhlw.go.jp/content/12404000/001039395.pdf.

该制度的实施,旨在确保每一位老年人都能得到必要的护理和照料,从而维护其尊严和自主,构建真正意义上的老年友好型社会。

自2000年长期护理保险制度建立以来,日本长期护理保险以其广泛的覆盖面和丰富的服务内容,得到了广大国民的普遍认可与信赖。该制度不仅覆盖了40岁以上的日本国民,而且根据护理需求的差异,为不同年龄段和健康状况的人群提供了个性化的护理服务。从日常生活照料到专业的医疗护理,长期护理保险为老年人提供了全方位的支持,帮助他们渡过晚年生活的种种难关。为了确保长期护理保险制度的稳健运行和可持续发展,日本政府采取了一系列严格的控费措施。通过资格认定环节的严格把关,日本政府确保了长期护理保险资金的合理使用,避免了资源的浪费和滥用。政府还不断优化服务流程,提高服务效率,降低护理服务的成本,为制度的长期稳定运行奠定了坚实基础。此外,日本政府还注重家庭支持政策的制定与实施。通过实施减税、免税等经济激励措施,政府鼓励家庭更多地参与到老年人的护理中来,从而减轻家庭的经济负担,同时提供了房屋购买和修缮的优惠政策,为子女与老年人共同居住创造有利条件,进一步促进了家庭护理的发展。

在监管方面,日本厚生劳动省对长期护理保险的监管工作负有重大责任,致力于解决老年人医疗费用持续增长的问题,以确保他们的生活质量得到保障。通过其精细化的管理和严格的监督,厚生劳动省在维护长期护理保险制度稳健运行、提升服务质量及效率方面发挥了不可或缺的作用。对于长期护理服务的提供者,厚生劳动省实施了一套严格的管理和督导制度。政府不仅要求服务提供者遵守相关的法律法规,还对其服务质量和安全性进行定期检查和评估。通过这些措施,厚生劳动省确保服务提供者能够遵循专业标准，为老年人提供优质的照护服务。

此外，厚生劳动省还特别关注老年人的尊严问题。要求长期护理服务提供者尊重老年人的意愿和需求，维护他们的独立性和自主性。对于任何虐待老年人的行为，厚生劳动省都会进行严厉打击，并追究相关人员的法律责任。然而，随着长期护理保险的不断发展，长期护理服务机构和设施的数量也在不断增加，服务种类和附加内容也日益丰富。这给厚生劳动省的监管工作带来了新的挑战。为了应对这些挑战，厚生劳动省采取了一系列措施，包括推行集体辅导与个别指导相结合的方式，以更好地维护老年用户的独立与尊严。厚生劳动省也加大了对涉嫌违反指定标准或虚报护理费的个案的审查力度，通过严格的调查和审核，对违规行为进行及时且适当的处理，确保长期护理保险制度的公平性和可持续性。

近年来日本长期护理保险欺诈现象频发，给制度的稳健运行带来了严重威胁。厚生劳动省深入分析了欺诈现象的原因，主要包括管理困难、人力资源不足和管理不善等方面。为了解决这些问题，厚生劳动省不仅加大了监管力度，还制定了一系列反欺诈法律法规，对违法行为进行严厉打击。《日本长期护理保险法》《日本老年人福利法》《日本老年人福利机构指导和审核指南》等法律法规和指南的出台，不仅为打击长期护理保险欺诈行为提供了有力武器，也为维护长期护理保险制度的公平与正义提供了坚强保障，这也表明了日本政府对长期护理保险制度的重视和决心，为应对老龄化挑战提供了有力支持。

第五节　日本长期护理保险反欺诈法律制度的主要构成与内容

日本长期护理保险的监管法律中最为核心的是《日本长期护理保险法》，该法律于1997年获得通过，并从2000年4月1日开始正式实施。[1] 该法详细规定了长期护理保险制度的各个方面，包括制度的目标、参与对象、服务内容、费用分担、保险运营及监督与管理等内容。此外，日本政府还根据长期护理保险的实施情况和社会发展的需要，对《日本长期护理保险法》进行了多次修订和完善。这些修订旨在更好地适应老龄化社会的挑战，提高长期护理保险制度的效率和质量。除《日本长期护理保险法》外，日本长期护理保险的监管还涉及其他相关法律法规，如《日本长期护理保险设施等指导指南》《日本长期护理保险设施审核准则》《日本老年人福利机构指导和审核指南》等，这些指南、准则在各自领域内对长期护理保险的相关问题进行了规定，与《日本长期护理保险法》共同构成了长期护理保险监管的法律体系。详细内容参见总报告的相关部分。

---

[1] 戴卫东.中国长期护理保险立法审视[J].社会保障评论,2024,8(01)：59-73.

第六节　日本长期护理保险反欺诈执法机构、反欺诈成效和欺诈案例

一、日本长期护理保险反欺诈执法机构

日本长期护理保险的审查执法工作是一项复杂而严谨的任务，涉及多个层级和部门的合作与协调。中央政府在这一过程中发挥着核心作用，负责制定长期护理保险制度的整体政策框架，确立护理程度的审核标准，以及制定护理服务种类和价格标准。这些标准和规定不仅为地方政府的执行提供了指导，也为长期护理服务提供者划定了明确的行为界限。都道府县作为地方行政机构，在长期护理保险的审查执法工作中扮演着重要角色。都道府县负责指导和监督本地区的护理服务提供者，确保其按照中央政府的政策和规定提供服务。都道府县还负责审核护理服务提供者的资质和信誉，确保其具备提供高质量服务的能力和条件。同时，都道府县还要处理与护理服务相关的投诉和纠纷，维护消费者的合法权益。

市町村作为长期护理保险制度的保险人，承担着保险运营的具体职责。市町村负责处理保险申请，对申请人的护理程度进行细致评估，并根据评估结果确定相应的护理服务种类和费用。市町村还要对护理服务提供者提交的费用申请进行审核，确保费用的合理性和合规性。同时，市町村还要对护理服务提供者进行定期检查和监督，确保其服务质量和行为符合长期护理保险制度的要求。除这些

分报告篇
第一章 日本医保基金监管法律制度研究

地方政府机构外,日本政府还设有专门的审查执法机构,如社会保险厅等,负责对长期护理保险制度中的违规行为进行调查和处理。这些机构拥有专业的执法队伍和先进的技术手段,能够对涉嫌违规的长期护理服务提供者进行深入调查,并依法对其进行处罚,处罚措施包括罚款、吊销执照等,旨在维护长期护理保险制度的公平性和可持续性。此外,日本政府还鼓励公众参与长期护理保险制度的监督。公众可以通过举报渠道向相关部门反映涉嫌违规的行为,相关部门将及时进行调查和处理。这种公众参与机制不仅增强了长期护理保险制度的透明度和公信力,也提高了公众对该制度的信任度和满意度。

日本长期护理保险反欺诈执法机构的执法方式具有以下几个显著特点。首先,执法方式严格而细致。该机构对长期护理保险的申请和支付过程进行严格的监管,要求申请人提供真实、准确的信息,并进行详尽的核实工作。这种严格的监管确保了保险资金能够精准地用于真正需要长期护理服务的老年人身上,有效防止了虚报、瞒报等欺诈行为的发生。其次,执法方式注重跨部门合作与协调。该机构与警察、检察等机关保持密切联系,共同打击涉及长期护理保险的犯罪行为。这种跨部门合作使得执法机构能够更好地整合资源,形成合力,有效打击欺诈行为,保护老年人的合法权益。再次,执法方式强调预防与宣传。该机构通过开展宣传教育、培训等方式,提高公众对长期护理保险欺诈的认识和防范意识。机构定期发布相关信息,向老年人及其家庭普及长期护理保险的知识,提醒他们警惕欺诈行为,避免上当受骗。这种预防性的执法方式有助于从源头上减少欺诈行为的发生。最后,执法方式还包括现场指导与检查。该机构会派遣官员到各个护理服务机构进行现场指导与检

· 195 ·

查，直接了解服务机构的运营情况，及时发现和解决存在的问题。

二、日本长期护理保险领域反欺诈成效

经过监管执法机构的持续努力与精心运作，日本在医疗保险监管方面取得了显著的成效。在21个财政年度监管执法机构共计撤销2 748个长期护理机构，追回损失高达13 073万日元。首先，从返还金额情况来看，长期护理保险反欺诈工作有效遏制了欺诈行为的发生，减少了不必要的支出。通过对指定取消年份的返还金额进行统计，尽管在某些年份返还金额仍然较高，但整体上呈现逐年下降的趋势。这反映出长期护理保险反欺诈机构在审核和监管方面的力度不断加大，有效防止了资金流失。其次，从指定取消的事业所数量和返还对象单位数量来看，长期护理保险反欺诈工作对于违规行为的打击力度逐渐加大。这些数据的逐年增长，表明反欺诈机构在发现和处理违规行为方面取得了显著进展。同时，这也反映出长期护理保险制度在不断完善，对于违规行为的容忍度逐渐降低。此外，从未缴亏损额和未支付额的变化情况来看，长期护理保险反欺诈工作取得了积极成效。未缴亏损额和未支付额的减少，意味着更多的资金得到了有效利用，避免了因欺诈行为导致的资金浪费。这不仅提高了长期护理保险制度的运行效率，也提高了公众对于该制度的信任度。最后，从统计数据来看，虽然长期护理保险反欺诈工作取得了一定的成效，但仍然存在较大的改进空间。在未来，相关机构需要继续加大监管力度，完善审核机制，提高技术水平，以更好地应对日益复杂的欺诈行为。

三、日本长期护理保险典型欺诈案例

本书对 2023 年日本厚生劳动省公布的 3 起长期护理保险欺诈案例作了系统的梳理（表 2-1-5）。护理费账单欺诈是指开具不应开具的护理费账单。具体来说，它是指以下几种类型的索赔：为已经提供的服务申请护理费，尽管实际上并未提供任何服务；为不符合加费要求的服务计算和报销护理费；未计算减项的情况下申请护理费。

表 2-1-5　2023 年日本长期护理保险欺诈案例分析

案例	不当请求内容	处分内容
鸟取县居家护理支持服务案例	2021 年 10 月至 2023 年 9 月期间，居家护理支持办公室未履行必要的要求，如未进行监测记录，而监测记录是制定居家服务计划时的必要工作；未充分准备必要的程序和文件，但仍索要护理费	部分暂停指定 6 个月（暂停接受新用户和限制 70% 的护理费申请）
千叶县柏市的居家访问护理、综合护理预防和日常生活支援办公室案例	（1）一名家庭护理员为居住在同一住户的家庭成员提供了家庭护理服务，但用另一名没有提供该服务的家庭护理员的姓名编制了一份虚假的服务提供记录，并欺诈性地申请和领取了护理补贴费。 （2）由不符合家庭护理员资格要求的人（不合格人员）提供家庭护理服务，并欺诈性地申请和领取护理补贴费	根据《日本长期护理保险法》的规定，除必须退还虚假申请和领取的护理津贴外，还将退还金额的 40% 作为附加费用
大分县别府市日托中心案例	2022 年 12 月至 2023 年 4 月期间，每月提供的服务时数不符合国家标准，向该市骗取了约 350 万日元的护理费	部分暂停指定 3 个月（暂停接收新用户）

第二章

美国医保基金监管法律制度研究

美国医疗保险制度由政府的公共医疗保险和私营机构的商业医疗保险构成。虽然美国医疗保险的市场化程度远高于世界其他主要发达国家，但这并不意味着政府会在医疗保险管理中缺位[1]，实际上美国公共医疗保险在整个医疗保险体系中具有很重要的地位，公共医疗保险计划所需资金绝大部分来源于联邦及州政府的税收。[2]针对老年人、残疾人的 Medicare 和针对低收入人群的 Medicaid 是其中最重要也是惠及面最广的公共医疗保险计划。[3]当前美国医保欺诈仍然是一个非常普遍而且严重的问题，自 1990 年以来 Medicare

---

[1] 李成志.美国医疗保险制度对当前医改的几点启示[J].中国医疗保险,2018(05):68-71.

[2] 袁伟.美国医疗保险制度考察报告[J].中国医疗保险,2015(10):68-71.

[3] 林毓铭,谭景文.美国公共医疗保险的影响效应分析[J].中国卫生经济,2020,39(02):42-43.

和 Medicaid 被美国政府问责办公室（GAO）定为高风险项目。❶ 据美国国家医疗保险反欺诈协会估算，每年因医保欺诈造成的经济损失高达数百亿美元❷，其中 Medicare 欺诈的损失约 600 亿美元❸。针对日益严峻的公共医疗保险欺诈形势，美国政府于 1996 年建立了医疗保险欺诈和滥用控制项目来更好地协调联邦、州和地方的反欺诈执法工作。目前，该项目已经运行了 27 年，探索出了一条成功的道路，在打击欺诈骗保领域取得了很好的成效。2020 年，美国联邦政府在医疗欺诈骗保案件中通过谈判获得了超过 18 亿美元的借款。美国司法部也在 2020 年启动了迄今为止规模最大的欺诈

---

❶ 美国政府问责办公室是美国国会的下属机构，负责调查、监督联邦政府的规划和支出，其前身是美国总审计局。美国政府问责办公室在美国国会中的地位很独特，该机构是一个独立机构，只对国会负责，以中立精神开展工作，需要恪守以下三个方面的核心价值：问责（accountability），问责构成美国政府问责办公室工作的本质属性，该职责应当有助于对联邦政府项目及其运行实施监督，以提高政府运作的经济性、效率性、效果性及可靠性（credibility）；廉洁（integrity），廉洁是指美国政府问责办公室为自身设定的工作准则，即美国政府问责办公室为国会提供的信息应当符合专业、客观、以事实为基础、超党派、超意识形态、公平及均衡的基本要求；可靠（reliability），可靠是美国政府问责办公室追求的工作目标，即办公室提供的报告、证人证言、法律意见及其他方面的服务必须是高质量的、适时的、准确的、有用的、清晰的及公正的。
❷ NHCAA. The Challenge of Health Care Fraud[EB/OL]. [2022-10-10]. https://www.nhcaa.org/tools-insights/about-health-care-fraud/the-challenge-of-health-care-fraud/.
❸ EATON J. Medicare Under Assault From Fraudsters[EB/OL]. (2018-03-30)[2022-10-11]. https://www.aarp.org/money/scams-fraud/info-2018/medicare-scams-fraud-identity-theft.html.

骗保的诉讼，其中指控的人数为 345 人，金额超过了 60 亿美元。❶ 本书将聚焦美国公共医疗保障项目，包括为老年人提供的医疗照顾计划 Medicare、为贫困低收入人群提供的 Medicaid，为低收入家庭的儿童提供的儿童医保计划（The State Children's Health Insurance Program, TSCHIP）❷，结合美国现行立法和医疗保险欺诈和滥用控制项目反欺诈的实施情况，对美国在公共医保制度领域的反欺诈和滥用的立法、司法、行政执法实践进行深入研究与分析，为我国推进医保反欺诈工作、完善医保基金监管制度提供参考。

第一节 美国医保反欺诈法律制度的发展历程及主要构成

1965 年，美国国会颁布 Medicare 计划和 Medicaid 计划时，并没有制定专门的反欺诈条款，对欺诈的处理主要是参照《美国老年、遗嘱及残疾保险计划》中的反欺诈条款。1971 年，美国国会在卫生、教育和福利部（现在的卫生和公共事务部）设立了总监察长办公室监管上述两个计划的运行，防范可能发生的欺诈和滥用。1972 年，美国国会为这两个计划制定了一些具体的反欺诈和滥用条款，如对虚假报销、收受回扣、受贿等违法违规行为的处罚。

---

❶ RICKEMAN A, DEMALLIE K, KOWALSKI T, et al. Health Care Fraud [J]. American Criminal Law Review, 2022(59): 975.

❷ 高芳英. 20 世纪以来美国公共医保制度研究[M]. 北京：中国社会科学出版社, 2018.

1977年，美国国会通过了《美国医疗照顾计划—医疗补助计划反欺诈和滥用修正案》，将此前规定的一些不法行为认定是严重犯罪，从而加大了对欺诈骗保的惩罚力度。随着新的欺诈形式的不断出现，美国国会对反欺诈和滥用条款进行了多次修订，并增加了民事违法和刑事犯罪的规定。例如，在1981年《美国综合预算平衡法》中规定，有关医疗照顾计划和医疗救助计划的欺诈报销行为每次可以处以2 000美元的民事罚款。1986年《美国综合预算平衡法》又对欺诈和滥用条款进行了增补和修改。1987年《美国医疗照顾和医疗救治计划保护法》中对医疗欺诈和滥用条款进行了大量的修改，并增加了当个人或者机构实施"忽视或者虐待患者"的刑事犯罪行为后将被排除在医疗照顾计划和医疗救助计划外的规定。此后，美国联邦政府及各州政府持续重视医疗保险反欺诈立法，反欺诈法律法规的数量显著增加，涉及范围不断扩大，形成了比较完善的反欺诈法律制度，医疗保险反欺诈进入了法制化的轨道。❶

美国联邦和各州制定的反欺诈立法从不同角度可以分为联邦立法和州立法、普通法和专门法，以及行政法规等，由此构成了反欺诈的法律制度。

一、联邦立法和州立法

美国联邦政府有多项针对医疗保险欺诈和滥用的法律，包括《美国反回扣法》《美国斯塔克法》《美国虚假申报法》等。各州也

---

❶ 林源.美国医疗保险反欺诈法律制度及其借鉴[J].法商研究,2013,30(03):125-134.

根据联邦立法的精神，并结合本州实际，相应地颁布了类似的立法。例如，美国有36个州制定了本州的反回扣法，有34个州制定了本州的斯塔克法，有32个州制定了本州的虚假申报法。此外，州医疗保险执法机构也使用本州的反不正当竞争法来打击医疗领域的欺诈骗保行为。❶另外，由美国联邦政府和州政府共同资助的医疗救助项目则会受到联邦和州法律的共同制裁，而且绝大多数州一级的反欺诈立法的规定比联邦立法更为严厉。

二、普通法和专门法

美国已经有禁止各种欺诈骗保行为的普通立法，如《美国反欺诈操控和贿赂组织法案》及处理邮件和网络欺诈、洗钱、串通诈骗、盗窃政府财产、虚假陈述、阻碍司法调查等行为的法律法规。在专门立法方面，上述《美国反回扣法》《美国斯塔克法》《美国虚假申报法》都是针对医疗领域的欺诈骗保而专门出台的法律。

三、行政法规

除上述法律外，美国政府还制定了很多行政法规，禁止向涉嫌医疗保险欺诈的单位和个人支付款项。1987年，美国国会对医疗照顾计划和医疗补助计划的条款进行修改，授权总监察长办公室对医疗保险服务供方采取行动，打击欺诈骗保行为。如果医疗保险服

---

❶ FISHER E. The Impact of Health Care fraud on the United States Healthcare system[J]. Spea honors paper,2008,2(04).

务提供方涉嫌欺诈，总监察长办公室有权排除其为医疗保险计划提供服务的资格，并对其进行民事罚款。该条款和《美国虚假申报法》的某些规定类似，但总监察长办公室可以直接使用行政手段对欺诈骗保行为进行处罚，而只受到有限的司法审查。此外，如果怀疑个人或机构涉嫌欺诈骗保，美国联邦政府有权暂停对其支付。

第二节　美国打击欺诈骗保法律法规的主要内容及特点

美国十分重视医疗保险反欺诈立法，联邦和州都制定了许多针对医保欺诈的法律法规，形成了日臻完善的医保反欺诈法律体系。[1]《美国社会保障法》专门规定了涉及联邦医疗保健计划的行为的刑事处罚。《美国健康保险可携性与责任法案》将医疗保险欺诈法规提升至联邦法律层面并加以强化，具体规定了一系列关于医疗保险欺诈的犯罪行为，该法还创立了联邦反欺诈滥用的医疗保险欺诈和滥用控制项目、联邦医疗保险诚信项目和受益人激励项目。《美国反回扣法》重点打击医疗回扣相关的违法犯罪行为，将医疗回扣行为规定为重罪。《美国斯塔克法》禁止医疗保险和医疗补助患者转诊到与医生（或其直系亲属）有财务关系的医疗实体。《美国虚假申报法》规定了内部举报人的条件和奖励措施，强化了内部举报对医保基金监管的重要作用。《美国患者保护与平价医疗法》强调了

---

[1] 林源,李连友.美国医疗保险反欺诈实践及对我国的启示[J].中央财经大学学报,2012(01):70-75,91.

欺诈预防的重要性，要求医疗服务提供者必须建立详细的合规性计划来预防欺诈，并针对医疗保险欺诈犯罪制定了新的量刑条款，加大了处罚力度。详细内容参见总报告部分。

从以上分析可知，美国医保反欺诈法律制度具有如下特点。

一、法制体系健全

美国联邦和各州都分别制定了反欺诈法律法规，其中包含了刑法和民法、普通法和专门法，以及行政法规等，各有侧重又相互衔接。针对联邦、各州医疗保险计划的欺诈行为分别由联邦和各州医疗保险反欺诈法律法规监管，而有关由联邦和州政府共同资助的医疗保险计划的欺诈行为，则由联邦法律和州法律共同制裁，联邦法律效力高于州法律。针对医疗保险欺诈行为，尤其是回扣、医生的转介绍及医疗保险中虚假报销行为，首先用专门的医疗保险反欺诈法律（如《美国反回扣法》《美国斯塔克法》《美国虚假申报法》等）来规制；其次也可用针对一般欺诈行为（如诈骗、洗钱、虚假陈述）的普通法来规制。这些不同效力层次的法律法规构成了有机整体，形成比较完善的反欺诈法律制度，使美国医疗保险反欺诈进入法制化轨道。

二、立法范围宽泛，内容丰富

针对医疗保险欺诈，美国从不同方面立法进行监管，并且以法律的形式提供了反欺诈的方法和工具，保障了反欺诈的经费和对举报给予奖励。美国反欺诈立法不仅适用于公共医疗保险计划，同样适用于对私人医疗保险的监管。医疗保险计划中涉及的各类主体（医疗器械药品供应商、医疗服务供方、医生和患者等）在采购过程、诊疗过程、支付过程和申请过程中存在的各种欺诈违规行为都有立法监管。《美国可负担的保健法》提出防范欺诈的理念及具体方法，如提出对医疗供应商和医疗服务提供方的注册资质审查的具体方法，要求反欺诈数据共享，以及相关机构建立合规性计划等。《美国虚假申报法》确立了分享罚金的诉讼机制，以及《美国健康保险可携性与责任法案》和《美国患者保护与平价医疗法》规定了反欺诈的经费投入具体金额。这些都为反欺诈的成功提供了有力的支持。

三、法律规定具体明确，可操作性强

《美国健康保险可携性与责任法案》明确了医疗保险欺诈的概念；《美国虚假申报法》详细列举了虚假报销的各种行为及相应的处罚措施；《美国斯塔克法》禁止医生转介绍"指定医疗服务"，并列举了"指定医疗服务"的具体内容。《美国社会保障法》民事和刑事处罚部分，分别规定了具体的违法行为、严重犯罪行为及相应的法律责任。可见这些法律不空洞抽象，实用性强，使反欺诈做到有法可依，容易操作。

四、从严监管，欺诈惩罚力度较大

美国反欺诈法律制度体现了针对欺诈行为从严监管、严厉打击理念，针对欺诈的处罚包括罚款、监禁乃至终身监禁，以及排除参

加医保的资格等。由于医院和医生在医疗保险关系和医患关系中的特殊地位和利益关系，医疗药品、医疗器械供应商等通常会给予回扣或其他报酬，促使过度医疗、过度检查或转介绍行为等，导致医疗费用不合理地增加。为此，美国还制定了专门法规来规范医生或医疗机构的不法行为。

第三节 美国医疗保险欺诈和滥用控制项目及其成效[1]

一、医疗保险欺诈和滥用控制项目基本情况

（一）成立背景及主要目标

医疗保险欺诈具有主体多元化、手段复杂化、行为隐蔽化的典型特征[2]，一直以来都是世界各国医保基金监管领域的沉疴痼疾。由于医疗管理标准不统一、医患双方信息不对称、医保反欺诈专业

---

[1] 关于美国医疗保险欺诈和滥用控制项目成立背景、机构设置、反欺诈措施与法律依据等基本情况，部分内容已经发表在《卫生软科学》2023年第7期：《美国医疗保险反欺诈项目现状及其对我国的启示》一文中，为了更完整地再现美国在医保基金监管方面的努力和成效，故将本部分全文保留，并给予了部分内容的更新。

[2] 胡九英，吴娟，宋月丽，等.医保基金欺诈骗保现状及防范对策探析——以372份裁判文书为分析样本[J].南京医科大学学报（社会科学版），2022(04):363-368.

第二章 美国医保基金监管法律制度研究

知识不充分等原因,美国医保欺诈问题十分严重,这也是促使医疗保险欺诈和滥用控制项目成立的根本原因。

美国复杂的医保系统为欺诈提供了肥沃的土壤。20世纪90年代,美国医疗保健系统是一个庞大且不断扩大的行业,非常复杂。尽管在成本控制方面作出了努力,但医疗费用仍在持续上升。除医生办公室和医院等传统设施外,患者可以接受多种类型的设施治疗。越来越多的患者从其他提供服务的系统中接受医疗服务,如越来越多的管理性医疗机构等。此外,许多患者通过医疗保险或医疗补助获得医疗服务的补贴。还有一些人参加了某种形式的私人保险计划来支付医疗费用,所有这些系统都是众多而复杂的。这种复杂性造就了医疗保健行业每天都有大量的资金转手。这种交换可能会给一些人带来巨大的财富,但对许多人来说却是一种困难。因此,复杂的医疗保健系统为医疗保健服务参与者之间的欺诈行为提供了肥沃的土壤。

部分医疗服务提供者对于非医务人员在监管过程中的介入表现出抵触情绪,这种态度实际上纵容了医保欺诈行为的发生。长久以来,医学界秉持着对患者忠诚的职业道德准则,患者则依赖这一准则来规范医生的行为。然而,第三方支付者的介入为患者与医疗服务提供者提供了可能牺牲支付者利益、共同谋取最大化利益的治疗决策的机会。为了应对这一问题,保险公司引入了管理型医疗工具,旨在增强医生和患者的成本意识。然而,一系列研究显示,有相当一部分医生愿意采取欺骗保险公司的手段,以便为他们的患者争取到保险金。值得注意的是,被起诉医疗欺诈的风险并未实质性遏制医生从事此类行为的意愿。医生对于其专业实践自主权有着根深蒂固的坚持,并对外来监管,尤其是非医务人员的监督抱有强烈的敌意，这进一步助长了医疗服务提供者从事欺诈行为的倾向。医保项目管理者、资金使用审查人员、同行审查组织及管理式医疗组织的努力，常常被医生视为无知文员和官僚的干预而遭到排斥。事实上，医生群体有着长期抵制或篡改对其工作进行监管尝试的记录，这凸显了加强监管、提升监管有效性的迫切性和挑战性。

政府开展了一系列反欺诈行动，积累了相当的经验，最终推动了《美国健康保险可携性与责任法案》的出台。美国实行混合型医疗保障制度，私人和公共医疗保险计划同时存在。其中，Medicare和Medicaid是两大主要的公共医疗保险计划。在这种医疗保障制度下，政府医疗费用急剧增长，使美国成为世界上医疗卫生费用开支最大的国家。❶促使医疗费用增长的因素有多种，如过度医疗、分散的服务、复杂的行政管理、人口老龄化、久坐的生活方式、昂贵的技术、缺乏透明度的定价，以及欺诈、浪费和滥用等。尽管这些现象也发生在私营部门，但出于纳税人的利益相关者立场，公共医疗保险欺诈和滥用已经变得越来越明显。❷欺诈浪费了医疗资源，使政府的负担加重，并产生了严重的社会道德问题。

面对日益严峻的医保欺诈形势，美国政府开始重视医保反欺诈的重要性，并采取了多种措施、成立了多个组织来开展反欺诈工作。1976年美国国会通过卫生与公共服务部成立了监察长办公室，专门负责全国范围内医疗欺诈与滥用等事项。在接下来的20多年间，医疗补助欺诈控制小组（Medicaid Fraud Control Units，MF-

---

❶ 林源.美国医疗保险反欺诈法律制度及其借鉴[J].法商研究,2013,30(03):125-135.

❷ Medicare and the affordable care act: Fraud control efforts and results.

CUs)、全国医疗补助欺诈控制小组协会（National Association of Medicaid Fraud Control Units）、国家医疗保健反欺诈协会、美国保险反欺诈联盟（Coalition Against Insurance Fraud）等组织相继成立,一步步加大了对医疗保险欺诈行为的打击力度。❶ 1994年,美国前司法部长珍妮特·雷诺（Janet Reno）将医疗保险欺诈指定为司法部的第二大优先事项,仅次于暴力犯罪；克林顿政府表示医疗保险欺诈将成为国家优先事项。❷ 这一政策安排得到了立法工作的支持,为进一步打击并防范医疗保险行业中的欺诈行为,卫生与公共服务部于1995年发起了一项全面的欺诈控制倡议,即"恢复信任行动",并多次大幅扩大了反欺诈工作的范围。❸

1996年《美国健康保险可携性与责任法案》出台,该法案不仅界定了一系列新的医疗保险犯罪,而且还创建了医疗保险欺诈和滥用控制项目,以监督联邦执法工作。根据《美国健康保险可携性与责任法案》,从医疗保险欺诈执法工作中追回的资金可用于拨回医疗保险欺诈和滥用控制账户,该账户专门为司法部、卫生与公共服务部的欺诈执法活动提供资金。医疗保险欺诈和滥用控制项目的主要目标与作用是协调联邦、州和地方的医疗保险欺诈和滥用执法工作,进行与医保基金提供和支付有关的调查、审计、检查和评估活动,为大众提供医保反欺诈相关教育和指导。

---

❶ 熊明明.美国医疗保险欺诈与滥用控制(医疗保险欺诈和滥用控制)研究[D].长沙:湖南大学,2012.

❷ KRAUSE,JOAN H. Health Care after the 2020 Election:The Path Forward. [J]. Saint Louis University Journal of Health Law & Policy,2022,15(02):361-390.

❸ Health Care Fraud and Abuse:Market Change,Social Norms,and the Trust "Reposed in the Workmen".

(二) 参与机构及其职能

医疗保险欺诈和滥用控制项目主要由美国卫生与公共服务部和美国司法部共同组织运行,美国联邦调查局(FBI)参与相关案件的调查。

1. 美国卫生与公共服务部

卫生与公共服务部是美国联邦政府最大的卫生保障机构和美国医疗系统的官方最高管理机构。医疗保险欺诈和滥用控制项目中涉及的卫生与公共服务部主要部门有监察长办公室、医疗照顾与医疗救助服务中心、社区生活管理处、总法律顾问办公室等。监察长办公室与其执法伙伴合作,进行涉及 Medicare 和 Medicaid 计划的刑事和民事调查,并参与虚假索赔法案件的解决,包括通过谈判达成企业诚信协议。监察长办公室与 Medicaid 欺诈控制小组合作,处理 Medicaid 计划中的欺诈和滥用。除调查刑事和民事案件外,监察长办公室还对各种与医疗有关的犯罪行为实施民事罚款。医疗照顾与医疗救助服务中心致力于确保向合法的个人和实体支付准确的款项,以便向联邦医疗保健项目的合格受益人提供允许的服务或供应。医疗照顾与医疗救助服务中心开展的各类活动包括许多不同的提高项目完整性的方法,如数据分析、调查和审计、恢复行动、外展和教育,医疗照顾与医疗救助服务中心的反欺诈系统每天要过滤几百万条医疗保险索赔数据并在其中挖掘潜在的欺诈信息。[1] 社会生活管理处主要负责老年医疗保险巡逻项目的运行,通过外联、咨询和教育,增强和帮助医疗保险受益人及其家庭和护理人员预防、

---

[1] 阳义南,肖建华.医疗保险基金欺诈骗保及反欺诈研究[J].北京航空航天大学学报(社会科学版),2019,32(02):41-51.

发现和报告医疗保健欺诈、错误和滥用行为。社会生活管理处将医疗保险欺诈和滥用控制的大部分拨款用于资助各州、哥伦比亚特区、波多黎各、关岛和美属维尔京群岛的老年医疗保险巡逻项目。

2. 美国司法部

美国司法部的任务是保障法律的施行,维护美国政府的法律利益并保障法律对美国所有公民都是平等的。美国联邦检察官提起刑事和民事诉讼案件,以追回通过欺诈和虚假索赔从医疗保险信托基金和其他纳税人资助的医疗系统中错误获取的资金,在医疗欺诈执法方面发挥了重要作用。医疗保险欺诈和滥用控制项目中涉及的美国司法部主要部门有民事部、刑事部、民权部和监察长办公室。

3. 美国联邦调查局

美国联邦调查局是医疗保险欺诈的主要调查机构,负责识别和调查针对公共医疗保健福利项目和私人医疗保健计划的医疗保健欺诈行为。美国联邦调查局将医疗保险欺诈和滥用控制项目资金用于资助人事资源、支持卧底行动、开展财务和调查分析及其他调查和行动费用。

(三) 反欺诈工作组与反欺诈措施

多年来,医疗保险欺诈和滥用控制项目不断调整、修改和更新反欺诈措施,以适应美国医疗保险行业欺诈情况的变化。迄今为止,医疗保险欺诈和滥用控制项目先后建立了医疗保险欺诈打击部队(Strike Force)、医疗保险欺诈预防和执法行动小组(Health Care Fraud Prevention and Enforcement Action Team,HEAT)、医疗保险欺诈预防伙伴关系(Health Care Fraud Prevention Partnership,HFPP)和阿片类药物欺诈和滥用侦查小组(Opioid Fraud and Abuse Detection Unit，OFAD）等反欺诈工作组来参与实施各项反欺诈行动，开展众多反欺诈活动。本书选取了最主要的几项反欺诈措施进行具体阐述。

1. 医疗保险欺诈和滥用控制项目开展的各类反欺诈工作组

（1）医疗保险欺诈打击部队。医疗保险欺诈打击部队主要利用数据分析技术及联邦、州和地方执法实体的综合资源来调查和处理复杂的医疗保健欺诈事项和处方阿片类药物分销和转移计划。医疗保险欺诈打击部队由调查员和检察官组成的机构小组组成，重点关注已知欺诈活动最集中的地区的最严重犯罪者。医疗保险欺诈打击部队利用先进的数据分析技术，在医疗保健欺诈热点地区（即账单欺诈严重的城市）识别异常账单，并针对可疑账单模式进行深入分析，同时密切追踪新出现的欺诈计划及在不同社区间转移的欺诈活动。医疗保险欺诈打击部队最初成立于 2007 年 3 月，目前在美国的 27 个地区开展工作，其中包括位于华盛顿特区的国家快速反应打击部队（NRRSF），已经成为反欺诈活动中一股不可忽视的重要力量。

（2）医疗保险欺诈预防和执法行动小组。美国司法部和美国卫生与公共服务部监察长办公室在 2009 年成立了医疗保险欺诈预防和执法行动小组，以加强现有的打击医疗欺诈的计划，同时投入新的资源和技术来预防和发现欺诈和滥用行为。医疗保险欺诈预防和执法行动小组扩大了司法部—卫生与公众服务部医疗保险欺诈打击部队计划。医疗保险欺诈预防和执法行动小组的使命是：调动政府的大量资源来防止 Medicare 和 Medicaid 计划中的浪费、欺诈和滥用；降低医疗保健成本并提高护理质量；针对在合法医疗业务范围之外开具阿片类药物的医生；强调供应商和公共部门雇员的最佳做法；在司法部和卫生与公共服务部之间的现有伙伴关系基础上，减少欺诈和追回纳税人的钱。

（3）医疗保险欺诈预防伙伴关系。医疗保险欺诈预防伙伴关系是美国联邦政府、州政府机构、执法部门、私人健康保险计划、雇主组织和医疗保健反欺诈协会之间的自愿公私合作关系。该伙伴关系的目的是在合作伙伴之间交换数据和信息，以帮助提高打击医疗保险行业的欺诈、浪费和滥用的能力。在2022财政年度结束时，参与者的数量已经增加到267个公共、私营和州级伙伴组织。这些组织总共代表了超过2.18亿的被保险人，相当于超过3/4的美国被保险人。

医疗保险欺诈预防伙伴关系每年都会进行多个合作伙伴数据的研究，以解决欺诈、浪费和滥用问题，为合作伙伴提供详细的结果以便于其组织内的纠正行动。医疗保险欺诈预防伙伴关系一直努力促进合作伙伴之间的合作，通过举办虚拟信息共享会议、设立执行委员会等方式促进各个组织和部门之间的合作。在这些会议上，参会者可以分享反欺诈方案，提供执法活动的最新情况，并就如何扩大医疗保险欺诈预防伙伴关系在私营和公共部门的影响制定战略。

（4）阿片类药物欺诈和滥用侦查小组。阿片类药物欺诈和滥用侦查小组特别关注与阿片类药物有关的医疗保险欺诈，利用数据识别和起诉那些助长处方阿片类药物流行的个人。在2022财政年度，阿片类药物欺诈和滥用侦查小组处理了各种涉及医疗专业人士的调查和起诉。阿片类药物欺诈和滥用侦查小组检察官对72名被告提起了42起案件，指控包括医疗欺诈、贩毒和洗钱等各种罪名。

（5）新型冠状病毒感染疫情防控期间相关执法活动。自新型冠状病毒感染疫情暴发以来，美国医疗照顾与医疗救助服务中心研究了可能造成的新的欺诈风险。美国医疗照顾与医疗救助服务中心使用美国政府问责办公室欺诈风险管理框架中概述的原则，开发了一个强大的欺诈风险评估流程，以确定与疫情相关的潜在风险和漏洞，以及可能造成的意外后果。减少欺诈、浪费和滥用的策略包括数据分析和研究、有针对性的调查、防止欺诈系统模型的开发和编辑，以及新政策的实施。美国医疗照顾与医疗救助服务中心、司法部、卫生与公共事务部监察长办公室和其他执法机构合作伙伴正在共同调查和起诉已查明的风险和相关计划中的欺诈行为。

2. 医疗保险欺诈和滥用控制项目的主要反欺诈措施

（1）广泛开展调查、审计与评估。医疗保险欺诈和滥用控制项目使用风险评估和数据分析来识别、监测和针对医疗保险欺诈、浪费和滥用，对各医疗项目广泛开展调查、审计与评估。如果发现存在机构项目或行政程序中的漏洞、资金使用不当等问题，医疗保险欺诈和滥用控制项目将按照《美国监察长法》（the Inspector General Act）的要求向机构管理人员提出相应的对策建议。

（2）教育和培训。司法部和卫生与公共服务部制定了反欺诈培训计划，包括为医疗机构提供的医疗照顾与医疗救助服务中心合规培训，卫生与公共服务部监察长办公室为医疗机构提供的合规计划指导文件和培训，联邦检察官办公室和公共与私营部门的持续会议，以及卫生与公共服务部对特定群体（老年人和移民）的强化教育等。此外，卫生与公共服务部监察长办公室在其网站上提供了一个合规资源门户网站，其中包括针对医疗保健行业各部门的特别欺诈警报、视频和其他资源。美国司法部在卫生与公共服务部的支持下，开展了医疗保健欺诈培训项目，旨在向检察官、执法人员和行政支持团队传授打击部队的概念和案件模式。

(3) 计划排除（program exclusions）。卫生与公共服务部监察长办公室公布取消个人或机构参加医疗保险计划的名单，即将该个人或机构排除在医疗保险计划之外。如果被排除，个人或机构均不得接受美国联邦医疗保险计划任何直接或间接的支付。这项禁令也适用于医疗机构（如医院、药房、长期护理机构、实验室等）和被卫生与公共服务部监察长办公室列名的个人或机构发生的雇佣或合同关系。

(4) 企业诚信协议（corporate integrity agreement）。卫生与公共服务部监察长办公室要求有过欺诈行为的医疗服务提供者签署企业诚信协议，承诺保证服从美国医疗行业的有关规定。协议期限为3~5年，在此期间医疗服务提供者需每年向卫生与公共服务部监察长办公室提交医疗行为报告。许多医疗服务提供者选择在诉讼前通过和解解决他们的案件。卫生与公共服务部监察长办公室在其网站上提供信息，说明它如何评估解决医疗欺诈案件的医疗服务提供者对联邦医疗计划的未来风险（称为"欺诈风险指标"）。作为和解的一部分，医疗服务提供者往往同意与卫生与公共服务部监察长办公室签订企业诚信协议，以避免被排除在Medicare、Medicaid和其他联邦医疗保健计划之外。

(5) 数据共享（data-sharing）。卫生与公共服务部与联邦调查局建立了一个高效的全国数据共享系统，卫生与公共服务部监察长办公室将所有与欺诈有关的案件信息传送给联邦调查局，联邦调查局将这些信息转发给司法部和其他机构。同时，联邦调查局向卫生与公共服务部监察长办公室发送其自己的调查报告，最后由卫生与公共服务部监察长办公室将所有这些信息和数据汇总到一起，储存在一个案例信息管理系统中供执法部门使用，以便跟踪欺诈和滥用行为的模式，并提高调查和起诉复杂医疗欺诈案件的效率。司法部和卫生与公共服务部已经扩大了数据共享范围并改进了信息共享程序，以便将关键数据和信息送到执法部门手中，追踪欺诈和滥用的模式，提高调查和起诉复杂的医疗欺诈案件的效率。这种扩大的数据共享使司法部和卫生与公共服务部能够有效地识别和锁定系统中最坏的行为者。这两个部门建立了一个跨政府的医疗欺诈数据情报共享工作组，以分享欺诈趋势、新举措、新想法和成功案例，提高对医疗欺诈相关问题的认识。

二、美国医疗保险欺诈与反欺诈形势、典型案例与工作成效

（一）美国医疗保险欺诈形势与典型案例

本书对 2014—2022 年医疗保险欺诈和滥用控制项目报告中的医疗保险欺诈案件进行统计（表 2-2-1），根据欺诈涉及的领域将其分为医疗服务欺诈、护理服务欺诈、患者或其他个人欺诈、医疗药品与设备欺诈、政府部门欺诈、救护车运输服务欺诈和实验室检测与基因检测欺诈七类。[1] 2014—2022 年医疗保险欺诈和滥用控制

---

[1] 医疗服务欺诈包括与医生、医院和诊所提供的服务、精神健康和心理咨询服务、康复治疗服务等有关的医保欺诈案件；护理服务欺诈包括家庭护理、老年护理、临终关怀护理等欺诈案件；患者或其他个人欺诈是指欺诈者的身份是患者或者普通个人；医疗药品与设备欺诈包括处方药与阿片类药物欺诈、药房或制药公司欺诈、耐用医疗设备或医疗器械公司欺诈等；政府部门欺诈指欺诈者的身份是美国政府部门及其工作人员；救护车运输服务欺诈是指欺诈者的身份是救护车和运输服务公司的所有人；实验室检测与基因检测欺诈包括各种实验室检测、基因检测、RPP 检测与 COVID-19 检测等相关欺诈案件。

项目公布的各类医疗保险欺诈案件占比如图2-2-1所示。[1]

表 2-2-1　2014—2022 年医疗保险欺诈和滥用控制
各类医疗保险欺诈案件数　　　　（单位：起）

年份	医疗服务欺诈	护理服务欺诈	患者或其他个人欺诈	医疗药品与设备欺诈	政府部门欺诈	救护车运输服务欺诈	实验室检测与基因检测欺诈	总计
2014	50	10	2	29	1	6	0	98
2015	42	21	2	25	1	4	2	97
2016	31	23	1	24	0	3	5	87
2017	32	14	5	18	0	4	3	76
2018	25	11	5	22	1	5	2	71
2019	37	13	4	33	1	3	4	95
2020	15	5	0	24	2	1	8	55
2021	18	11	1	30	0	1	5	66
2022	20	7	3	31	0	0	10	71
总计	270	115	23	236	6	27	39	716

数据来源：根据2014—2022年医疗保险欺诈和滥用控制年报整理。

结合图表可以发现，医疗保险欺诈和滥用控制项目公布的医保欺诈案件总数大致呈下降趋势，2019年是一个特殊节点，这一年医疗保险欺诈打击部队的活动范围持续扩大，导致处理的医疗服务欺诈、护理服务欺诈、医疗药品与设备欺诈、实验室与基因检测欺

---

[1] 本书仅对2014—2022年医疗保险欺诈和滥用控制项目公布的欺诈案例进行统计，数据可能会因笔者对医疗保险欺诈案件类别划分的主观因素而存在偏差。

诈的数据明显增加。相较于2019年，2020年公布的各类医保欺诈案件明显减少，只有实验室检测与基因检测相关欺诈数量上升，这是受到新型冠状病毒感染疫情的影响，2020年以来各种利用新型冠状病毒感染疫情的医保欺诈计划开始出现。从图2-2-1可以看出，2014—2022年在医疗保险欺诈和滥用控制项目公布的医保欺诈案件中，医疗服务欺诈、医疗药品与设备欺诈、护理服务欺诈是医保欺诈案件多发领域，分别占38%、33%和16%。

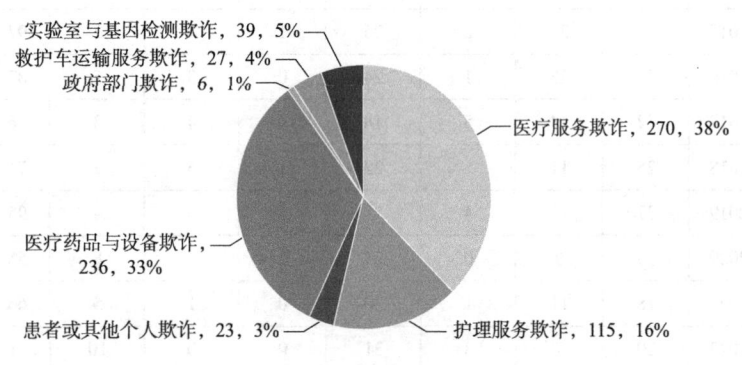

图2-2-1 2014—2022年医疗保险欺诈和滥用控制公布的各类医保欺诈案件占比

表2-2-2是近几年医疗保险欺诈和滥用控制年报中公布的美国医保欺诈典型案例。

综合以上案例可以发现，美国医保欺诈的方式与手段层出不穷，涉及的领域也在不断扩展，令人防不胜防。新型冠状病毒感染疫情暴发以来，与疫情相关的医保欺诈也随之而来。例如，在2022年4月美国司法部宣布的几起案件中，被告涉嫌提供新型冠状病毒感染检测以诱使患者提供其个人识别信息、唾液或血液样本，然后使用这些信息和样本向 Medicare 提交虚假和欺诈性的索赔。❶ 医疗保险欺诈和滥用控制项目在打击新冠疫情相关医保欺诈案件执法工作的基础上，总结了 4 种较为常见的欺诈类型，即额外的、不必要的服务，不必要的实验室检测，不必要的保健技术计划及欺诈性地获得新型冠状病毒感染医疗救助基金。面对纠缠不休的医保欺诈，医疗保险欺诈和滥用控制项目开展了多次大规模的全国性执法行动来尽力减少医保资金的损失。

表 2-2-2　美国医保欺诈典型案例

序号	类型	案件概述
1	医疗服务欺诈	2019 年 10 月，肯塔基州路易斯维尔的犹太医院和圣玛丽医疗保健公司（统称犹太医院）同意支付超过 1 010 万美元以解决基于《美国虚假申报法》的民事指控。政府称，犹太医院向联邦医疗保险提交的处方药索赔不符合联邦医疗保险的要求，包括需要有详细的书面订单来确定医疗必要性，确认补货是合理和必要的，并记录药物的实际交付。犹太医院以免费血糖检测用品和免除胰岛素共付额和自付额的形式向医疗保险受益人提供不正当报酬，这违反了《美国反回扣法》

---

❶ U. S. Department of Justice, Office of Public Affairs. Justice Department Announces Nationwide Coordinated Law Enforcement Action to Combat Health Care-Related COVID-19 Fraud[EB/OL]. (2022-04-20)[2022-10-10]. https://www.justice.gov/opa/pr/justice-department-announces-nationwide-coordinated-law-enforcement-action-combat-health-care.

续表

序号	类型	案件概述
2	护理服务欺诈	2020年11月和2021年初,四名被告因在佛罗里达州南区发生的8040万美元的家庭护理欺诈、电信欺诈和洗钱计划中的角色而被判刑。这些人经营着三家虚假的家庭护理机构,从未护理过一个患者,但向医疗保险开出超过8000万美元的欺诈性索赔,其中他们获得了约5000万美元。他们通过几十家空壳公司对所得款项进行洗钱,通过要求家庭护理机构和空壳公司的被提名人在其参与的计划结束后永久逃往美国管辖范围之外的古巴,从而多年来逃避了执法部门的检查
3	患者或其他个人欺诈	2020年10月,一家电话营销公司的老板因涉及医疗上不必要的耐用医疗设备和癌症基因检测的非法回扣计划而被判犯有一项共谋支付和收受回扣罪,Medicare为此支付了至少2020万美元,其中690万美元用于支付被收受回扣的正畸支架。2021年9月,该公司所有人被判处36个月监禁
4	医疗药品与设备欺诈	2019年12月,位于加利福尼亚州圣地亚哥的耐用医疗设备制造商瑞思迈公司同意支付超过3750万美元,以解决对其向耐用医疗设备供应商、睡眠实验室和其他医疗机构支付回扣的民事指控。和解协议解决了以下指控:瑞思迈向耐用医疗设备公司提供免费的患者拓展服务,使这些公司能够为他们的睡眠呼吸暂停患者订购补给品;向睡眠实验室提供免费和低于成本的气道正压面罩和诊断机,以及免费安装这些机器;安排耐用医疗设备供应商从第三方金融机构购买瑞思迈设备的无息贷款,并为其到期付款提供全部担保;以及向非睡眠专家的医生免费提供家用睡眠测试设备。在和解过程中,瑞思迈公司与卫生与公共服务部监察长办公室签订了一份《企业诚信协议》

续表

序号	类型	案件概述
5	政府部门欺诈	2019年11月，路易斯安那州卫生局同意支付1 350万美元，以解决因路易斯安那州卫生局提交虚假和夸大的长期养老院和临终关怀医疗补助申请而受到的民事指控。指控称，为了在路易斯安那州医疗补助付款中获得更高的联邦份额百分比，路易斯安那州卫生局在医疗服务提供者向路易斯安那州提交任何疗养院和临终关怀服务索赔之前，即于2010年12月、2011年3月、2011年6月和2013年9月欺诈性地促使其医疗承包商Molina Medical Solutions准备、提交和支付这些服务的索赔。为解决该问题，路易斯安那州卫生局与卫生与公共服务部监察长办公室签订了州机构合规协议
6	救护车运输服务欺诈	2020年12月，纽约一家救护车公司的所有人被判入狱24个月，缓刑24个月，并被勒令赔偿10 650 670美元。该公司所有人承认一项共谋提供和支付医疗回扣的罪名，以及一项共谋欺骗国内税收署合法职能的罪名。该公司所有人向未加入医疗补助计划的同谋公司支付了860多万美元的回扣，用于转介这些同谋公司招募的受益人，以便救护车公司可以虚假地向医疗补助计划收费，就好像公司将这些受益人运送到了布鲁克林和皇后区的多家诊所一样。被告随后向美国国税局谎报非法回扣付款是合法的商业支出，从而少报商业收入并申请虚假扣除
7	实验室检测与基因检测欺诈	2019年9月27日，在有史以来被指控的最大的医疗保险欺诈计划之一中，涉及癌症遗传测试欺诈的35人被起诉，涉案金额超过21亿美元。该计划涉及癌症基因检测实验室支付非法回扣和贿赂，以换取与欺诈性远程医疗公司合作的医疗专业人员介绍医疗保险受益人进行医学上不必要的癌症基因检测。被指控的人中有10名医疗专业人士，包括9名医生。在这一努力的同时，医疗保险和医疗补助服务中心的项目诚信中心宣布对癌症基因测试公司和医疗专业人士采取不利的行政措施

(二) 医疗保险欺诈和滥用控制项目反欺诈工作的成效

医疗保险欺诈和滥用控制项目在反欺诈工作方面取得了两个最直接且可量化的成果：一是实现了资金收益的增长；二是成功识别并处理了一定数量的医疗保险欺诈案件。

医疗保险欺诈和滥用控制项目自成立以来，在打击医保欺诈和滥用方面发挥了重要作用，有效减少了美国医保资金的损失。投资回报率（ROI）是衡量反欺诈成效的一个重要指标，由于每年的投资回报率会因当年和解或裁决案件的数量和类型而有所不同，因此美国司法部和卫生部对报告中的结果使用三年的滚动平均投资回报率。在2019—2021年，医疗保险欺诈和滥用控制项目的投资回报率是4∶1，即投入1美元有4美元的回报；2020—2022年的投资回报率则下降为2.9∶1。2011—2022年医疗保险欺诈和滥用控制报告中显示的投资回报率变化趋势如图2-2-2所示，2013年报告的投资回报率（即2011—2013年平均投资回报率）最高。然而近年来这一指标却呈现出逐渐下滑的趋势。这背后可能涉及多种复杂因素的影响，其中尤为显著的是新型冠状病毒感染所带来的广泛冲击。由于新型冠状病毒感染疫情的蔓延，美国众多法院不得不暂时关闭，导致刑事和民事执法活动受到严重干扰或减缓，同时其他卫生保健中心的活动也受到了不同程度的影响。

值得注意的是，投资回报率并不能反映出该项目成果的全部影响。投资回报率的计算依赖于实际的追偿和收款，并不代表防止未来欺诈性付款的效果。反欺诈的民事和刑事执法可以避免未来的损失，医疗保险欺诈和滥用控制项目的种种监管措施已经产生了警戒作用，有效阻止了未来的不良行为者欺骗Medicaid、

Medicare 和其他联邦保健福利计划。而且医疗保险欺诈和滥用控制项目开展的一系列医疗保险欺诈与反欺诈宣传教育活动使群众的反欺诈意识得到了提升，得到了群众对医疗保险反欺诈工作的支持与协助。

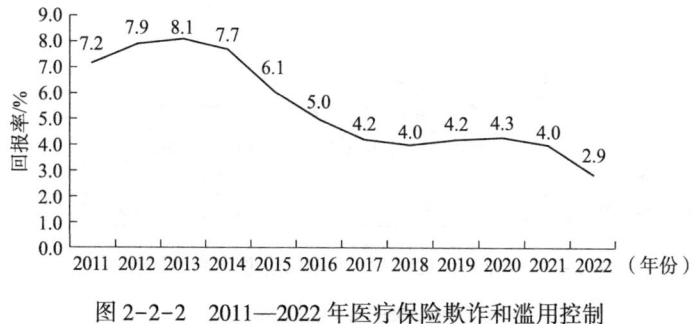

图 2-2-2　2011—2022 年医疗保险欺诈和滥用控制项目投资回报率变化趋势

除了投资回报率，还可以观察每年医疗保险欺诈和滥用控制项目在反欺诈执法过程中追回的资金收益。以 2022 年为例，联邦政府在反欺诈执法工作中追回了近 17 亿美元的资金，医疗保险信托基金收到了大约 12 亿美元的转拨资金，将近 1.261 亿美元的联邦医疗补助资金也同样转拨到医疗照顾与医疗救助服务中心。2014—2022 年，医疗保险欺诈和滥用控制项目共追回 242 亿美元（图 2-2-3）。

医疗保险欺诈和滥用控制项目历年识别及处理的医疗保险欺诈案件数如表 2-2-3 所示。2022 年，美国卫生和公共服务部参与调查了 661 件刑事案件，726 件民事案件，取消了 2 332 名个人和实体参与医疗保险、医疗补助和其他联邦医疗保健项目的资格；美国司法部新启动了 809 项刑事医疗保险欺诈调查和 774 项民事医疗保险欺诈调查，全年共有477名被告被判犯有与医疗保险欺诈有关的罪行。

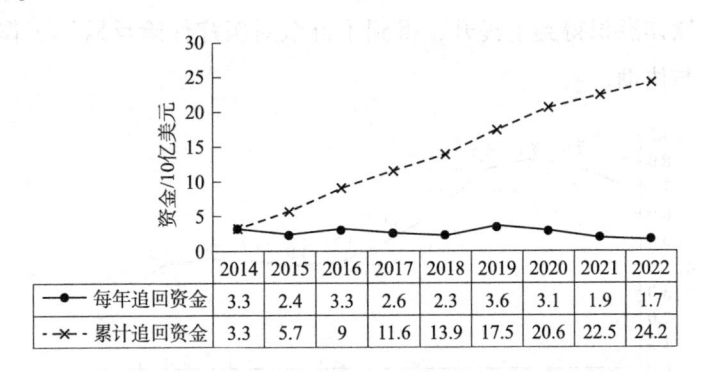

	2014	2015	2016	2017	2018	2019	2020	2021	2022
每年追回资金	3.3	2.4	3.3	2.6	2.3	3.6	3.1	1.9	1.7
累计追回资金	3.3	5.7	9	11.6	13.9	17.5	20.6	22.5	24.2

图 2-2-3 2014—2022 年医疗保险欺诈和滥用控制项目反欺诈追回资金

三、美国医疗保险欺诈和滥用控制项目反欺诈特点

（一）系统、完善的法律支持

美国的医疗保险反欺诈法律体系十分完善，包括刑法和民法、普通法和专门法以及行政法规，在联邦层面和州层面都制定了相应的反欺诈法律。全面而系统的反欺诈法律体系为医疗保险欺诈和滥用控制项目提供了强有力的法律支撑，为医疗保险欺诈和滥用控制项目成立、运行、工作流程到资金流转各方面的工作提供了基本遵循，促进反欺诈执法工作的有序、高效进行。

表 2-2-3　2014—2022 年美国医疗保险反欺诈成果

年份	卫生与公共服务部调查的案件			司法部处理的案件			追回资金/10亿美元
	刑事案件/件	民事案件/件	取消资格/名	刑事医疗保险欺诈调查/项	定罪被告/名	民事医疗保险欺诈调查/项	
2014	867	529	4 017	924	734	782	3.3
2015	800	667	4 112	983	613	808	2.4
2016	765	690	3 635	975	658	930	3.3
2017	788	818	3 244	967	639	948	2.6
2018	679	795	2 712	1 139	497	918	2.3
2019	747	684	2 640	1 060	528	1 112	3.6
2020	578	781	2 148	1 148	440	1 079	3.1
2021	504	669	1 689	831	312	805	1.9
2022	661	726	2 332	809	477	774	1.7

数据来源：根据 2014—2022 年医疗保险欺诈和滥用控制年报整理。

（二）建立了专门的反欺诈机构

为了应对不断变化的医疗保险欺诈，美国联邦政府和州政府成立了不同的反欺诈机构。主要政府机构有司法部、卫生与公共服务部及联邦调查局等执法机构，它们各司其职，互相配合，共同打击医保欺诈行为。此外，还组建了许多反欺诈专门小组，如医疗保险欺诈打击部队、阿片类药物欺诈和滥用侦查小组、医疗保险欺诈预防和执法行动小组等。这些反欺诈小组针对不同地区、不同阶段和不同类型的医疗保险欺诈，侧重点有所区分，分工明确，监管的专业性更强。

(三) 引入政府购买服务，积极发动社会力量参与医保基金监管

医保基金监管有很强的专业性，需要医保机构、医（药）专家、法律专家、信息技术专业人才和财务会计专业人士的积极参与，来有效弥补行政监管的不足。从医疗保险欺诈和滥用控制项目运营来看，美国联邦政府积极引入了社会力量，通过政府购买服务的方式，引入信息技术服务机构、会计师事务所、商业保险机构参与打击医疗领域的欺诈骗保，以协议的方式确立政府与第三方的"委托—代理"关系，将专业技术工作交由符合条件的第三方机构承担，并根据其服务数量和质量向其支付费用。这种政府购买服务的方式积极引入了第三方监管力量，有效弥补了政府专业性的不足，进一步完善和强化了政府监管和社会监督。

(四) 开发了全世界范围最广的医保欺诈数据库

随着社会经济的发展，医疗行业的变化可谓是日新月异，人们的诊疗方式与健康观念都随着医疗技术的更新而不断变化，医疗保险行业的情况日益复杂。这给医疗保险监管增加了许多不确定性。由于各地医疗保险欺诈的主体、内容与方式不断变更，涉及的范围不断扩大，医疗保险欺诈和滥用控制项目建立了全世界范围最广的医保欺诈数据库，时刻关注美国医疗保险欺诈的最新动态，针对新出现的医疗保险欺诈行为的特点，制定专门的反欺诈方针，及时调整与完善原有的反欺诈措施，通过引进新的技术和理念来更新自己的反欺诈手段。

第三章

英国医保基金监管法律制度研究

第一节 英国医疗保障制度

英国是国家卫生服务模式的典型国家。英国国家医疗服务体系是在第二次世界大战后出现的,并于1948年7月5日开始运作。[1] 英国政府是国家医疗服务体系责任主体,通过法律保障全体公民平等享有卫生服务。英国国家医疗服务体系由初级卫生保健服务、社区服务和专科服务三个部分组成,其中初级卫生保健服务由全科医生提供,社区服务由当地政府组织提供,专科服务由公立医院提供。[2]

---

[1] KONSTANTINA G, PETER G B, JANE B. Overview of Healthcare in the UK[J]. Epma journal, 2010, 1(04): 529-534.
[2] 杨杰,刘兰秋,李晶华.部分国家卫生基本法研究[M].北京:法律出版社,2017:94.

一、英国国家医疗服务体系筹资与待遇支付

英国国家医疗服务体系资金主要来自税收,少部分来自国家保险缴费[1],极少部分来自个人支付。国家医疗服务体系对患者收费获得收入主要是通过处方收费和牙科收费。此外,《英国国家卫生服务法》第 222 条赋予除地方卫生局以外的任何国家医疗服务体系机构筹集资金的权力,这些机构可以为提供或改进卫生服务而开展鼓励捐赠资金或其他财产的活动,包括公开募捐、义卖、农产品或其他商品的销售等其他类似活动。[2]

英国公民和常住居民有权在国家医疗服务体系接受免费医疗服务。多数其他国家留学生和非英国公民,需要在办理申请超过 6 个月的长期签证时缴纳移民医疗附加费(Immigration Health Surcharge)才有资格获得国家医疗服务体系的服务,该费用以年为单位计算,在申请签证时缴纳该费用就不必额外纳税,即可以在英国享受免费医疗和预约社区全科医生。所有合法英国公民可以在国家医疗服务体系获得医疗保健服务,包括初级照护、住院治疗、长期护理、眼科和牙科的服务等,其中大部分项目是免费的,但是牙科和眼科例外,牙科的补牙、根管治疗、牙冠、假牙、X 线检查等项

---

[1] 英国国家医疗服务体系的资金有一部分来源于国民保险收入,即从生育、残障和死亡保险缴费中先扣除一小部分分配给英国国家医疗服务体系专用。然而,根据 1992 年《英国社会保障管理法》,一旦国民保险收入进入国民保险基金,则专用于国民保险保障,不再分配给国家医疗服务体系。参见黄清华. 英国卫生体系基本法研究[J]. 法治研究,2012(08):46-59.

[2] National Health Service Act 2006,Section 222.

目,以及眼科检查、验光配镜等需要自付。

二、英国国家医疗服务体系管理系统

英国国家医疗服务体系通常被描述为一个"指挥和控制"系统,其预算和战略政策由英国政府和卫生部集中制定,并由拥有授权的国家医疗服务体系组织在当地进行管理,但直接对卫生部负责。1948年以来,英国中央控制和地方自治之间的平衡随着历届政府的更迭而变化,现在还包括北爱尔兰、苏格兰和威尔士地方政府之间的多样性。英国国家医疗服务体系既体现了分权政治体制之间的多样性,也体现了整个英国的统一性。[1]

英格兰的医疗保健和卫生政策由中央政府负责,而苏格兰、威尔士和北爱尔兰的医疗保健和卫生政策则由各自的地方政府负责。根据《英国国家卫生服务法》,国家医疗服务体系设立的卫生管理机构为国民保健署、综合护理委员会、国家医疗服务体系信托机构、国家医疗服务体系信托基金会等。国民保健署是国家医疗服务体系中的关键组织,负责英格兰地区的战略领导、整体规划和资金分配。综合护理委员会[2]作为地方层面的管理机构,负责在各自的区域内规划、管理和整合医疗服务。综合护理委员会与当地的卫生和社会护理部门、地方当局、患者代表及其他利益相关者紧密合作,共同制定和实施地方健康计划,以满足当地居民的实际需求。

---

[1] STEPHEN P. Accountability in the UK Healthcare System: An Overview [J]. Healthcare policy, 2014, 10(SP): 154.

[2] 综合护理委员会是国家医疗服务体系中的新管理机构,在2023年4月1日正式取代了之前的临床委任组。

国家医疗服务体系信托机构和国家医疗服务体系信托基金会是英国国民医疗服务体系中的两种公立医院组织形式，它们各自具有特定的职能和特点，同时也存在一定的关系。国家医疗服务体系信托机构是由英国卫生部直接管理的公立医院组织，它们负责提供一系列医疗服务，包括基础医疗、紧急救援、长期护理等。国家医疗服务体系信托机构的财务状况需要保持平衡，每年都需要对医院的财政收支进行审计和监管。而国家医疗服务体系信托基金会则是一种更为自治的公立医院形式，它们不再由英国卫生部直接管理，而是由各地方的居民自主决定医院的运营模式。这些医院设有自己的管理层，由所在地区的居民选举产生。在财务方面，国家医疗服务体系信托基金会可以保留自身的盈余，无须每年保证收支平衡，只要债务水平符合监管机构的相关规定即可。

第二节　英国国家医疗服务体系监管立法体系

英国属于君主立宪制的单一制国家，立法权相对集中于议会。英国法律层级主要分为基本法（也称主要法律）和二级法律两类。基本法律包括三种形式：议会法、皇家特权颁发的枢密令、英格兰教会措施；二级法律也叫授权法（delegated legislation）或者次级法（subordinate legislation），是由基本法授权的行政部门制定的，给予行政部门权力来实施和管理基本法的要求。[1] 英国有三个独特的法

---

[1] 杨杰,刘兰秋,李晶华.部分国家卫生基本法研究[M].北京:法律出版社,2017:103.

律体系：英国法律（English law）、北爱尔兰法律（Northern Ireland law）和苏格兰法律（Scots law）。英国法律适用于英格兰和威尔士。本书主要考察了适用于英格兰和威尔士地区的国家医疗服务体系立法。

英国国家医疗服务体系在法制化的轨道上推进各项改革措施，即国家医疗服务体系任何重要政策的颁布、内部结构体系的调整，都会有后续立法予以固定和完善。1946年《英国国家卫生服务法》的颁布，标志着英国国家医疗服务体系的建立，它详细描述了国家医疗服务体系的结构及运作机制，此后被不断修改、补充和完善。在演进过程中，立法者始终围绕国家医疗服务与时俱进的目标和功能，将与国家医疗服务相关的公共卫生、药品、社会服务和保障等方面的基本内容，逐步纳入该法调整范围。《英国国家卫生服务法》作为英国医疗卫生体系的基本立法，为医疗卫生领域其他法律、法规的运作提供了一个框架、系统、基础和前提。❶ 2012年英国颁布《英国健康和社会保健法》，以法律的形式制定和实施大量国家医疗服务体系新的改革举措，是英国国家医疗服务体系最为全面的一次改革，构成了已有英国医疗卫生制度的主体和基础。❷ 2022年《英国健康和保健法》继承了2012年《英国健康和社会保健法》的一些基本原则，如强化地方自主性和中央监管，并在此基础上进行了更为全面和细致的改革，进一步推动了医疗服务的整合与协调。

---

❶ 黄清华.英国卫生体系基本法研究[J].法治研究,2012(08):46-59.
❷ 陈云良,陈佳苗.英国2012年《卫生和社会护理法案》研究[J].法学杂志,2018,39(06):56-67.

一、英国国家医疗服务体系监管立法的主要内容

在英国,对国家医疗服务体系资金监管并没有单独的一部法案进行详尽的阐述。英国国家医疗服务体系的资金管理主要受到多个法案、政策及政府指导原则的共同影响和规范,如《英国国家卫生服务法》的第十章"保护国家医疗服务体系免于欺诈和其他不合法的行为"和第十一章"财产和财务",对国家医疗服务体系筹资、信托、财产转移和反欺诈等作出了规定。此外,英国将反医疗保险欺诈归于完整的社会保障法律体系下,《英国社会保障法》《英国社会保障管理法》《英国反欺诈法》等法案共同对国家医疗服务体系反欺诈工作提供了法律依据。详细内容参见总报告第一章英国部分。

二、英国国家医疗服务体系监管立法的特点

(一)立法完善,范围宽泛,内容丰富

英国将反医保欺诈归于完整的社会保障法律体系下。英国多年来不断修订和完善《英国社会保障法》《英国社会保障管理法》《英国反欺诈法》等一系列相关立法,对社会保险反欺诈进行了全面而细致的规定。对医疗保险欺诈行为的法律规制既有刑法和民法以及行政法规,也有普通法和专门法,形成了相当系统和完善的社会保障反欺诈法律规制体系。此外,立法所涉及的范围也很宽泛,涵盖社会保险欺诈信息提供及共享机制、社会保险反欺诈的监管、调查及处罚制度、申领人欺诈预防和检验措施以及社会保险反欺诈

机关之间的权责分工与相互协调机制,还有合格披露的举报人保护制度,丰富的规制内容使各部门的反欺诈执法活动拥有强有力的法律支持,在整个监管过程中都能做到有法可依。

(二) 法律规定具体明确,具备很强的操作性

《英国社会保障管理法》《英国反欺诈法》等对保险欺诈罪的定义、社会保险欺诈信息交换、建立强有力的反欺诈机构进行了明确规定;《英国公共利益披露法》对那些因作出了合法的欺诈举报、披露行为而受到不公正对待的企业雇员建立立法保护,防止受到迫害和被解雇。❶ 这些法律法规对于信息交换与共享、举报人保护等具体制度的规定都很明确,具有很强的操作性。

(三) 立法改革体现出一定的分散性与多元化规制趋势

近年来,英国国家医疗服务体系改革立法着重于将权力下放给地方层面的医疗机构,同时加强了中央政府对医疗服务质量和资金使用的监管。英国通过《英国国家卫生服务法》在1948年建立了国家医疗服务体系,通过一般税收为国民提供免费医疗服务。此后,英国通过一次次立法改革对这一体系进行重组和调整,同时与行政治理方式相结合。英国通过立法,不断把涉及国家医疗服务体系的相关人员纳入法定责任范围。例如,英国在国家医疗服务体系中引入质量规制,使医疗服务提供者的质量责任成为法定责任。

英国的立法改革也体现了一定的分散性。英国的医疗服务体系在网络化的治理结构中,政府部门和规制机构承担管理和规制职能,除政府部门和规制机构外,职业规制组织、委托者、提供者的

---

❶ 孙菊,甘银艳.合作治理视角下的医疗保险反欺诈机制:国际经验与启示[J].中国卫生政策研究,2017,10(10):28-34.

董事会也承担部分规制职能。通过一次次的立法改革，规制工具也进一步呈现多元化的趋势。

第三节　英国医保基金监管机构及其职能

英国国家医疗服务体系的治理网络中存在多元角色，包括卫生行政部门、医疗服务规制机构、职业规制组织、医疗服务的购买者、医疗服务的提供者、地方当局的相关机构及患者组织、公众组织等。[1]其中，卫生行政部门和医疗服务规制机构发挥着主导作用，但随着治理网络的出现和治理职能的分散化，职业规制组织、购买者、提供者的作用也日渐凸显，这些不同主体通过互动、协商以实现相应的行政任务。英国国民保健署、综合护理委员会、国家医疗服务体系信托机构、国家医疗服务体系信托基金会、国家医疗服务体系反欺诈管理局等众多机构共同参与国家医疗服务体系的运行和资金的管理。

根据英国国家医疗服务体系标准合同，所有国家医疗服务体系的组织都需要制定反欺诈管理规定。在英国国家医疗服务体系中从事反欺诈工作的人负责预防和发现欺诈、贿赂和腐败。当前主要负责统筹和推进国家医疗服务体系反欺诈工作的是2017年11月根据《国家医疗服务体系反欺诈局（设立、章程和工作人员及其他转移规定）令》设立的国家医疗服务体系反欺诈管理局。

---

[1] 李鸽.英国国民医疗服务体系行政治理研究:制度史的视角[D].上海:上海交通大学,2014:5.

英国国家医疗服务体系反欺诈管理局是英国针对愈演愈烈的欺诈行为而成立的专门机构,其作为卫生部和社会福利部下设的独立部门,在医保基金反欺诈工作中扮演着关键角色。反欺诈管理局处理针对国家医疗服务体系的欺诈和其他经济犯罪的方法以四项原则为指导:告知和参与;预防和阻止;调查、制裁和寻求补救;持续审查并追究责任。[1]

反欺诈管理局的主要职能包括:负责制定和修改反欺诈的政策和程序;为合作单位提供信息,以支持其反欺诈工作;对国家医疗服务体系欺诈行为进行定性,明确其性质和严重程度;制定并监督反欺诈工作的标准,确保反欺诈措施的有效实施;构建一个开放的数据库来报告欺诈行为,以提高欺诈行为的发现和处理效率;指导医疗行业进行反欺诈工作,推动整个医疗行业的诚信建设。通过这些职能的履行,反欺诈管理局致力于减少医保欺诈行为的发生,保护医保基金的安全和有效使用,为公众提供更加可靠和高效的医疗服务。同时,反欺诈管理局也与其他社会团体或机构合作,共同推动医保基金反欺诈工作的深入开展。

第四节 英国国家医疗服务体系欺诈类型和典型案例

英国反欺诈管理局制定了《国家医疗服务体系欺诈参考指南》,

---

[1] Anti-Fraud, Bribery and Corruption Policy(2018).

将国家医疗服务体系欺诈分为13个主要欺诈领域（表2-3-1）。

表2-3-1 国家医疗服务体系主要欺诈领域

序号	主要欺诈领域	说明
1	药品承包商欺诈	是指医药承包商伪造或夸大服务，以及串通的行为
2	帮助支付医疗费用（患者的欺诈行为）	与无权享受国家医疗服务系统免费治疗、服务或药物的个人有关，但他们声称可以免于支付处方费、牙科治疗和眼科服务的费用。主要方式有逃避处方费、牙科费用逃逸和滥用眼镜券
3	采购和委托欺诈	涉及采购和委托过程中投标前阶段的串通、贿赂和腐败指控，还涉及投标后阶段的虚假、故意夸大或重复的发票
4	国家医疗服务体系工作人员欺诈	欺诈行为主要体现为：不诚实地提交虚假的费用报销和津贴申请；伪造加班记录或虚构额外付款信息；在病假期间或工作时间内，私自为其他组织提供服务；以及个人通过谎报自身资质、技能或经验，或提供伪造的身份文件，来谋取或试图在NHS内部获得就业机会等
5	国家费率和绩效数据的操纵	这一欺诈行为涉及故意伪造数据和按结果付费（Payment by Result）系统
6	全科医生欺诈	包括全科医生对与患者护理无关的津贴、报销、开支或补助的虚假要求，普通诊所的非法开药，医疗服务提供者为了吸引更多的资金，故意虚报患者名单上的人数和人口统计资料等
7	欧洲健康保险卡欺诈	这类欺诈的主要类型是虚假申请和虚假使用

续表

序号	主要欺诈领域	说明
8	光学承包商欺诈	光学承包商(验光师)就向患者提供的一系列服务向国家医疗服务体系提交欺诈性索赔。例如,光学承包商就患者已经支付的服务或者未接受的服务提出索赔,在临床建议之外提前为患者进行重新测试,要求患者在不需要新眼镜的情况下配戴新眼镜等
9	牙科承包商欺诈	牙科承包商(牙医)就向患者提供的一系列服务向国家医疗服务体系提交欺诈性索赔。例如,牙科承包商就患者未接受的服务提出索赔,分割治疗过程,为不存在的患者提出索赔或进行不必要的治疗等
10	国家医疗服务体系护理欺诈	欺诈性获取国家医疗服务体系医疗服务涉及外国公民获得他们无权获得的免费医疗服务
11	国家医疗服务体系养老金欺诈	国家医疗服务体系养老金欺诈与个人伪造自己的情况或未向养老金管理部门通知其情况的重大变化有关
12	国家医疗服务体系学生助学金欺诈	国家医疗服务体系学生助学金计划欺诈行为涉及虚假申请或使用虚假文件来支持助学金申请、其他国家医疗服务系统资助的培训或财务支持流
13	针对国家医疗服务体系决议的欺诈	针对国家医疗服务体系决议的欺诈行为涉及欺诈性事故、第三方责任计划下的保险索赔或临床疏忽

案例1 药品承包商欺诈[1]

2019年10月,位于南威尔士的一家连锁药店的负责人因故意

---

[1] NHS Counter Fraud Authority. Pharmacist, director of pharmacy chain jailed for £76 000 NHS fraud [EB/OL]. (2019-10-22) [2024-10-17]. https://cfa.nhs.uk/about-nhscfa/latest-news/director-of-pharmacy-chain-jailed-for-76K-fraud.

在一家分店对国家医疗服务体系虚报药品价格,被判入狱16个月。涉案的药剂师迈克尔·劳埃德(Michael Lloyd)多次向国家医疗服务体系提交虚假的付款申请,谎称自己向患者发放了比实际发放的更昂贵的药品。

迈克尔·劳埃德是兰哈兰药房有限公司(Llanharan Pharmacy Ltd)的联席董事,该公司在东南威尔士地区拥有五家药店。迈克尔·劳埃德负责接收和处理坎姆·塔夫·摩根格威格大学健康委员会(CTMUHB)地区国家医疗服务体系患者开具的处方。调查发现,迈克尔·劳埃德多次虚假声称向患者发放了液体形式的药品,而患者实际收到的却是片剂(液体药品的成本明显高于片剂)。迈克尔·劳埃德有时会对处方单进行修改,划掉原有的记录,谎称发放了价格更贵的药品,如液体制剂、可溶片或分散片。调查人员将涉案药店提交的处方单与计算机系统进行比对分析,证实迈克尔·劳埃德虚报了超过1 500张处方单,给国家医疗服务体系造成了共计76 475英镑的损失。

案例2 前全科医生滥用职权欺诈❶

2024年3月,前全科医生业务经理克莱尔·博兰(Clare Boland)被斯旺西刑事法院判处3年监禁,原因是她为了自己的个人利益,从诊所窃取了324 000英镑。克莱尔·博兰自2009年起一直在塔尔博特的费尔菲尔德全科医生诊所工作,负责日常的财务操作,包括工资发放、临时医生和供应商的付款等。然而,她利用自己的职务之便,盗用了高达324 000英镑的资金。这个欺诈行为在

---

❶ NHS Counter Fraud Authority. Fraudster sentenced at Swansea Crown Court [EB/OL]. (2024-03-08) [2024-10-17]. https://cfa.nhs.uk/about-nhscfa/latest-news/fraudster-sentenced-at-swansea-crown-court.

2022年被发现,当时一些财务文件显示,有一笔款项支付给了已经多年未在该诊所工作的临时医生。这一异常情况引起了诊所高级合伙人的注意,他们将此事报告给了南威尔士警方。警方随后将案件转交给了国家医疗服务体系威尔士反欺诈服务部门进行调查。经过调查,发现被盗的资金已被转入她的账户并被消费。这一行为严重违反了国家医疗服务体系的财务规定和职业道德,对国家医疗服务体系的声誉和财务状况造成了负面影响。克莱尔·博兰在2023年12月承认自己犯了滥用职权欺诈罪。

案例3 前国家医疗服务体系员工滥用职权欺诈❶

2023年8月,国家医疗服务体系哈罗临床委托组的高级经理托马斯·埃尔里克(Thomas Elrick)在南华克皇家法院被判刑3年8个月。托马斯·埃尔里克承认了滥用职权进行欺诈的指控。

托马斯·埃尔里克于2017年4月至2020年12月期间在哈罗临床委托组担任计划和非计划护理助理管理主任。在临床委托组工作期间,托马斯·埃尔里克负责管理一支团队并负有预算责任。他有权并批准签署价值高达50 000英镑的发票。2018年8月至2020年12月,他授权并批准了一家名为"安德烈之树疗法服务有限公司"(Tree of Andre Therapy Services Limited)提交给哈罗临床委托组的发票,总金额为564 484.80英镑。这些款项被支付到了他个人注册的银行账户。他是所有提交发票的唯一审批人,而该公司并没有为临床委托组提供任何服务或开展任何工作。为了掩盖欺诈行为,

---

❶ NHS Counter Fraud Authority. Senior Manager sentenced [EB/OL]. (2023-08-31)[2024-10-17]. https://cfa.nhs.uk/about-nhscfa/latest-news/senior-manager-sentenced.

托马斯·埃尔里克于2020年6月发送了一封假冒安德烈之树疗法服务有限公司名义的电子邮件给国家医疗服务体系哈罗临床委托组，提供了经过匿名处理的患者信息，显示已提供护理服务，并列出了相关的全科诊所。这封电子邮件是从托马斯·埃尔里克已故妻子的邮箱地址发送的。托马斯·埃尔里克承认安德烈之树疗法服务有限公司是他与哈罗临床委托组签订合同几个月后设立的一家空壳公司。他确认哈罗临床委托组支付的款项汇入了他的银行账户。

案例4 医院顾问提交虚假考勤表欺诈[1]

2024年1月，一名医院顾问兼知名社交媒体影响者在金斯顿皇家法院被判处24个月缓刑。基法亚特·乌拉博士（Dr Kifayat Ullah）于2023年12月承认，在担任金斯顿医院国家医疗服务体系基金会信托机构临时医生期间，通过提交虚假考勤表，骗取国家医疗服务体系超过5万英镑。当地反欺诈专家与国家医疗服务体系反欺诈管理局欺诈中心合作，在信托机构进行审计发现记录中的差异后，揭露了基法亚特·乌拉博士的犯罪行为。调查发现，基法亚特·乌拉博士向代理机构提交了29份伪造的考勤表，声称自己全职工作，并据此获得了相应的报酬。有些考勤表是在真实授权签名后修改的，有些则是他自己编造并伪造或复制签名的。揭示了欺诈行为的全部规模后，相关文件被提交给了皇家检察署。皇家检察署同意，根据1981年《英国伪造和假冒法》，现有证据足以指控基法亚特·乌拉博士制作虚假文件并意图使其被视为真实的罪名。

---

[1] NHS Counter Fraud Authority. Hospital consultant sentenced after forging timesheets[EB/OL]. (2024-01-10)[2024-10-17]. https://cfa.nhs.uk/about-nhscfa/latest-news/hospital-consultant-sentenced.

> 案例5　牙医多次虚假索赔欺诈[1]

2018年9月，斯旺西牙医伊丽莎白·安妮·怀特（Elizabeth Anne White）因国家医疗服务体系欺诈被判处12个月的监禁，缓期12个月。伊丽莎白·安妮·怀特在判刑前偿还了全部款项，还自愿向国家医疗服务体系支付了超过1万英镑的款项，以弥补她的其他错误的索赔。

这名牙医在斯旺西某牙科诊所担任共同所有人时，骗取了阿伯塔威-布罗-摩根那格大学卫生委员会至少24 000英镑。调查发现，她向国家医疗服务体系商业服务局提交了多份虚假的付款申请，故意夸大她实际提供的牙科服务以便从国家医疗服务体系赚取更多的钱。伊丽莎白·安妮·怀特习惯于为实际上是单一疗程的治疗向国家医疗服务体系提出多次索赔，以使她的收入最大化。例如，她会提交一份单独的检查申请，然后再提补牙、牙冠或假牙的申请。调查人员发现，记录上的笔记是提醒她在相关的索赔表上输入虚假的治疗日期。除了这种将单一的国家医疗服务体系治疗分成两个或更多疗程的非法"治疗分割"外，她还为根本没有做过的工作提出虚假的索赔。伊丽莎白·安妮·怀特在2006—2014年为牙科检查和治疗提出了398份牙科活动单位的虚假索赔，其中包括315次通过"治疗分割"提出的多次索赔，以及83次未提供的检查或治疗的虚假索赔。

---

[1] NHS Counter Fraud Authority. Swansea dentist sentenced for NHS fraud [EB/OL]. (2018-09-24)[2024-10-17]. https://cfa.nhs.uk/about-nhscfa/latest-news/swansea-dentist-sentenced-for-nhs-fraud.

第四章

加拿大医保基金监管法律制度研究

第一节　加拿大医疗保险制度形成的历史背景

　　加拿大公共医疗保险制度，即 Canadian Medicare，是一种类型较为特殊的单一付费制国家公费医疗保险体系。与美国不同，天主教中关于"医疗服务应当是免费的"这一认知深深地成为加拿大民众的文化信仰，为其全民医疗保险体系的建立奠定了思想基础。

　　在第一次世界大战期间，加拿大保守党执政的联邦政府强制年轻人服兵役。保守党政府为了避免因征兵危机而传递的政治危机，同意了自由党提出的一些要求以换得自由党的支持——要求之一便是为退伍军人及他们的遗孀和子女提供免费的医疗服务，这也是加拿大第一个由国家资助的健康保险计划。在第二次世界大战开始时，加拿大遇到了一个更为严肃的问题，即很多志愿者在体检后被

第四章 加拿大医保基金监管法律制度研究

认为不适合服役。❶ 这进而引发了人们对政府应当承担何种责任与扮演何种角色的反思。于是，当时的加拿大总理威廉·里昂·麦肯齐·金（William Lyon Mackenzie King）在战争期间开始谈论国家健康保险计划，称这是政府为了感谢那些年里加拿大人民的牺牲所能作出的事情。

与此同时，加拿大各省也开始了建立地方医疗保险的活动。这一时期，以萨斯喀彻温省与阿尔伯塔省为代表，形成了两种对立的医疗保险计划，即前者所建立的公立医院保险计划❷与后者仅为穷人、盲人和单身母亲所提供私人保险补贴计划。❸ 时至今日，两种医疗保险计划背后所反映的思想仍然主宰了当今加拿大医疗保险计划改革的斗争。

在陆续几个地方省政府建立或者开展类似医疗保险制度的建设后，终于在1957年联邦政府通过了《加拿大医院保险和诊断服务法》。截至1961年，当时加拿大所有省份都接受了该法律。根据《加拿大医院保险和诊断服务法》，只有在医院提供的医疗服务才能

---

❶ KURSCHINSKI K. State, Service, and Survival Canada's Great War Disabled[D]. McMaster：McMaster University, 2014：146.

❷ 虽然，在1946年，萨斯喀彻温省是加拿大最穷的地方之一，但是由于农业经济下的社会主义思潮，该省政府在省长汤米·道格拉斯的支持下，推出了第一个全面的医院保险计划，根据该计划，该省的每个男人、女人和儿童都有权获得医生要求的所有医院服务。但是，没有联邦财政援助，这项向所有居民提供所有医疗需要的服务无法实现，直到1962年，在联邦政府推出50%资金资助的政策下，道格拉斯政府于1962年终于在萨斯喀彻温省推行了全面医保，这就是《萨斯喀彻温省医疗保健保险法》。

❸ MARCHILDON G P. Douglas versus Manning：The Ideological Battle over Medicare in Postwar Canada[J]. Journal of Canadian Studies/Revue d'études canadiennes, 2016(50)：129-149.

获得保险覆盖，并有资格获得50%的联邦费用分担。因此，以医院为中心的实践模式在加拿大得到了巩固。这也鼓励了医院的建设，到1971年，加拿大医院的床位数量比美国医院的床位数量多23%，使用医院床位的天数比美国多30%。然而，尽管此时的加拿大全民医院保险为医院提供了费用，但并没有一个制度约束重复医疗服务或者防止效率低下等问题。

1962年，萨斯喀彻温省凭借加拿大联邦1957年《加拿大医院保险和诊断服务法》的全力支持，推行了本省内的全面医保计划，这就是《萨斯喀彻温省医疗保健保险法》。但是该项法案遭到了职业医生的批评与反抗，医生联盟发动了罢工游行。值得注意的是，在加拿大后续医疗保健制度的发展过程中，医生与政府的矛盾一直是存在的，并直接影响了医疗保险资金监管政策。《萨斯喀彻温省医疗保健保险法》的出台与实施，直接促使了加拿大联邦政府着手研究建立一个全民性质的医保计划的可能性。该项研究集中研究12个问题，包括医疗保险的融资方式、对于当时与未来医生与其他医疗服务人员的要求标准及培训方式、医保所带来的预测成本、改善提升医疗服务的方法等。❶ 最后研究成果汇成两卷，统称为1964年《霍尔报告》，其中霍尔为该研究的主持人。在报告中，霍尔认可了萨斯喀彻温省医疗保险计划的做法，并且建议按照萨斯喀彻温省模式，建立一个以单一付款方式购买医疗服务的全民医疗保险计划，

---

❶ Royal Commission on Health Services（1961-1964）[EB/OL]. [2024-10-18]. https://www.canada.ca/en/health-canada/services/health-care-system/commissions-inquiries/federal-commissions-health-care/royal-commission-health-services.html.

分报告篇
第四章 加拿大医保基金监管法律制度研究

同时创建一个"所有加拿大人的健康宪章"[1]。1964年《霍尔报告》直接导致了《加拿大医疗保健法》的出台。[2] 1966年7月12日，时任加拿大国家卫生和福利部部长莱斯特·皮尔逊（Lester B. Pearson）针对该法案陈述道："加拿大政府认为，所有加拿大人都应该能够凭借他们对特定医疗服务的需求而获得（与其相对应的）高质量的医疗服务，而不应取决于他们的支付能力如何。我们认为，唯一切实有效的方法就是通过一个普遍的、预付的、由政府资助的计划来实现。"《加拿大医院保险和诊断服务法》相比，《加拿大医疗保健法》规定，即使医生在医院之外提供医疗服务，地方省政府仍然可以获得联邦政府对于成本的一半的资助。

从20世纪70年代开始，加拿大联邦政府对省级医疗保险计划的资助模式发生了改变。1957—1977年，加拿大联邦政府在支持医疗保健方面的财政贡献被确定为省和地区的保险医院和医生服务支出的一个百分比（最初为50%）。但是到了1977年，根据《联邦—省财政安排和既定计划融资法》，成本分摊被整体基金取代。[3] 这相当于现金支付和"税点"的结合（即联邦政府减少税收，允许各省增加同等数量的税收）。

---

[1] Royal Commission on Health Services（1961-1964）[EB/OL].[2024-10-18]. https://www.canada.ca/en/health-canada/services/health-care-system/commissions-inquiries/federal-commissions-health-care/royal-commission-health-services.html.

[2] MARTIN D, et al. Canada's universal health-care system: Achieving its potential[J]. Lancet, 2018, 391(10131): 1718-1735.

[3] NAYLOR C D, BOOZARY A, ADAMS O. Canadian federal-provincial/territorial funding of universal health care: Fraught history, uncertain future[J]. Canadian medical association journal, 2020, 192(45): E1408-E1412.

在20世纪70年代至80年代，加拿大医生额外收费（extra-billing）的数量增加，直接后果是经济条件较为优越的公民可以通过支付更多报酬从而优先获得所需的医疗服务，而经济条件较差的公民则因为无力支付报酬而不得不丧失获得医疗服务的权利。加拿大联邦政府对此种情况表示担忧，尤其在一些省级政府将额外收费视为补偿医生因为加入省级医疗计划后收入降低的一种手段之后，额外收费变得更加普遍。因此，在1979年，加拿大联邦卫生和福利部要求霍尔再次审查自1964年《霍尔报告》以来加拿大各地推出的有关医疗保险方面的新政策和立法，并判断这些政策和立法在多大程度上实现了1964年《霍尔报告》中所提议的构建加拿大人"健康宪章"的目标。于是，在1980年霍尔又发布了一份题为《1980年加拿大国家—省卫生计划》的报告。在这份报告中，他总结以下两点意见：①医生有权利为其提供的服务获得足够的补偿；②（然而）如果允许医生将额外收费作为一项权利，并由医生自行决定是否实施这项权利，那么随着时间的推移，这一行为最终将会破坏这个计划（指加拿大医疗保障制度）。

1984年，加拿大出台了《加拿大卫生法》[1]，重申了1964年《霍尔报告》所阐述的四个关键原则，即全面性、普遍性、可移植性和公共管理。此外，还增加了第五项原则，即可及性。该法的出台使加拿大医疗体系形成了一个真正稳健并相对完善的医疗保险计划。

---

[1] R. S. C. 1985, c. C-6(CHA).

分报告篇
第四章 加拿大医保基金监管法律制度研究

第二节 《加拿大卫生法》及医疗保险计划概述

《加拿大卫生法》并不是一部提供医疗服务标准及约束的法律，而是一部侧重于联邦政府与地方政府关于医疗保障基金划分的法律。对于服务标准及约束，交给了地方政府自行决定。《加拿大卫生法》的总体效果是要求希望获得加拿大卫生转移支付全部份额的每个省或地区建立一个医疗保健保险计划，该计划需要由一个对省或地区政府负责的公共机构管理。各省的医疗保障计划需要向该省或地区的任何居民提供全面的医疗和医院服务，并且除有限的例外情况外，应当100%支付这些费用。这些明确的例外情况包括，补偿工伤保险下的受伤工人、加拿大军队成员、联邦管辖权下的囚犯或未达到省或地区规定的三个月或更短时间的居住要求的居民。[1]

《加拿大卫生法》明确规定，在加拿大全国范围内，加拿大公民通常有权根据其居住省或地区的法律接受三类医疗服务而不被收取费用：①由医生提供的医疗必需的服务；②由医院提供的医疗必需的服务；③在医院进行的医疗或牙科服务，而该服务是必须在医院提供的。[2] 然而，由于《加拿大卫生法》中确立的"医疗必要性"（与医院服务有关）和"医疗需要"（与医生服务有关）的概念比较模糊，各省与地区对两个概念存在不同的理解与解释，因此

---

[1] Canada Health Act, RSC 1985, c C-6 [CHA] at s 3.
[2] Canada Health Act, RSC 1985, c C-6 [CHA] at s 2.

除以上三项所述的医疗服务外，各省在其他医疗服务能否纳入医疗保健体系上并没有取得共识，这也就是说，各省的医疗保健计划是不同的，这涉及诸如家庭护理、长期护理、大部分牙科护理、处方药等医疗服务种类。同时，各省及地区取决于本省（或本地区）的财政能力，推出本省（或本地区）各自的省级补充医疗保健计划。以处方药为例，很多省份或地区只为特定年龄的人群将处方药纳入医保中，而如果该省或地区政治选举结果同上一期政府相异，很有可能会推翻上一期政府的政策。❶《加拿大卫生法》的另外一种特殊规定是不允许私人医疗保险覆盖公立医疗保险的范围，虽然在魁北克省已经出现了推翻这一制度的判例（此判例并没有取得逆转这一制度的后续影响），但是在剩下大多数地区均以判例支持法律规定的方式维持了这一制度。

这里需要着重强调处方药或者药品的医保制度。众所周知，药品或处方药是现代医学的一个重要组成部分，许多拥有全民医疗体系的国家都颁布了符合本国医疗必需的处方药和药品的全民覆盖药物保障体系，但是加拿大是唯一拥有全民健康保险却不包括处方药的全民保险的发达国家。这是由于在最初制定医疗保险时，各方鉴于经济成本问题无法达成协议，因此不得不搁置该项议题。《霍尔报告》指出，"在面对患者的过度需求、过度开药、过多的重复开药、（以及）缺乏历史性的使用高峰或基准或平均处方价格的情况下，建立一个药品福利计划具有挑战性"，建议将药品福利计划推

---

❶ BRANDT J, SHEARER B, MORGAN S G. Prescription drug coverage in Canada: A review of the economic, policy and political considerations for universal pharmacare[J]. Journal of pharm policy and pract, 2018, 11(28).

迟到药品支出趋于平稳时出台；可是到了后续药品价格趋于平稳时，由于政党立场的固化，使得采纳这项制度变得更加困难。然而加拿大普通民众对于药品福利计划的支持立场是比较坚定的，一项调查显示超过85%的加拿大人适度或强烈支持药保，而且当被问及是否同意或不同意"大多数人通过他们的雇主或他们自己的私人保险获得某种药物保险，所以没有必要为每个人建立一个新的全民计划"时，73%的人不同意这种观点，其中55%的人是保守派。

因此2023年加拿大两党就这项议题达成协议，承诺在2023年底前通过《加拿大药保法》，并在2025年6月前，由正在组建的国家药品管理局制定全国基本处方药物批量采购计划，目前还没有迹象表明《加拿大药保法》中会有哪些内容。"基本药物"可能只是指普通医生常用的药物，也可能是所有基于数据统计的药物，或者是介于两者之间的药物。泛加拿大医药联盟已经着手于公共药品计划与药物生产商进行了品牌药品的价格谈判。具体问题如药品福利计划是否有给付额或扣除额、当公民从一个省搬到另一个省时是否可以携带、由联邦管理还是由各省管理等都有待解决。

协议认为，全国基本处方药物批量采购计划应该在2022年开始覆盖12岁以下的人；然后在2023年扩大到18岁以下的人、老年人和残疾人；最后在2025年全面实施。该计划规定年收入低于9万加元的家庭与年收入低于7万美元的人不需要支付共付费。但是加拿大牙科协会认为，加拿大联邦政府更应该资助现有的省级和地区级计划，而不是建立一个"大型国家计划"。

第三节 加拿大医保基金欺诈与
滥用的对象和种类

加拿大医疗保障基金的欺诈与滥用问题严重。由于加拿大在该领域中缺乏联邦政府层面的监督,将调查权完全赋予各省自行进行,导致在同一问题上由于各省政治考量立场的不同从而出现了不同的执法力度与执法结果。例如,2013年曼尼托巴省相关部门回复本省是否存在医疗保障基金欺诈与滥用情况时,明确指出这个问题是完全不存在的:"我们认为,就系统总成本而言,曼尼托巴省的医疗欺诈事件数量非常低……且没有证据表明欺诈事件数量正在增长。虽然有涉及医生不正当收费的案件,但这通常是由于对应用规则的误解或对规则的自由解释而导致的,因此并没有受到起诉。大约三起或四起已经被起诉的医疗欺诈案件都与居民使用虚假身份获得药物有关。"❶ 但是对于另外一些地区,如安大略省与不列颠哥伦比亚省则会呈现相反的趋势。这是由于在20世纪90年代中期,一些案件使这两个省的医疗欺诈问题引起了公众的注意。1994年,不列颠哥伦比亚省的医疗保障计划公布了7名医生的名字,他们被要求向政府偿还1.5亿至2亿加元的超额医疗费用。然而最终只归还给了不列颠哥伦比亚省的医疗保障计划5万加元和75万加元。1996年,不列颠哥伦比亚省批准了免除其中2名医生向该计划

---

❶ MILLER A. Medical fraud north of the 49th[J]. Canadian medical association journal, 2013, 185(1):E31-E33.

偿还216 164加元和400 000加元的和解协议,这引发了公众的严重批评,称该行为是"对医生的恭维"。❶

由于加拿大联邦政府在这一问题上并没有统计数据,且描述具体案件的材料通常由警方掌握,不供公众阅读。因此,关于欺诈与滥用的一些案例来源不得不从新闻与访谈中获悉。

在加拿大医疗保障计划中,各参与方均可能构成欺诈犯罪。依据近几年能够找到的刑事案例来看,犯罪主体包括接受治疗的公民、药剂师与药店老板、独立医疗机构的经营者、医生等。

第一类情况是公民犯罪,即接受医疗服务者为犯罪主体。在此类情况中,最常见的情形是新移民为了让自己或全家能够在等待周期内享受当地的医疗保障计划,伪造相关的医疗保障卡与档案。此种情况随着科技手段的改善得到了很大的缓解。

第二类情况是药剂师与药店老板为犯罪主体。在该类犯罪情形下,最常见的方式就是药剂师或者药店老板伪造处方药物开具记录,尤其是伪造售卖精神类管制药物的记录。这是因为精神类管制药物和患者的个人隐私息息相关,不便公权力介入调查。而这种情况能够为公权力所发现的主要原因是该类药房账单出现重大问题,比如与之前周期相比数额大幅增加,或者与同类药房相比卖出的药物构成非常奇怪,或者单纯因为售卖错误所导致,如在 R. v. Rands, 2005 BCPC 264 中,由于美沙酮只能一天由同一位患者购买一次,而被告开具三次引起了审计部门的注意,从而导致东窗事发。

第三类情况是以独立医疗机构为犯罪主体。在这种情况下,独立医疗机构会与医生群体展开合作,开展诸如放射、化验、睡眠治

---

❶ EDITORIAL. Doctored Billing[N]. Vancouver Sun,1996-12-23(A10).

疗等，伪造患者记录，从而获取账单。

第四类也是最为普遍的一类情况是以医生为犯罪主体。这一类的犯罪行为更为复杂，包括但不限于以下几种情况。

一是超时诊断，即医生操纵医疗服务时间，从而从医疗保障计划中获得最高的费用。这类情况的一种类型是短时间为患者提供过量的医疗服务，如1982年不列颠哥伦比亚省一名眼科医生在不到一小时的时间内为加拿大本地人进行了100多次检查，并开出了账单；另一种类型是在没有必要治疗的情况下进行扩展医疗服务，从而获得额外的费用。

二是超额收费。在加拿大，省级医疗协会与各自的政府协商制定收费表，以确定具体医疗服务能够收取的报酬范围。因此，在该种情况下，医生会滥用收费表，以多种方式获得额外收入。一种是夸大医疗服务程序，即声称所提供的医疗服务比实际执行的医疗程序更加昂贵，或者治疗项目更多，如在外科手术中，一个简单的子宫切除术被称为根治性子宫切除术，从而抬高了费用；另一种是"双重收费"，即一名医生为提供一项服务而要求医疗保障计划支付两项费用。

三是超额治疗，即过度提供医疗服务。在所有欺诈与滥用形式中，这种情况是最难被甄别的，因为提供何种医疗服务与后续的护理质量标准非常模糊。加拿大很多医生认为这是属于医生判断的权力，即医生完全有权根据患者的需要，从患者的最大利益出发，采取所有必要的措施。

四是虚构治疗。前面几类情况，虽然其本质是非法的，然而由于行为本身同医生作为执业者的医疗判断能力和治疗质量的问题密切相关，因此很难被定性为欺诈与滥用。但是，在"虚构治疗"情形中，基于从未提供过的医疗服务主张向政府医疗保障计划索要报酬，欺诈行为是显而易见的。例如，为没有怀孕的妇女开堕胎医疗服务的账单，或者在一个患者口中拔了38颗牙齿（人只有32颗牙齿）。

需要注意的是，精神病学的欺诈行为在加拿大并不少见。例如，一个司法管辖区的医疗保险计划官员介绍了一个儿童精神病学家的案例，他的账单资料显示，他看病的时间比一天中的时间还要长。加拿大皇家骑警通过24小时监视的调查发现，在该医生声称正在治疗患者的许多时间里，他实际上是在家里与家人共进晚餐，在高速公路上开车，或者打高尔夫球。但是该名医生没有被起诉，这是因为执法官员不愿意用有精神问题的儿童作为证人，使他们受到创伤。[1]

第四节　加拿大医保基金欺诈与滥用监管制度

加拿大对于所有欺诈类案件设有专门的举报热线电话与网站，欺诈案件的受害人被鼓励在相关区域登记案件。同时，加拿大主要省份的警察部门设有专门负责小组对案件进行刑事调查，然而此种依靠举报的方式仍是少数。加拿大大部分地区都会将该项审查权力交给各省医师协会自行审计，定期审计与随机审计是

---

[1] WILSON, PAUL R, et al. Policing Physician Abuse in BC: An Analysis of Current Policies[J]. Canadian public policy, 1986, 12(01): 236-244.

发现问题的主要来源方式。本节列举不列颠哥伦比亚省和安大略省进行说明。

一、不列颠哥伦比亚省

(一) 监管法律依据

首先，代表不列颠哥伦比亚省执行医疗保健计划的是该省的医疗服务委员会。该委员会是一个由9名成员组成的法定机构，由3名政府代表、3名省医生代表（来自该省医师协会）和3名公众成员组成。不列颠哥伦比亚省的医疗服务费用是由医疗服务委员会根据《不列颠哥伦比亚省医疗保障计划保护法》第26条，通过医疗服务委员会和医师协会之间的协议确定的。医生应当按照收费指导进行收费，如果对于账单有所异议，可以向医疗服务委员会提出申诉。

《不列颠哥伦比亚省医疗保障计划保护法》第5(1)(r)条授权医疗服务委员会通过该法规定的医疗服务委员会对医生所提供的行为与主张的报酬账单进行检查和审计。然而，虽然医疗服务委员会有权检查和审计医生的付款要求和他们的计费模式，但依据该法第36(3)条，医疗记录只能由身为医生的检查员要求或检查，检查员可以进入除住宅以外的任何场所进行审计，并且在提出审计要求后，医生必须出示并允许检查所有记录，并回答检查员关于记录的所有问题。根据该法第46(4)条，阻碍检查员履行法律规定的职责是一种犯罪，可被处以不超过10 000美元的罚款，第二次或以后的罪行可处以不超过20 000美元的罚款。检查员必须根据该法第36（11）条向医疗服务委员会主席报告审计结果,检查员同医疗服务委员会的关系为合同雇佣关系。

(二) 医疗服务计划的账单诚信计划

1997年,医疗服务委员会构建了医疗服务计划的账单诚信计划。账单诚信计划向医疗服务委员会提供审计服务,以便医疗服务委员会能够代表加拿大医疗保障计划受益人管理医保费用的支出。账单诚信计划包括两项职责:第一是开展针对服务报酬账单的审计;第二是对辖区管辖的医生及医疗服务者制作简介报告。以下将对两项职责展开说明。

1. 对服务报酬账单的审计

该审计分为两类,第一类是随机展开服务报酬审计。每年度,账单诚信计划将会至多寄出72 000封调查信给患者,以确认他们是否接受了医生的服务。患者通过在线表格或邮寄调查信的方式进行回复。其中,账单诚信计划会至少选择1 200名医生(以每月随机抽取100名医生的方式进行),向他们在前4个月接受加拿大医疗保障计划账单服务的约50名患者寄信以获取是否获得服务的情况。第二类是选择性服务报酬账单审计。这是在之前随机审计中发现异常账单后,或收到公众投诉后,对特定医疗从业者开展的选择性审计活动。

2. 对辖区管辖的医生及医疗服务者制作简介报告

每年度,账单诚信计划会为每个接受加拿大医疗保障计划付费服务报酬的医疗从业人员制作一份简介报告,该简介报告是对这名医疗从业人员向加拿大医疗保障计划开出的报酬服务类型和数量的分析,统计一个日历年内与此名医疗从业者相关的患者、服务和费用。根据报告显示的收费项目的类型,将这些医疗从业者划分为不同的同龄人小组,然后根据小组成员共同的数据计算标准差和中位数,继而将单个小组内的每个医疗从业者与组内的平均统计数据进行比较。如果医疗从业者在某些方面超出了他(她)的同龄人群体的收费标准或者其他标准,则会根据"与同龄人团体标准的相对距离",对此医疗从业者进行标记。同时,还会制作每一位医生的小型档案,记载其账单记录与同一小组的平均值,医生可以查阅,以此避免医生出现错误收费等情形。

(三) 具体审计流程

审计的第一阶段为启动阶段。启动一项审计的理由包括但不限于:随机抽查账单发现异常、公众或行业成员投诉、医疗从业人员档案或其他特别数据分析中出现了异常情况等。一旦出现这些问题,账单诚信计划将会对该名医疗从业者的记录进行初步审查。如果初步审计表明该名医疗从业者存在执业模式方面的问题,那么账单诚信计划将会把该执业者提交给审计和检查委员会(AIC)。审计和检查委员会在医疗服务委员会的授权下,有权批准一项审计项目。因此,在审查了账单诚信计划提供的所有相关信息后,审计和检查委员会将批准或拒绝一项审计是否开展。如果审计和检查委员会认为应当进行审计,那么审计和检查委员会将书面通知被审计人,其后账单诚信计划还会与被审计人联系,为下一步的审计工作作出安排。被审计人在收到账单诚信计划的书面联系后,与账单诚信计划确认审计日期、审计小组成员和其他具体事项,而账单诚信计划为审计做准备,按要求索取数据和记录。

审计的第二阶段为现场审计阶段。账单诚信计划将与被审计的医疗从业者一起工作，原则是应当尽量减少对该名从业者的干扰，使其能够继续进行接近正常的工作。一般而言，现场审计的时间为4~5天。审计小组由2~3名成员组成：1名为医学检查员，另外1名或2名为账单诚信计划内的高级审计员。医学检查员不一定同被审计的医生处于同一专业，但是账单诚信计划将作出合理的努力，争取雇用1名与被审计者具有相同专业的医学检查员。审计小组将在开始审计前与被审计者会面，并获取一份待审计的患者档案清单，所有与审计样本有关的文件都将被扫描、记录。医学检查员将检查该名医疗从业者的临床记录，以确定是否支持加拿大医疗保障计划账单和符合所应具备的完整的工作文件标准。账单诚信计划高级审计员将审核加拿大医疗保障计划及私人账单的开具流程与报酬索取记录，并可能与此过程相关的其他工作人员进行面谈。在审计周期的最后一天，高级审计员和医学检查员与被审计者将进行一次离别会谈（Exit Interview），以向其提供反馈意见并讨论初步的审查结果。

审计的第三阶段是报告阶段。在这一阶段中，账单诚信计划高级审计员与医学检查员完成各自的职责后，在必要时可以寻求账单诚信计划内部的医学专家提供专业意见。其后，起草最终审计报告和量化报告，由医学检查员签字，供审计经理批准，同时还需要起草"最后的错误清单"（Final Error List），然后将最终版本的审计报告提交给审计和检查委员会进行审批。审计和检查委员会将根据审计报告，向医疗服务委员会提出是否继续追讨或结案的建议。如果建议结案，那么将以书面形式通知被审计人。如果决定继续追讨则进入第四阶段，也就是追讨阶段自然开始。审计和检查委员会还将向医疗服务委员会、不列颠哥伦比亚省医生和外科医生学院及不列颠哥伦比亚省医生执业模式委员会提供一份审计报告的副本和建议摘要。在一些案例中显示，医疗服务委员会通常寄给被审计人的材料[1]如下：

①账单诚信计划给审计和检查委员会的一份备忘录；②患者记录；③账单诚信计划在审计期间制作的表格；④审计计划文件；⑤与医生的通信；⑥一份核查报告；⑦与患者之间的核查信；⑧归档说明。

审计阶段的第四阶段为追讨阶段。在追讨阶段，当被审计人被审计和检查委员会建议进行追偿后，医疗服务委员会将批准该建议并建议法律服务部门进行追偿。被审计人将被告知医疗服务委员会正在根据《不列颠哥伦比亚省医疗保障计划保护法》第37条对其进行追偿，并在适当的时候，被审计人还会被告知其执业资格正在根据该法第15条取消注册。同时，医疗服务委员会还会向被审计人提供一份审计报告和错误清单的副本。法律服务部将为该案指派一名律师，并确认律师已收到己方追讨的指示。法律服务部还会同账单诚信计划合作，开始准备所有与被审计人有关的记录，以便在未来进行法律披露。被审计人必须在收到医疗服务委员会的通知后的21天内要求举行听证会，否则医疗服务委员会可能会作出进一步的命令。

被审计人也可以要求进入替代性争议解决程序。实际上，大多数案件都是通过替代性争议解决程序解决的；然而，一旦替代性争议解决程序不成功，那么正式的听证会仍将按照之前的安排进行。如果双方能够通过替代性争议解决程序解决问题，那么最终医疗服

---

[1] 2020 BCIPC 14.

务委员会与被审计人签署一份正式的和解协议,这份和解协议也可以是执行某种"执业模式令",即要求医生遵守某些规则或限制。

(四) 医学协会执业模式委员会

不列颠哥伦比亚省医学协会执业模式委员会本身并没有审计权,但有权向医疗服务委员会提供同行评审建议,并向医生提供有关其执业模式的教育信息。该委员会还向加拿大医疗保障计划审计工作组提出有关选择审计的适当案例调查标准、审计标准和程序标准的建议,以确保医生得到公平对待。医学协会执业模式委员会的设置充分说明在不列颠哥伦比亚省内,在于缓解医生对于报酬较美国低的不满。医学协会执业模式委员会的任务之一便是教育医生了解他们的执业模式,防止医生由于不熟悉执业模式而出现错误的账单索求等其他不适当的执业行为。

二、安大略省

(一) 安大略省医疗保障计划的监管历史

安大略省医疗保障计划建立于 1972 年,由该省卫生和长期护理部管理。同不列颠哥伦比亚省情况一样,安大略省计划内的收费标准由该省医师协会与卫生和长期护理部共同确立。在 20 世纪末至 21 世纪初,安大略省卫生和长期护理部内部就有监督医疗保障计划的部门,并有权对收到的账单进行审查,发现重复账单、频繁的重复就诊或高价重复计费等异常情况时,有权就此展开调查,或者作出进一步的措施,如要求对方返还支付的款项等。安大略省卫生和长期护理部依据当时版本的《安大略省健康保险法》第 5 条设立了医学审查委员会，该委员会由安大略省内外科医生学院管理，审查医生所要求的医疗服务报酬。

2002年，医学审查委员会主席这样解释该委员会的工作方式："医学审查委员会给那些因计费模式引起安大略省医疗保障计划注意的医生一个机会，让他们自己解释他们是如何计费的。如果他们能够证明他们正在提供他们所主张的服务，那就太好了。如果不是这样，那么钱就必须退回。"[1] 1991—2002年，医学审查委员会建议安大略省医疗保障计划从548名医生那里收回超过3 600万加元——每个医生被建议追讨的平均金额超过66 449加元。[2] 不得不说，结合当时的经济与货币状况，这是一个数额非常高的数据。在2003年初，152 400名医生联名签署了一封抗议信，抗议医学审查委员会审查账单的程序歧视医生群体，即首先推定医生是有罪的，证明无辜的责任落在了医生的身上。同时，他们对审查的"同行"成员资格也提出了质疑，因为除两名成员外，所有成员都是由卫生和长期护理部任命和雇用的，因此存在经济利益冲突。更可怕的是，2003年4月发生了一起医生自杀事件，该名医生由于开具的账单不准确，导致108 000加元的损失，而被医学审查委员会命令偿还应当的数额。这直接引发了整个安大略省医生的愤慨与社会的谴责，紧接着在次年的4月30日，安大略省政府便任命彼得·科里

---

[1] Medical Review Committee. A Peer Review of Physician Billings Member's Dialogue[EB/OL]. (2003-09-18)[2022-06-12]. www.cpso.on.ca/publications/dialogue/0902/mrc.htm.

[2] Medical Review Committee of the College of Physicians and Surgeons of Ontario.

分报告篇
第四章 加拿大医保基金监管法律制度研究

(Peter Cory)法官（退休）审查医学审查委员会的审计程序与工作方法，并就审计制度提出建议。这一调查报告的结论使当时的监督机制对安大略省的医生执业安全产生了破坏性的影响，因为他们面临着对有罪推定的辩护。在结论公布后，便是《安大略省健康保险法》的修改与该省卫生和长期护理部涉及审计与监管健康保险权限的全面收缩，医生支付审查委员会成立，改变了该省的计费审查方式。医生支付审查委员会是一个独立的裁决机构，但是它仅就安大略省医疗保障计划与医生之间无法通过提供教育和其他援助解决的付款问题举行听证会，无权获取安大略省医疗保障计划的具体账单。而安大略政府在削弱监管力量后，没有听从报告中的一些建议，即赋予卫生和长期护理部检查权，以访问医生的办公室，审查他们的医疗记录，并最终收回不适当的账单。不仅如此，从2014年以来，医生们同安大略省政府一直没能达成协议，两者关系变得越来越尖锐，直到2019年才谈判成功，达成合作意愿。

2016年安大略省审计报告显示，有9名专家每年为超过360天的服务收费，而一名医生的收费是类似专家一年内平均服务量的6倍。然而卫生和长期护理部能够追回的不适格账单数额仅仅为几十万加元。[1] 除此之外，缺乏医疗监管后，医生也能更容易隐蔽地推荐一些不必要或不适当的医疗服务。例如，2004年，骨科医生认为通过对关节炎膝关节进行关节镜检查以清除"关节碎片"可以推迟全膝关节置换。因此随着安大略省人口的老龄化，膝关节炎的

---

[1] 安大略省审计长办公室. 2016年年度报告[EB/OL]. (2016-03-31) [2024-09-11]. http://www.auditor.on.ca/en/content/annualreports/arreports/en16/v1_311en16.pdf.

· 261 ·

关节镜检查成为安大略省医疗保障计划中最常见的手术之一。然而,在过去10年中的几项大型研究表明,这种治疗方法在治疗膝关节疼痛方面并不比运动和药物治疗更好,可以说关节炎的关节镜检查几乎是不合适的——但大量的手术继续向安大略省医疗保障计划结算。目前,安大略省行政机构并没有形成一套非常完善的解决机制。

(二) 安大略省当前审查流程

当前安大略医疗保障计划由安大略省卫生和长期护理部进行管理,卫生和长期护理部首先协助医生获取适当账单的信息,以便他们能够及时获得应得的付款。该部和安大略省医学会在该部网站上提供计费咨询,以回答医生的问题和为其提供医疗服务提交适当的收费代码。

安大略省医疗保障计划的支付要求载于《安大略省健康保险法》中(包括医生服务的福利表)。根据《安大略省健康保险法》第18条的授权,卫生和长期护理部会负责对医生进行审查。而根据《安大略省健康保险法》第18条第(8)款规定,如果医保计划总经理认为存在以下情况之一,卫生和长期护理部就可以将付款后的账单审查事宜提交给卫生服务上诉和审查委员会:①所有或部分被保险的服务事实上没有提供;②服务没有按照《安大略省健康保险法》及其规定提供;③缺乏《安大略省健康保险法》第17.4节所述的记录;④服务的性质被故意或无意地歪曲;⑤所有或部分服务在医学上没有必要(经咨询医生);⑥所有或部分服务没有按照公认的专业标准和实践提供。

安大略省审查程序需要体现法律所规定的程序公平、诚信、透

第四章 加拿大医保基金监管法律制度研究

明和问责原则,具体表现包括以下内容:

在选择接受审查的医生时保持公正性;确保参与审核程序的工作人员接受过规范培训;能够确保医生在卫生服务上诉和审查委员会对医保计划总经理的意见提出异议——这也意味着除非医生和总经理之间达成自愿和解,否则只能在法庭的命令下收回付款;医保计划总经理在卫生服务上诉和审查委员会需证明他发出过某种指令;在整个审计过程中,能够在任何时候保留法律代表;在整个审计过程中保持隐私和保密性;强调审计人员必须具有专业性和行为礼貌;审计人员应当及时沟通所有相关信息;在整个审计过程中,有能力向医保计划总经理提供信息;保证被审计人员有能力在卫生服务上诉和审查委员会进行书面或口头陈述;能够保证被审计人员在审计过程中提交对委员会某些行为的投诉,而不必担心遭到报复。

具体审查流程分为三步,即开始、全部审计和委员会听证。以下介绍每一环节中所需的工作。

开始。目前,大多数有问题的账单都是通过公众、医疗员工或其他医生所提供的线索或投诉而得到了有关部门的关注。还可能通过其他政府项目领域的审查及其他组织和监管机构(如安大略省医生和外科医生学院)审查到疑似的计费问题。当发现潜在的账单问题后,审计单位会对理赔支付系统中的该名医生的历史数据进行公正审查,以获取更多有关信息。通过初步审查,如果未发现账单问题,则不采取进一步行动;如果发现一定的问题,可以联系医生,为其重新提供服务账单教育,以提高其后续账单的准确性;而如果发现潜在的重大账单问题,则进行到第二个环节,即全面审计。因此在第一个环节中，不存在标准问题，都是具体案件具体分析。

全面审计。在全面审计阶段，卫生和长期护理部会书面联系医生，告知审计程序的存在，并为医生提供有关审计过程的信息，并请求医生提供其可能拥有的病历和其他执业信息以支持审查。这一阶段的初步通信必须清楚地说明该部正在收集有关潜在账单问题的信息，但尚未作出任何决定。卫生和长期护理部要求医生在两周内对通知作出答复，以确认其将向卫生和长期护理部提供所需信息，以及提交请求的时间表是否可行。医生可以合理申请延期，但是如果医生拒绝提供记录将可能产生严重后果，包括暂停向其付款，和（或）法官或治安法官可能命令医生提供记录的法庭诉讼。在极少数情况下，卫生和长期护理部可以通过现场审查员在医生办公室收集记录和其他信息。现场审查人员是接受过培训的医生。尽管现场审查的使用是一种例外，但如果医生在多次请求后拒绝向卫生和长期护理部提供记录，或采取了导致卫生和长期护理部合理质疑提交记录准确性的行为，那么现场审查就转化为必要程序。通过现场审查收集的记录和信息会被用于后续审计过程中。记录和信息请求流程通常在 3~6 个月内完成，具体取决于记录请求的范围和医生的响应时间。

审计部门审查医生提供的医疗记录和其他相关信息，以确认根据《安大略省健康保险法》、第 552 号条例和福利计划中的付款要求开具的费用计划代码是适当的，并且如医疗记录所示，提供了医疗必要的保险服务。在这一过程中，卫生和长期护理部可能会寻求外部医疗专家的协助。一旦初步审查结果准备就绪，卫生和长期护理部将书面通知医生，医生有机会对调查结果作出书面答复。

如果卫生和长期护理部对医生对账单做法的解释感到满意，并认为所审查的账单适用于所提供的服务，将通知医生，不再采取进一步行动。相反，如果卫生和长期护理部认为提交了不适当的账单，可选择联系医生，为其提供账单教育，以提高索赔提交的准确性，并告知医生可能会对索赔进行进一步审查；和（或）寻求通过与医生的和解从而解决审计结果；和（或）将此事提交卫生服务上诉和审查委员会进行听证。

卫生和长期护理部应当努力高效地完成审计，同时向医生提供清晰、准确和及时的信息。通常，整个审计过程需要将近 12 个月的时间才能完成，但是特殊案例可以延长审查过程任何部分所需的时间。在整个过程中，卫生和长期护理部应当与医生保持沟通。

委员会听证。经过审查后，如果审计结果认为《安大略省健康保险法》第 18 条第（6）款中的情况与支付给医生的款项有关，那么医保计划计划总经理可将此事项提交给卫生服务上诉和审查委员会进行听证。卫生服务上诉和审查委员会是一个独立的准司法裁决法庭，有权决定医保计划总经理和医生之间的账单审计争议。卫生服务上诉和审查委员会的审查小组由 3 名成员组成，包括 1 名医生和 2 名非医生（其中 1 名必须是律师）。卫生服务上诉和审查委员会取代了原医师薪酬审查委员会及其流程。医生将被告知向卫生服务上诉和审查委员会所需提交的事项，并有机会作出陈述。该委员会将根据《安大略省健康保险法》附件 1 中规定的程序和委员会议事规则召开听证会并作出命令。审计信息可通过卫生服务上诉和审查委员会流程公开。在没有结算协议或自愿还款的情况下，只有卫生服务上诉和审查委员会要求还款时，财政部才能收回资金。值得注意的是，卫生服务上诉和审查委员会只能要求医生偿还期限不超过 24 个月且在医保计划总经理要求审查前不超过五年的款项。如果任何一方对该委员会的命令不满意，该方可向安大略省高等法院对该委员会的决定提出上诉。

第五节 医保基金诈骗惩戒方法

一、刑事惩戒

根据《加拿大刑法典》第380条第一款规定，任何人通过欺骗、虚假陈述或其他欺诈手段，无论是否属于该法意义上的假象，欺骗公众或任何人（无论是否确定）的任何财产、金钱或有价证券或任何服务，均犯有可公诉的罪行。如果犯罪标的是遗嘱文书或犯罪标的价值超过5 000加元，可判处不超过14年的监禁；如果犯罪标的物的价值不超过5 000加元，可判处不超过2年的监禁，或可通过简易程序定罪。

构成欺诈罪的违法行为由两个不同的要素组成。第一，需要具备欺骗、虚假陈述或其他欺诈手段的禁止行为。在没有欺骗或虚假的情况下，法院将客观地寻找"不诚实的行为"，即一个合理的人认为是不诚实的行为。第二，被害人财产的剥夺必须是由被禁止的行为造成的，且必须与财产、金钱、有价证券或任何服务有关。

针对第一点，客观上"不诚实的行为"是一个比较抽象的概念。加拿大最高法院在R. v. Zlatic案中，法官麦克拉克林（McLachlin）对"不诚实"的定义如下："……当然，不诚实是很难准确定义的。

然而，它确实意味着一种暗中的设计，其效果或产生的风险是剥夺他人的财物。J. D. 埃沃特（J. D. Ewart）在《加拿大刑事欺诈》（1986年）一书中把不诚实的行为定义为'普通人、正直的人都会觉得不值得信赖，因为它明显与诚实或体面的交易相悖'（第99页）。疏忽是不够称为'不诚实的'。如果利用机会损害他人利益，且这种利用不是由不择手段的行为所引起的，那么无论这种行为是故意的还是鲁莽的，也不能称之为'不诚实'。其他欺诈手段的不诚实行为，其核心是错误地使用他人拥有利益的东西，其方式是使他人的利益消失或处于危险之中。在这种情况下，如果一项使用构成了合理的正派人士会认为不诚实和不择手段的行为，那么这就是'错误的'。"[1]

在 R. v. Théroux 案中，法官麦克拉克林对行为是否"不诚实"提供了以下描述："故意欺诈行为的要求排除了仅仅是疏忽的虚假陈述。它还排除了即兴的商业行为或在利用商业机会损害不那么精明的人的意义上尖锐的行为。被告必须故意欺骗、撒谎或实施其他欺诈行为，才能确立犯罪。无论是疏忽的错误陈述，还是尖锐的商业行为，都是不够的，因为在任何情况下，都不会存在通过欺诈手段剥夺权利的必要意图。"[2]

除此之外，为了确定欺诈责任，还必须证明所禁止的行为是出于必要的犯罪意图。这就需要证明被告主观上意识到他正在进行一项被禁止的行为（如在明知其为虚假的情况下作出陈述），并且主观上认识到，在进行这项被禁止行为时，他可能会通过剥夺另一人

---

[1] R. v. Zlatic, [1993] 2 S. C. R. 29.
[2] R. v. Théroux, [1993] 2 S. C. R. 5.

的财产或将该财产置于危险之中而造成剥夺。值得注意的是，往往在实践中存在一种知情但不调查继而默认的欺诈情形，此种情况也被称为"故意失明"。

在涉及医保基金欺诈的欺诈类案件中，如果该类案件是由普通公民造成的，那么除构成欺诈罪以外，还通常会构成伪造证件罪，或者伪造公民身份等其他类犯罪。而如果欺诈的主体是医生、药剂师等具有一定职业的人员，加拿大法院通常会严肃以待，因为这不只是一种欺诈，还是一种破坏公共信誉的案件（Breach of public trust）。但是在具体案件的量刑方面，加拿大法院却仍旧会通过考虑被告的道德水平、工作态度、家庭关系、社会评价和是否积极偿还与忏悔等方面，从而作出不同量级的判决。例如，在 R. v. Ing，2001 BCPC 425 一案中，被告英（Ing）是一名验光师，他向本省医保计划提交虚假账单而导致的长达 5 年的欺诈，方式包括在为患者做简短测试时开具大量测试的账单，或者在患者没有进行青光眼测试的情况下，为其开具青光眼测试的账单，或者在没有必要、不需要和没有状况的情形下，为患者开具低视力测试的账单，一共获利 227 000 加元。在该案中，法官认为长达 5 年的时间及三种复杂的欺骗方式是加重罪责的理由；而同时由于被告本人及时交代罪行，并且积极偿还诈骗基金，且平日家庭、社会关系良好，又可以为其减轻罪责。因此，最终法院判处该名被告监禁，刑期为 2 年减 1 天。但是该种监禁明确是在社区服刑的刑期，除此之外还会判处被告在前 6 个月完成 72 次免费为社区提供验光服务。同时，该名被告人还有长达 18 个月的缓刑期。在 R. v. Truong，2017 BCPC 68 一案中，被告作为泌尿科医生数次谎报使用激光手术为患者治疗从而获取不应获得的报酬,并经过随机审计曝光了这一罪行。在被告触犯欺诈罪的同时也违反了公众信任,从而属于一种加重情形,但又由于被告诚挚悔过与尽力赔偿,减轻了他的罪责。最终法院判处其9个月的监禁。同样,该种监禁并非在监狱中监禁,而是在社区内服刑。

类似这样的判决在加拿大是十分常见的。有关于医生或者药剂师出于特定职业而从事的诈骗,称之为"白领诈骗"。这一类犯罪,法院会认可对其需要加以震慑的刑罚,以警示同类人员避免犯罪。但是法院认为监禁不是震慑的必要元素,仍然需要根据个案情况,结合被告自身情况最大程度去合理地判决。值得注意的是,除法院判决外,行业纪律也会给予被告相应的处罚,这点会在下文中继续陈述。

二、行业惩戒

实际上,加拿大在针对特定职业者的刑事诉讼并不积极。这是由于刑事诉讼需要的时间周期漫长、所需证据庞杂、对患者有隐私保护等原因,而最重要的因素是因为加拿大希望寻找一个同医生等特定职业者平衡的关系。如上文所述,加拿大由于实行公共医疗保障制度,使得无论是医生还是药剂师的收入都少于美国的同行,而两国的医疗从事者认证体系又比较成熟,这意味着如果过多地苛责本国医生,会有大批优秀医生离开加拿大,前往美国行医;或者潜在的医学生选择美国求学,不利于加拿大本国医疗事业的发展。而加拿大国内医生势力也比较强大,医生工会的

· 269 ·

罢工一直是医保计划建设中的阻力。这就导致了医师协会自己的权力比较庞大,能够以内部惩戒的方式为主去规范医生的行为,从而避免外部力量的介入。以下将列举不列颠哥伦比亚省与安大略省的内部惩戒方式。

(一) 不列颠哥伦比亚省行业内部惩戒

如上文所述,虽然加拿大医疗保障计划也会作出诸如如果发生欺诈行为将会移送至加拿大警方进行调查的警告,但实际上,不列颠哥伦比亚省是很偏向于同医生达成和解协议的。这背后的考量因素还是需要平衡医生同州卫生部门的关系,并且刑事案件的证明标准与周期都比较长,因此真正被指控为刑事犯罪的医生占少数。多数医生在通过和解协议后,会由不列颠哥伦比亚省行业内部进行纪律惩戒,即不列颠哥伦比亚省医生和外科医生学院。根据《不列颠哥伦比亚省医师执业法》第6条与第8条规定,不列颠哥伦比亚省医生和外科医生学院由理事会管理,理事会由10名从医疗选区中选出的医生和5名由政府任命的公共成员组成。根据该法第27条与29条的规定,理事会可将事务委托给执行委员会,执行委员会由4名医生和2名公共成员组成,有3名成员便达到委员会的法定人数。根据该法第53条,理事会或执行委员会可以启动对成员行为的调查,并任命一个由3个或更多理事会成员或前成员(其中至少包括1个公共成员)所组成的调查委员会调查。

如果调查委员会发现成员构成不专业或者其他形式的不当行为,其必须向理事会报告,理事会可以施加一系列的惩罚,从缓刑、谴责或暂停,到从登记册上删除(注销资格)。理事会可以命令该成员支付费用,并且如果该成员在不列颠哥伦比亚省或其他地方被判定犯有可公诉的罪行，理事会还有权将其从登记册中删除。值得注意的是，如果一个案件同时涉及医学服务标准争议和计费问题，不列颠哥伦比亚省医生和外科医生学院将处理涉及医学方面的问题，并将计费问题提交给医疗服务委员会。理由是，医疗服务委员会有更大的权力和更多的资源来处理欺诈问题。例如，医疗服务委员会可以命令医生偿还多付的费用；而该学院则没有这个权力。

(二) 安大略省行业内部惩戒

同不列颠哥伦比亚省一样，安大略省也拥有一个内部行业惩戒体系，主导该体系的机构是安大略省医生和外科医生学院。该学院由理事会管理，理事会则由 15~16 名医生成员，与 13~15 名政府任命的公众成员，以及 3 名来自安大略省各医学院的教师成员所组成。理事会可将事务委托给旗下的执行委员会，该委员会由 4 名医生和 2 名公众成员组成，有 3 名成员即可达到委员会的法定人数。该学院对从事专业不当行为的成员有纪律处分权。[1] 专业不端行为包括拆分费用、伪造医疗记录、签署或签发误导性或虚假文件、对未执行的服务收费、收费过高、未按要求逐项列出专业服务，以及任何"可耻、不光彩或不专业"的行为或不作为。

安大略省行业内部惩戒典型案例如表 2-4-1 所示。

---

[1] 《卫生职业管理法案》的卫生职业程序守则(Health Professions Procedural Code)第 51 条第 2 款。

表 2-4-1　加拿大行业惩戒典型案例

序号	案件概述	行业惩戒
1	CPSO v. Bogart, 2001 ONCPSD 11（Bogart）和 R. v. Bogart, 2002 CanLII 41 073（ONCA）该医生因在 7 年内诈骗安大略省医疗保障计划超过 900 000 加元而被刑事定罪	执行委员会指示对其进行谴责，有条件地将 18 个月的停职期减至 12 个月，并对他提出其他条款和条件，包括对其账单的监督
2	CPSO v. Moore, 2002 ONCPSD 16（Moore）and Moore v. CPSO, 2003 CanLII 7722 ONSCDC 医生承认他的不当行为，他被判定在 3 年内诈骗了安大略省医疗保障计划的 75 000 加元	执行委员会下令有条件地将该医生的证书暂停 12 个月，减为暂停 6 个月，并对其进行训斥和罚款 5 000 加元
3	CPSO v. Scott, 2002 ONCPSD 15（Scott）该医生承认他犯有专业不当行为，他也因为在 1992—1999 年诈骗安大略省医疗保障计划的 592 600 加元而被定罪	执行委员会撤销了他医生的资格
4	PSO v. Tolentino, 2002 CarswellOnt 8834（Tolentino）该医生承认他犯有专业不当行为，他也因为在 1995—1998 年诈骗安大略省医疗保障计划的 58 000 加元以上而被定罪	执行委员会指示给予 4 个月的停职及委员会称之为"重大"的训斥
5	CPSO v. Kitakufe, 2010 ONCPSD 15（Kitakufe）该名医生承认他犯有专业不当行为，他被判定参与了一项通过向不是他的患者的个人索要服务报酬，并不适当地给他们开出阿片类药物处方的计划，骗取了卫生部门约 97 000 加元	执行委员会撤销该医生的注册证书，并予以训斥

续表

序号	案件概述	行业惩戒
6	CPSO v. Sinclair, 2015 ONCPSD 8 (Sinclair) 该名医生在一份同意的声明中承认,他犯有专业不当行为,因为他曾被判定犯有包括为贩卖目的持有受控物质和超过 200 000 加元的欺诈行为	执行委员会接受了联合提出的立即撤销他的资格和遣责的处罚
7	CPSO v. Shin, 2015 ONCPSD 19 (Shin) 该名医生在一份同意的声明中承认,他犯有专业不当行为,他在 2006 年和 2007 年被判定诈骗安大略省医疗保障计划 43 176 加元	执行委员会接受了联合提议的处罚,即对该名医生停职 5 个月、遣责,以及赋予他接受各种条款和条件,包括对该医生的账单和医疗记录进行监督等
8	CPSO v. Patel, 2015 ONCPSD 22 (Patel) 该名医生被发现从事了一些不正当的计费行为,包括在 2011 年他休假期间计费超过 34 000 加元	执行委员会指示撤销其执照并予以训斥
9	CPSO v. Marcin, 2016 ONCPSD 7 (Marcin) 该医生因在 2007—2011 年为她没有提供的服务开具账单,而被判定诈骗安大略省医疗保障计划的金额超过 10 万加元	执行委员会接受了联合提出的撤销该医生的执照和训斥的处罚
10	CPSO v. Taylor, 2016 ONCPSD 22 (liability) and 2017 ONCPSD 17 (penalty); Taylor v. CPSO, 2018 ONSC 4562 (Div. Ct.) (Taylor) 该名医生不适当地且故意向选择了两种眼科手术中较贵的一种的患者收费,而实际上进行的却是较便宜的一种	执行委员会认为该医生的不当行为是有预谋的、剥削性的、不诚实的和缺乏诚信的,并指示撤销其执照和进行训斥

续表

序号	案件概述	行业惩戒
11	CPSO v. Chandra, 2018 ONCPSD 28 (Chandra) 该医生在 2012—2015 年，通过在其办公室招募患者并向他们支付欺诈性使用他们及其家庭成员的健康卡信息的费用，系统性地诈骗了安大略省医疗保障计划超过 200 万加元	执行委员会指示吊销其执照，进行训斥，并处以最高罚款

综合以上案例可以说明，该执行委员会对于医生在安大略省医疗保障计划下从事诈骗或者滥用性质的医疗服务所给予的惩处并没有想象中的严厉，如果单纯因为诈骗安大略省医疗保障计划金额而没有其他不正当行为，不会当然被吊销注册证书，仍有机会继续从事医生职业。但是，惩处力度的趋势会愈加严厉。

第六节　加拿大医保基金监控与惩戒的特点

一、加拿大根据自身的需要，并没有将医疗保障基金的滥用与监管作为首要需要解决的问题

对于加拿大来说，医保制度最大的问题是等待时间过长，也就是等待清单（waiting list）。由于加拿大禁止私人医疗机构从事公共医疗保障所覆盖的领域，导致每一位加拿大公民，无论贫穷还是富裕，只要在本国内选择就医，就只能在等待清单上登记自己的名

字,这种情况包括癌症治疗。这导致很多人不得不选择去海外(最大的国家就是美国)自费接受治疗。同时根据加拿大财政数据统计,医疗保障基金支出上涨的原因是多样的,更多的因素是通货膨胀、老龄化与移民人口增加;因此医疗保障基金的滥用与等待时间相比,问题的规模要小很多。

二、加拿大政府在医保基金监控与惩戒问题上寻求一条与本国医生的妥协之道

客观上加拿大医生在加拿大医疗体系下的收入水平同美国有较大的差距,如果政府过于严厉地对待医生群体,显而易见加拿大医生会加速逃离加拿大,选择经济环境更好的美国去执业;同时加拿大优秀的人才也将犹豫是否在本国选择接受医学教育。加拿大医生在执业时会陷入懈怠与不满的情绪,从而影响其执业的水平和热情。因此,法院在针对相关案件的判决时,不会过于严厉地判处执业医生多年监禁,而是会对大部分的医生判处时间周期比较短(如两年半等)的判决。更重要的是,该项监禁判决以社区监禁为主,在一定程度上,考虑到医生职业培养周期较长,同一般职业不同,因此责令其对社区免费服务,避免人才的浪费,也是一种很好的惩戒方式。政府会将惩戒权力下放到大学与行业委员会,以一个相对公平的组成方式,对违反职业道德的医生进行行业惩戒。

三、加拿大主要省政府会成立相应机构处理监管问题

加拿大各省处理涉嫌欺诈或滥用索赔的通常方法是设立一个特

别调查单位,有时称为欺诈控制小组(如安大略省警察部门针对安大略省医疗保障计划欺诈的行为专门成立了调查组,安大略省警察部门的健康欺诈调查组成立于1998年4月,第一年规模便翻了一番,从9人增加到20人。1998—2000年,有500起案件被移交给健康欺诈调查组,其中包括60起指控欺诈医疗保障基金的案件。❶其后更多的数据并没有官方报道。)这些小组对来自各种来源的提示作出反应,并使用了现代数据分析监视技术。当他们发现疑似欺诈账单时,团队会作出反应,决定是否继续追回资金,防止进一步的不准确付款。一旦当事人被证实为欺诈或滥用,就可以认定为既定处理模式。虽然这种方法在发现一般欺诈行为方面很有效,但在处理医院或医疗专业人员夸大索赔足以产生额外收入时所导致的超额收费滥用方面效率一般。这是由于对于该类案件的调查,必须依靠准确的数据分析模式,并且还会不得不考虑可能涉及的患者隐私问题。

众所周知,医疗治疗是复杂的工作,不同医生之间可能会存在差异很大的技术,因此有关结果有时无法用精确的标准来衡量。Dartmouth Atlas项目中多项研究表明,美国不同地区的主要手术,包括扁桃体切除术、脊柱手术和临终住院日,其频率差异高达400%。因此针对每一项治疗建立一个合理的数据模型并不容易。在这一问题上,可以以具体账单为中心,即查看账单中的数据,考虑到账单上的所有编码和付款规则,以考虑账单是否合理。换言

---

❶ MDs get jail terms, fines as new police squad targets health fraud[EB/OL].(2000-09-05)[2024-10-31]. https://www.cmaj.ca/content/cmaj/163/5/591.2.full.pdf.

之，考虑患者的诊断、年龄和性别，以及被提供的服务是否合理；也可以以提供者（医生）为中心，即在医生或医院的所有账单中，考虑其所提供的服务类型和疾病实体的应对方案，是否与同类医生比较有较大差别，甚至构成不合理的程度。

同时，开展对账单的审计，不可避免会介入患者的诊断记录，而对于患者而言，诊断记录是代表他的身体状态的个人隐私。因此在调取诊断记录的时候，必须保持绝对保密性。如果进入刑事诉讼，还需要争取到患者的配合与同意，以保密方式作证。这是非常困难的事情，但不得不说，这样的困境具有天然性，不能通过简单粗暴的方式试图去克服。

第五章

澳大利亚医保基金监管法律制度研究

澳大利亚是目前世界上人口健康状况良好的国家之一，具有较高的社会福利和较完善的全民健康保障制度，是典型的全民医疗保险国家。澳大利亚的医疗保障制度是澳大利亚社会保障体系的重要组成部分，其社会保险项目保障范围广、保险内容多且运行机制复杂，可以有效保障所有公民获得广泛优质的医疗服务。与英国的筹资方式不同，澳大利亚的医疗保障是基于税收筹资，而英国则基于国家的年度公共预算。这种基于税收的筹资模式由于是加拿大首创，因此被称为"加拿大模式"，也被称为全面健康医疗保险。[1] 澳大利亚现行医疗保障制度包括全民医疗保障制度和私人医疗保险制度两类。[2]

与英国一样，澳大利亚将反医疗保险欺诈归于完整的社会保障

---

[1] 顾歆.走向去碎片化的中国医保改革[M].杭州:浙江大学出版社，2022:41.

[2] 杨翠迎,郭光芝.澳大利亚社会保障制度[M].上海:上海人民出版社，2012:138.

法律体系下。《澳大利亚财务管理和责任法案》要求授权民政部部长发布《欺诈控制指南》,对欺诈的控制、欺诈风险评估和欺诈举报备案等作出规定,这为医疗保险反欺诈提供了制度依据。《澳大利亚公共利益披露法》对涉嫌严重侵害公共利益行为的调查指控建立了一套新的立法规定,以确保部门员工在信息披露中作出恰当的控制和管理。[1] 同时,澳大利亚政府根据《澳大利亚公共治理、绩效和问责法》制定了联邦欺诈框架,且该法要求卫生和老年护理部(Department of Health and Aged Care)对医疗保险下支付的款项负责。

第一节 澳大利亚医疗保障制度概述

一、澳大利亚政府卫生支出资金来源

如前所述,澳大利亚公民所享有的医疗服务资金主要来自一般税收,具体的筹资责任在联邦政府、地方政府,以及非政府组织之间进行了划分。上述三个主要筹资主体在被资助的医疗物品及服务上有所差异,其中联邦政府所提供的资金主要用于医疗服务,而地方政府的出资主要用于大部分社会和公共卫生服务经费。澳大利亚政府分担了公立医院服务的大部分费用,而个人资金主要用于购买

---

[1] 孙菊,甘银艳.合作治理视角下的医疗保险反欺诈机制:国际经验与启示[J].中国卫生政策研究,2017,10(10):28-34.

处方药物和牙科服务等。

卫生保健资金的筹资主要通过税收渠道征收，其次通过企业福利、单位保险、社区保险、风险保险和个人账户等方式进行补充。按资金来源形式具体分为：①公民缴纳的医疗保险税。②政府的一般税收收入。政府的一般税收收入主要是澳大利亚联邦政府征收的所得税和商品服务税。在上述两部分收入中，医疗保险税所占的份额极为有限。自设立医疗保险税至今，其收入仅占政府税收收入的2%~3%。因此，医疗保险税仅仅强化了公民个人为了自己的健康而自觉纳税的意识，所起的作用是象征性的。一般税收和医疗保险税共占全民医疗保险经费的30%左右，其余70%分别由州政府（占48%）和联邦政府（占52%）给予财政补贴。❶

二、澳大利亚医疗卫生服务体系及机构设置

澳大利亚是联邦制国家，政府管理体制分为联邦、州、地方三级政府，卫生服务体制和管理体制较为复杂。总的来讲，澳大利亚的卫生服务体系在组织结构上较松散，管理体制多元化，卫生服务的管理责任分散在联邦、州和地方政府之间。澳大利亚联邦政府通过立法、制定全国政策和卫生标准等方式，对疾病进行监测和预防，促进合理用药，开展职业卫生与环境保护工作，宣传食品营养卫生知识等。此外，澳大利亚联邦政府还负责运行Medicare和药物福利计划，并为这两个项目筹资。州及地方政府主要负责医院管

---

❶ 曾化松.借鉴澳大利亚经验进一步完善中国医疗保险筹资渠道[J].现代预防医学,2006(11):2073-2075.

理、传染病和慢性病防治、提供环境和职业卫生服务。[1]

澳大利亚联邦政府设立了全国医疗卫生管理委员会,各州分设有主管医疗卫生的部门,称为公共卫生协会。该协会的职责包括以下四个方面:一是管理本州的医疗保健工作;二是管理全州中、小城市及家庭地区的医疗保健网建设;三是管理社区医疗保健中心;四是管理私人医疗工作。每项职责由公共卫生协会中的一个相应学会负责,政府的卫生工作计划由学会制订,经州议会审议批准后,由各卫生机构按工作计划执行。学会的组成人员来自各个政府部门,对各阶层的利益有广泛的代表性,也是医疗卫生机构与政府部门的协调组织。

澳大利亚卫生与福利研究院(Australian Institute of Health and Welfare, AIHW)成立于1987年,是由澳大利亚政府成立的、旨在提供与澳大利亚医疗与福利有关的可靠和定期的相关信息及统计数据的国家机构。该研究院将澳大利亚的医疗机构分为三类:第一类是私人诊所,主要诊治一般病症;第二类是专科诊所,如牙科、眼科诊所等,也主要由私人开办;第三类是公立医院和私立医院,主要诊治需要住院的患者,是澳大利亚医疗保健体系的主要组成部分,承担着筹资和提供医疗卫生保健服务的任务。除上述三类医疗机构外,澳大利亚的医疗卫生服务体系还包括社区卫生服务机构,主要有社区卫生服务中心、社区康复中心、护理院、老人疗养院、儿童保健中心等,主要功能是以社会化的方式提供卫生服务,从社区居民的切身利益出发,评估居民的卫生需求;与各种卫生服务提供者建立合作伙伴关系,协调组织各种类型的卫生服务,以健康促

---

[1] 蔡江南.医疗卫生体制改革的国际经验:世界二十国(地区)医疗卫生体制改革概览[M].上海:上海科学技术出版社,2016:398.

进为核心,满足居民的卫生需求。

澳大利亚服务部负责全国的全民医疗卫生统筹计划,医疗计划体系包括:①澳大利亚的全民医疗保险计划;②药物福利计划;③澳大利亚政府针对私人健康保险提供的联邦政府30%的退款;④澳大利亚儿童免疫接种登记;⑤澳大利亚器官捐赠登记;⑥特别援助计划,包括2005年巴厘岛特别援助计划(Bali 2005 Special Assistance)、伦敦援助计划(London Assist)、海啸医疗卫生援助计划(Tsunami Healthcare Assis-tance Scheme)及巴厘岛援助计划(Balimed);⑦退伍军人事务部所提供的退伍军人药物福利计划和听力服务办公室提供的听力服务。为实现澳大利亚政府医疗卫生的政策目标,服务部与卫生和老年护理部开展了密切合作,并在卫生和老年护理部,退伍军人事务部,家庭、住房、社区服务及土著事务部所制定的政策及相关立法的框架内开展各项活动。❶

三、澳大利亚医疗保险法律制度的发展历程

健全的法律是澳大利亚医疗保险制度建立并运行良好的依据与保障。早在20世纪40年代早期,澳大利亚已经发现需要建立某种形式的国家医疗保险,问题是采取何种形式最好。澳大利亚政府和医学界陷入了长期的激烈争论,后者坚持新的医疗体制必须保护相互信任的医患关系和自身的经济利益。1944年,澳大利亚联邦政府制定了《澳大利亚药物福利法》(*The 1944 Pharmaceutical Benefits*

---

❶ 杨翠迎,郭光芝.澳大利亚社会保障制度[M].上海:上海人民出版社,2012:142-143.

Act），规定以政府赠与的形式免费提供某些特定的药物，遭到了医生们的强烈抗议，医生们担心这将是医疗服务国有化的第一步。澳大利亚联邦最高法院接受了他们的申诉，判定联邦政府没有药物和医疗服务方面规范的立法权。

1946年，澳大利亚进行了全民投票，投票的结果是大部分澳大利亚人同意授权联邦政府对药物、疾病、住院等福利，以及医疗、牙科服务的提供进行立法。接着1947年《澳大利亚药物福利法》和1948年《澳大利亚国家卫生服务法案》相继通过，旨在提供免费的医疗服务。澳大利亚政府从1948年1月针对全体国民实施药物津贴计划即药物福利计划制度，纳入药物福利计划制度框架内的药品由联邦政府支付主要费用，个人仅需支付较少费用。1953年澳大利亚出台了《澳大利亚国家卫生法》，该法并未触及已存的医患关系，但有一个明确的改变，即从依赖慈善事业转变为由国家主导对贫困人口的照顾。1957年，为了照顾老年患者，节省医院床位，澳大利亚政府出台了《澳大利亚老人家庭护理法》（The 1957 Aged Person Homes Act），对家庭护理机构发放医疗津贴。

1967年澳大利亚经济学家理查德·斯科硕（Richard Scotton）和约翰·布迪尔（John Deeble）提出了在澳大利亚建立全民医疗保险（最初称为"Medibank"）的研究设想，该设想得到了当时的工党领袖惠特拉姆的政治支持。自此，全民医疗保险正式登上了澳大利亚的政治舞台，成为众人关注的焦点。当时主政的澳大利亚自由党主张私人医疗保险，在野的工党主张全民医疗保险，针对澳大利亚是否需要一个全民医疗保险制度，两党进行了激烈的辩论。而当时的民意调查显示，较多的澳大利亚人赞成全民医疗保险。惠特拉姆执政后，加快落实全民医疗保险的立法过程。经过多方努力和协调，"医疗保险法案"即《澳大利亚健康保险法》最终通过,于1975年7月1日生效。按该法案,澳大利亚公民凡有能力承担医疗保险费的,均应按收入摊派,并人人有资格享受公立医院和社区诊所的免费治疗。

1976年10月自由党执政,弗雷泽政府不仅接受了它曾经反对的工党政策,宣布维持Medibank,而且于1976年10月的议会上通过了征收"全民医疗保险税"(Medicare Levy)的提案,保证了全民医疗保险的资金来源。但其对原来的工党政策进行了明显的修改,比如限制了Medibank的收益范围,主张福利只能给一些最需要的人,使Medibank变得名不副实。一直到1981年,只有养老金人员、失业人员和低收入者可以享受免费医疗,其他人必须私人投保医疗保险,否则自行负担全部医疗费用。1983年工党又一次执政,霍克政府执政恢复了惠特拉姆的原有政策,以体现全民医疗保险的根本特征,并进一步细化了制度的操作。同年霍克启动立法程序,通过了《卫生立法修正案》(Health Legislation Amendment Act 1983)[1]并于1984年2月1日正式实施。自此,澳大利亚的全民医疗保险更名为Medicare,成为澳大利亚医疗保险制度的基础和核心。[2]

伴随着澳大利亚全民医疗保健政策的逐步完善,与之相适应的商业健康保险制度也正逐步得到发展,1998年《澳大利亚私人健康保险激励法》(Private Health Insurance Incentives Act 1998)、2007年《澳大利亚私人健康保险法》(Private Health Insurance Act 2007)等法案陆续出台。澳大利亚正式建立起了一套全民医疗保险与私人

---

[1] 该法案对1973年《澳大利亚健康保险法》、1953年《澳大利亚国民健康法》和1973年《澳大利亚健康保险委员会法》进行了修改,又称为《全民医疗保险法》。

[2] 蒋露.澳大利亚医疗保障制度解析[D].武汉:武汉科技大学,2009:71.

医疗保险相结合的综合医疗保障制度,该制度被公认为是全世界最完善的医保制度之一。这一系列法律不仅对医疗卫生行政管理、医疗保险制度的责任分担机制及参保人的权利义务作出了详细规范,亦对医疗保险制度的运行与监管作出了完善规范,从而使澳大利亚的医疗保险制度运行在法制化的轨道上。[1]

四、澳大利亚全民医疗保障体系

澳大利亚的医疗保障体制经过 60 多年的发展,逐步建立起以 Medicare 制度和药物福利计划为主体,以私人医疗保险制度为补充的全民医疗保障体系(图 2-5-1)。

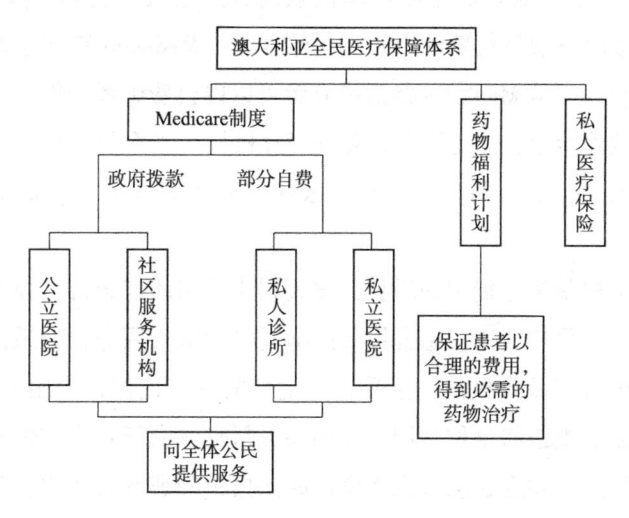

图 2-5-1 澳大利亚全民医疗保障体系

---

[1] 许飞琼.澳大利亚的医疗保险制度及其借鉴[J].中国医疗保险,2013(05):68-70.

（一）Medicare 制度

Medicare 制度根据《澳大利亚健康保险法》制定，由澳大利亚6个州的政府部门制定具体实施法案并组织实施。Medicare 制度是澳大利亚全民医疗保障制度最基本的（或主体）制度，也称之为医疗照顾制度或全民医疗保健制度。这个名称与美国针对65岁以上老年人的医疗保险名称是相同的，但是内容却大相径庭。

在 Medicare 制度下，所有澳大利亚永久居民只要选择公立医院看病，都有资格享受免费医疗服务，如果住院则连伙食费都全由政府买单。公民以医疗保险税的形式缴纳一定费用，收入不同所缴纳的医疗保险税也不同，基本的指导思想是"富者多出"和"尽力而为"。资金一般采取年度预算拨款的方式直接支付给医疗机构，一部分按服务项目付费的方式支付给医生。Medicare 制度主要包括两个方面：一是 Medicare 制度享有者可以以公费患者身份在公立医院免费就诊治疗；二是可获得私立医疗机构［如全科医生、专科医生、参加 Medicare 的验光师和牙医（仅限指定服务）］的免费或补贴治疗。

为了控制医疗费用的增长，澳大利亚采用政府定价，控制医师收取的治疗服务费用。患者接受医师提供的医疗服务，如果医师直接向全民医疗保险报销、接受政府定价的一定比例作为服务收入，患者不需承担任何自付费用；而如果医师收取高于政府定价的服务费，则医师必须返还患者原本全民医保报销的那部分费用，剩下的医疗差价由患者自己承担。这一机制鼓励医师直接向全民医疗保险报销，从而降低了患者的医疗开支。同时，全民医疗保险向医师报销服务费用的前提是医师只能按照政府定价计算的比例提出报销，从而控制了医疗成本。[1]

患者如需定期问诊或接受医疗检查,将为此负担高额的医疗费用,医疗保险安全网可在人们最需要时提供帮助。一旦达到保障最低启用额度,医疗保险安全网便可发挥作用降低患者的诊疗或医疗检查费用。医疗保险安全网主要用于负担患者的医院外费用,医院内的服务或全额报销费用不属于医疗保险安全网的涵盖范畴[2]。

(二) 药物福利计划

澳大利亚是世界上较早通过药物福利计划实行医药分开的国家之一。药物福利计划在卫生服务体系中具有重要地位,对保障和改善居民健康起到了至关重要的作用。[3] 澳大利亚政府于 1948 年确立药物福利计划,早在 Medicare 制度确立之前,药物福利计划就已经开始试点。当时,该计划免费向澳大利亚公民提供数量有限的拯救生命的药品,后来演变成广泛的补助计划,目的是让所有澳大利亚居民以可以承受的价格获得必需的药品。纳入药物福利计划框架内的药品主要由澳大利亚联邦政府支付主要费用,个人仅需自付较小

---

[1] 蔡江南.医疗卫生体制改革的国际经验:世界二十国(地区)医疗卫生体制改革概览[M].上海:上海科学技术出版社,2016:415.
[2] 杨翠迎,郭光芝.澳大利亚社会保障制度[M].上海:上海人民出版社,2012:151.
[3] 郑统,高力军,吴群红.澳大利亚药物福利计划对我国医药分开政策的启示[C]//健康中国——第三届亚太卫生应急体系建设及医改策略国际大会资料汇编,2017:31.

的费用。[1] 现在药物福利计划覆盖了 90% 药房销售的处方药品。政府向药房报销的药品价格略高于批发价，患者自付部分药费，金额根据药品的不同而有所差异。通过这种方式，澳大利亚成功地将处方药价格控制在世界平均水平的 50%~60%。[2]

医药分开是药物福利计划的一个特点，且规定非常严格。有关法律明文规定，任何医院和诊所不能向患者卖药，不得经营任何药品；私人诊所同理。患者需要的主要药物都要凭医生的处方到药店购买。对于一般的小病，比如感冒或者肠胃炎等，医生不会要求患者输液或是注射，而且在开处方时，只给开最低限度的用药量。医药分开切断了医院、医生与药品营销商之间的经济利益关系，减少了医生多开药、滥用药的可能。[3]

如果澳大利亚居民或其家人在一年内需要使用大量药物，那么药物福利计划安全网可以帮助居民控制药物的开支，一旦本人或家人的药物福利计划类药物开支达到安全网的最低启用额度时，即可申请药物福利计划安全网卡，这意味着在该年度的其余时间里可以低价购买或免费获取药物福利计划类药物。药物福利计划类药物的相关记录须填写于处方记录表（Prescription RecordForm，PRF）中，每次获取药物福利计划类药物时都应当将此表格交给药剂师，以便其记录相关信息，药剂师可将患者的记录保存于计算机中。但是，如果药剂师不能做到相关记录，或患者需要前往不同的药店，

---

[1] 蒋露.澳大利亚医疗保障制度解析[D].武汉:武汉科技大学,2009:11.
[2] 蔡江南.医疗卫生体制改革的国际经验:世界二十国(地区)医疗卫生体制改革概览[M].上海:上海科学技术出版社,2016:416.
[3] 李文青.国外医药分开方法观察[J].中国卫生产业,2010,7(07):50-51.

则最好由患者自行保管自己的记录。在有其他家庭成员的情况下，可要求药剂师将本人的药物开支累加于家庭安全网的总额中。除本人外，符合药物福利计划安全网条件的家庭成员还包括：①配偶或事实伴侣；②由本人、配偶或事实伴侣担当全部或实质性养护义务的 16 周岁以下子女；③由本人、配偶或事实伴侣担当全部或实质性抚养义务的 25 周岁以下全日制学生。❶

（三）私人医疗保险

澳大利亚的私人医疗保险是全民医疗保险的补充，是个人自愿购买的保险。《澳大利亚健康保险法》规定，在公立医院就诊时患者无权选择医生和病房，也不享受优先住院和治疗，一些慢性病的手术可能需要排队较长时间，同时免费医疗一般不包括牙科、理疗和按摩治疗等服务。因此，一些中高收入阶层都愿意购买私人保险以期获得更好、更快捷、更有效的医疗服务。私人医疗保险持有者既可去私立医院看病，也可到公立医院以自费患者身份就医，可选择医生和优先住院，由保险公司支付费用。保险公司还会支付投保人的一系列非医疗服务费用，如理疗、购买眼镜的费用等。

为了使澳大利亚人负担得起投保私人医疗保险，澳大利亚联邦政府主动推出了 30% 的私人医疗保险费的退款。该折扣可帮助参保者本人、家人及拥有私人医疗保险的澳大利亚人有足够资金缴付保险费用。所有符合全民医疗保险条件，而且又是医疗基金注册成员的澳大利亚公民均有资格获得折扣。澳大利亚政府于 2005 年 4 月 1 日推出适用于 65 岁及以上老年人的新的折扣率，65~69 岁的老年

---

❶ 杨翠迎,郭光芝.澳大利亚社会保障制度[M].上海:上海人民出版社,2012:157-158.

人有资格获得35%的折扣,70岁及以上的老年人有资格获得40%的折扣。30%的折扣不需要进行收入审查,与个人收入或家庭收入无关。通过该优惠,澳大利亚居民可通过本人的医疗基金注册,以扣减保费的方式获得折扣款项,亦可通过全民医疗保险办事处于报税时扣除。❶

第二节 澳大利亚医保基金监管立法情况

澳大利亚通过《澳大利亚国家卫生法》《澳大利亚健康保险法》《澳大利亚牙科福利法》《澳大利亚医疗保险保障基金法》及2020年《澳大利亚国家卫生(数据匹配)原则》等法律法规对医疗保险基金的支付、专业服务审查、数据匹配、医疗保险保障基金专门账户等方面进行了详细的规范;根据《澳大利亚公共治理、绩效和问责法》制定了联邦反欺诈框架;《澳大利亚刑法典》以欺诈罪和虚假陈述罪的形式对严重欺诈行为的法律责任作了规定;《澳大利亚隐私法》与《澳大利亚我的健康档案法》则从健康数据和个人隐私保护的角度对医保基金监管过程中涉及的数据收集、使用与公开给予一定程度的限制。详细内容参见总报告部分。

---

❶ 杨翠迎,郭光芝.澳大利亚社会保障制度[M].上海:上海人民出版社,2012:164.

第三节　澳大利亚医保基金监管执法情况

一、反欺诈执法机构及职能

（一）政府部门

澳大利亚有效打击医疗欺诈的优势在于拥有强硬、专业的执法队伍，统一的业务标准和操作规范，以及充分共享的信息资源。卫生和老年护理部负有医疗保险合规（Medicare compliance）的职责，《澳大利亚公共治理、绩效和问责法》要求卫生和老年护理部对医疗保险下支付的款项负责。为确保医疗执业者正确报销费用，卫生和老年护理部将对医疗服务提供者进行审查，还会通过数据匹配来提高对不正确申请、可能的不当行为和欺诈的检测能力。澳大利亚服务部通过在全国400多个医疗保险服务中心提供健康和福利支付，应用新技术和数据分析，检查未申报资产和收入支付活动的异常行为来识别高收费或不正常索赔；建立内部监管标准，防止内部欺诈；与监督执法机构（如澳大利亚犯罪管理委员会、联邦刑事检控专员署、联邦警察局、澳大利亚交易报告和分析中心及私人公司）保持合作关系，打击欺诈犯罪。此外，总检察长、澳大利亚犯罪研究所和国家审计署负责对政府欺诈工作的安排和建议，以及政府机构年度欺诈调查和报告。

（二）非营利组织

非营利组织主要包括私人保险联盟、保险欺诈局、国家健康和医学研究委员会等。私人保险联盟作为澳大利亚私人健康保险业的最高代表机构，代表着21家保险基金的利益，这些基金覆盖了澳大利亚私人健康保险行业的97%。私人保险联盟致力于提供关于基金安全等方面的信息与咨询服务，并与其他专业团体及行业组织合作，共同打击包括基金欺诈在内的犯罪行为。保险欺诈局是澳大利亚保险业代表机构——保险理事会旗下调查各种形式保险欺诈的部门，具体任务包括收集、共享和分析保险诈骗信息；成立反欺诈执法小组，参与以社区为重点的反欺诈执法，减少保险欺诈的发生率和影响。国家健康和医学研究委员会是澳大利亚管理医疗卫生研究的研究机构，也是反对医疗欺诈的重要力量，其职能包括发布《国家健康和医学研究委员会欺诈控制框架》，制定完整的欺诈控制策略，对反欺诈人员进行培训并增强公众意识。[1]

二、澳大利亚政府医保基金监管的执法工作

澳大利亚卫生和老年护理部与服务部分工合作，以实现澳大利亚政府的卫生政策目标。卫生和老年护理部开展卫生服务提供者合规活动，服务部开展公众合规活动。两部门均根据联邦欺诈控制框架制定了相关的医疗保险欺诈控制计划，建立并完善了预防、发现、监测、调查和报告欺诈事项的机制。卫生和老年护理部主要针对卫生服务提供者涉嫌欺诈展开调查，公众（非医疗服务提供者或其雇员）涉嫌医疗保险欺诈则由服务部进行调查。当人们发现涉嫌

---

[1] 孙菊,甘银艳.合作治理视角下的医疗保险反欺诈机制:国际经验与启示[J].中国卫生政策研究,2017,10(10):28-34.

医疗保险欺诈的行为时，可以向以上两个部门举报。

（一）卫生和老年护理部与服务部的医疗保险合规活动

卫生和老年护理部负责医疗保险合规。医疗保险合规是指确保医疗保险基金的使用符合法律法规和政策的要求。医疗保险合规活动分为事前预防和事后干预：事前预防，指防止不正确的服务或支付，包括合规性风险的评估、控制和监测，信息、建议和教育资源的提供，合规性反馈信等手段；事后干预，指在医疗服务或支付后采取行动，包括审查或监控、审计、从业者审查计划、刑事侦查等手段。

服务部开展的医疗保险合规活动包括身份管理、数据匹配、公开举报、定期付款审查等。服务部与公众、其他政府机构和私营部门合作，在需要时分享情报活动的细节。目前，服务部与澳大利亚联邦警察局合作开展了"专责小组诚信"项目，并与国家残疾保险机构和联邦警察局合作成立了国家残疾保险计划欺诈特别工作组。

（二）医保基金监管的具体措施

1. 合规性反馈信（Compliance feedback letters）

卫生和老年护理部向卫生专业人员发送合规性反馈信，其中可能还包括卫生专业人员的索赔数据，以鼓励他们审查自己的索赔。通过自愿确认并偿还因账单错误而产生的债务，这些反馈信有助于卫生专业人员发现并纠正错误。

2. 审计（Audits）

卫生和老年护理部对 Medicare 制度、药物福利计划、儿童牙科福利计划和激励计划下的医疗保险基金使用及支付情况进行合规性审计和审查。如果有合理理由根据1973年《澳大利亚健康保险法》或2008年《澳大利亚牙科福利法》疑虑支付的医疗保险金超过了本应支付的金额，卫生和老年护理部将通过信函、电话或者面对面的会议等方式对医疗专业人员表示合理关切，并要求他们提供文件来证明他们所提供的服务需要支付医疗保险金。如果经过审计发现医疗保险金不应该被支付，医疗保险行政长官的代表可以增加债务并追回超额支付的款项。

作为"增加Medicare合规性审计倡议"的一部分，2011年澳大利亚颁布了新的立法，加强了Medicare的审计能力，新法案下的活动于2012年开始。然而，审计长2014年的一份报告指出，自2008年以来，Medicare的合规举措基本上没有成功。该报告承认医疗保险计费的复杂性，强调需要有适当技能的工作人员来进行合规审计工作，因为正确检测不准确的索赔的能力需要准确索赔的前提知识。然而，审计员发现，合规管理并非严格依据具体的政策或准则执行，而是更多地依赖于部门内部一种不成文的"常识"。这种环境下，审计人员采用的方法和对服务要求的解读存在不一致性，导致准确的索赔被错误地判定为不准确，医疗保险债务的计算也不准确，还有过度依赖"当地知识和经验"，而非建立书面的、强有力的内部教育计划。所有这些问题"预计将主要通过在职培训解决"。值得注意的是，这种性质的机构保护表明该部门内部可能普遍存在一种观点，即在正确使用Medicare方面，医疗从业人员比Medicare自己的工作人员具有更高的法律素养，他们自己有时可能不了解该计划的要求，没有卫生方面的背景或经验，有时如果他们的行为不符合规定也不会受到处罚。

3. 刑事调查（Criminal Investigations）

卫生和老年护理部仅在怀疑存在欺诈活动时展开调查。根据澳大利亚相关法律规定，欺诈是指"以欺骗或者其他手段不诚实地取得利益或者造成损失"。当卫生和老年护理部接到举报或者怀疑某个卫生服务提供者存在欺诈行为时,将根据澳大利亚政府调查标准和联邦欺诈控制框架进行欺诈调查。卫生和老年护理部可根据1973年《澳大利亚人类服务(医疗保险)法》[Human Services (Medicare) Act 1973]授予的权力来获取信息,包括发出通知、要求提供信息和搜查令。必要时卫生和老年护理部会将有关事项提交给联邦刑事检控专员署以便进行可能的刑事起诉。

4. 从业者审查计划(Practitioner Review Program)

卫生和老年护理部雇用合格的卫生专家对医疗服务行为进行审查,并发现潜在不当行为(Inappropriate practice)的从业人员和公司实体。《澳大利亚健康保险法》第82节对"不当行为"有详细规定,包括:①不可接受的行为——提供或发起医疗保险、公共医疗保险或儿童牙科福利计划服务,而专业服务审查委员会可以合理地得出结论,该服务对于从业者的同行来说是不可接受的;②违反规定的服务模式——由从业者在特定时期内提供或发起服务,构成规定的服务模式(在12个月内的20天或20天以上每天提供80次或80次以上的专业护理服务),这就是所谓的"80/20规则";③导致或允许不当行为——如果一个人故意、鲁莽或疏忽地导致或允许其雇用或以其他方式聘用的从业者从事不适当的做法,则该人从事不当行为。在从业者审查计划无法解决问题的情况下,从业者会被转介给专业服务审查主任(Director of the Professional Services Review)。

5. 身份管理(Identity Management)

有效的身份管理对服务部及整个澳大利亚政府打击欺诈和其他犯罪的方法至关重要。确认一个人的身份是欺诈控制的基础,澳大利亚服务部实施了一系列策略来检查、确认和保护与该机构互动的客户的身份,如使用语音生物识别技术、更新快捷中心联结(Express Plus Centrelink)移动应用程序、启动虚拟服务中心试验计划、利用视频聊天进行虚拟面试、升级技术以进行面部生物识别检查等措施。

6. 公众举报热线（Public Tip-offs）

人们可以通过访问澳大利亚卫生和老年护理部、服务部官网上的报告欺诈页面并填写表格，或致电澳大利亚政府服务欺诈举报热线来举报可疑的公共卫生、福利和儿童抚养费欺诈行为。政府部门专责人员会评估所有公开举报，并与合规和情报部门的工作人员一起确定新出现的问题。

7. 数据匹配（Data-matching）

数据匹配是管理欺诈和违规风险的关键控制措施之一。《澳大利亚国家卫生法》第ⅧA部分授权医疗保险行政长官为许可用途匹配特定类型的信息。《澳大利亚国家卫生法》《澳大利亚国家卫生（数据匹配）原则》和《澳大利亚隐私法》都规定了与数据匹配相关和适用的要求。由于供应商的合规职能由卫生和老年护理部负责，所以卫生和老年护理部医疗保险行政长官代表可以为供应商合规目的进行数据匹配。对于不属于供应商合规的许可目的，由澳大利亚服务部的医疗保险行政长官代表负责。福利完整性和数字健康司负责医疗保健提供者的合规性，福利完整性和数字健康司的合规性评估处执行医疗保险行政长官的数据匹配权力。《澳大利亚国家卫生法》还使医疗保险行政长官能够授权联邦实体代表医疗保险行政长官进行数据匹配，以达到医疗保险行政长官允许的目的。

数据匹配可以帮助检测重复支付、医疗服务提供者在其专业注册条件之外执业、医疗服务提供者为不符合医疗保险退税条件的医疗设备申请澳大利亚医疗保险福利计划福利及医保欺诈等情况，还可以在以下情形利用数据匹配进行识别。

将药品福利发放数据与医疗保险数据相匹配，将有助于确定是否提供了相应的医疗咨询和病理服务以满足药品福利要求。不符合规范的模式可能表明存在欺诈或不适当的做法。

将医疗机构提出的澳大利亚医疗保险福利计划索赔日期与家庭事务记录相匹配,有助于确定医疗机构或患者在提供澳大利亚医疗保险福利计划服务时是否在澳大利亚境外。这将有助于查明医疗服务提供者可能以欺诈方式为没有有效提供的服务申请医疗保障福利的情况。

对服务索赔的日期进行匹配,以确定医疗服务提供者为同一服务同时索赔 Medicare 和澳大利亚退伍军人事务部福利的情况。

8. 专业服务审查(Professional Services Review)

专业服务审查计划于 1994 年根据《澳大利亚健康保险法》第 VAA 部分建立,是同行标准在审查医疗保障服务方面的独特应用。最初,Medicare 的服务收费安排在很大程度上依赖于医疗从业人员的诚实,以正确地提出索赔。意识到新的国家保险计划固有的脆弱性,Medibank 的创始人成立了医疗服务调查委员会,负责监测新计划下的服务索赔,调查可能的违规行为并提交潜在的欺诈案件。1992 年,经过澳大利亚国家审计署的审计,发现医疗服务调查委员会在阻止医疗从业人员的错误计费方面效果不佳。❶ 政府成立了一个由卫生和老年护理部、健康保险委员会和澳大利亚医学协会组成的联合工作组来应对这一问题,通过了 1994 年《卫生立法(专业服务审查)修正案》,该法案创建了一个新的法定专业服务审查计划,该计划分别于 1997 年、1999 年和 2002 年根据司法判决和运

---

❶ MARGARET F, JONATHAN W, JON A. Medicare Billing, Law and Practice: Complex, Incomprehensible and Beginning to Unravel[J]. Journal of law and medicine, 2019, 27(01).

作经验进行了修订。

专业服务审查计划作为一个同行审查计划而设立,目的是审查医疗从业人员所申报的Medicare服务,并确定根据澳大利亚医疗保险福利计划申报是否构成"不当行为"。目前,专业服务审查计划每年审查50~100名医生。澳大利亚服务部对专业人员的执业情况进行分析,以确定其是否与专业人员的同行存在差异。服务部为专业人员提供解释差异的机会,如果这些解释令人满意,则不会采取进一步行动;如果解释不令人满意,医疗保险行政长官可以要求专业服务审查主任——一个独立的法定官员来审查专业人员提供的服务。如果有关行为引起了欺诈问题,医疗保险行政长官也可以直接将问题提交给检察长。

如果专业服务审查计划主任认为该专业人员有可能从事"不当行为",他(她)就有实施这种审查的酌情权。所谓"不当行为"是指当一名专业人员在提供或启动服务方面的行为使专业服务审查委员会(Professional Services Review Committee,PSRC)可以合理地得出结论,认为该行为对于普通医生、专家、顾问医生或该专业人员所属的其他行业来说是不可接受的。如果没有足够的理由,或者如果此事无法审查,专业服务审查计划主任可以不采取任何行动。专业服务审查计划主任可以与专业人员达成协议,认为已经发生了不适当的做法,应该受到具体的制裁;这种协议必须提交给所谓的"裁决机构"批准。使用"裁决机构"来确认协议,可以独立审查对有关专业人员和医疗保险有潜在严重影响的决定。如果没有达成协议,专业服务审查计划主任可以建立一个专业服务审查委员会,并将该事项提交给该委员会审查。专业服务审查委员会的成员由专业服务审查主任任命。

专业服务审查委员会可以举行听证会，要求出示文件并要求出席听证会。在确定行为是否构成不当行为时，专业服务审查委员会必须考虑到该专业人员是否对服务进行了充分和及时的记录。如果在其最终报告中，专业服务审查委员会认为存在不当行为，那么该问题将被提交给裁决机构，以作出最终裁决。对于协议和专业服务审查委员会的调查结果，可用的制裁措施如下：发出谴责，下令偿还医疗保险基金，不支付所要求的医疗保险基金，取消专业人员提供特定或一般服务、向特定群体或所有人提供服务、在特定地点或所有地点提供服务的资格（最长不超过 3 年），完全取消资格。

在这个过程的各个阶段，一旦发现存在重大的健康与安全威胁，或有充分理由相信某位专业人员未遵守既定标准，或涉嫌犯有相关罪行及民事违规行为，专业服务审查委员会均将依据规定，及时通知特定的个人或机构，以确保公众利益得到保障。澳大利亚联邦法院合议庭将专业服务审查委员会归类为"公共保护"性质，而不仅是纪律处分，这使其在为公众利益行事方面具有更大的灵活性。澳大利亚联邦法院可以在这个过程的任何阶段审理上诉。

三、澳大利亚反欺诈成效及欺诈类型

（一）反欺诈成效

2020—2021 年，卫生和老年护理部将 28 份证据摘要提交给了澳大利亚联邦刑事检控专员署。在卫生和老年护理部调查了 Medicare 制度、药物福利计划和儿童牙科福利计划涉嫌欺诈后，刑事检控专员署就 17 项事项提起刑事起诉。澳大利亚服务部打击欺诈和相关犯罪的工作，完成了898件刑事调查，656件行政调查，331次转介到刑事检控专员署，防止支付价值超过14万澳元的欺诈性医疗保险索赔，阻止涉及价值727 167澳元的福利支付的欺诈行为。❶

（二）澳大利亚医保基金欺诈类型

根据主体不同，澳大利亚将医疗保险欺诈分为卫生服务提供者欺诈和公众欺诈两大类。卫生服务提供者既包括医生、药剂师、牙医及物理治疗师等相关卫生专业人员，也包括药房、医疗机构、医院和行政人员；公众则是除卫生服务提供者以外的主体。根据骗保的方法，澳大利亚医疗保险欺诈大致可以分为使用虚假身份或他人身份申领医疗保险金或服务、提供虚假或误导性信息、对没有获得的服务提出医疗保险索赔、使用他人的医保卡、使用无效的优惠卡、伪造药物福利计划的药物处方、把药物福利计划的药品（这些药品不是给他们自己或同行的人的）送到海外等。

（三）澳大利亚医保基金欺诈的特点

澳大利亚医疗欺诈的一个突出特点是联邦政治和政府管理领域对此持拒绝承认的态度，以及广大群体对这一问题缺乏认识。❷2022年一份报告指控称澳大利亚的国家医疗保健系统Medicare每

---

❶ Department of Health and Aged Care. Department of Health Annual Report 2020 – 21[EB/OL]. (2021-10-19)[2024-10-23]. https://www.health.gov.au/resources/publications/department-of-health-annual-report-2020-21?language=en. Services Australia. Annual Report 2020-21[EB/OL]. (2022-11-17)[2024-10-23]. https://www.servicesaustralia.gov.au/annual-report-2020-21?context=22.

❷ FLYNN K. Financial fraud in the private health insurance sector in Australia[J]. Journal of financial crime,2016,23(01).

年因所谓的渎职行为（指浪费或盗窃）而损失 80 亿澳元,这令澳大利亚的医疗行业受到震动。这一数据来自玛格丽特·福克斯（Margaret Faux）的估计,她是一名注册护士和律师,同时也是一名医疗保险合规专业的博士,专门研究 Medicare 和健康保险法。80 亿澳元的欺诈和浪费几乎是澳大利亚国家审计署 2020 年 11 月报告估计的 4 倍,澳大利亚国家审计署认为医疗服务提供者不遵守医疗保险的成本高达 22 亿澳元。这导致该指控在医学界内外受到广泛批评,认为这是毫无根据的。专业机构迅速谴责了这份报告,澳大利亚医学会主席史蒂夫·罗布森（Steve Robson）在接受采访时,将这些指控描述为"对医学界的诬蔑"。澳大利亚墨尔本大学人口与全球卫生学院和全科医学部的荣誉企业教授、澳大利亚联邦政府健康和老龄部的前秘书斯蒂芬·达克特（Stephen Duckett）也赞同这一数据不可信,但是他认为"不幸的是,所有的讨论都是关于 80 亿澳元,这助长了医疗行业的'否认反应'"[1]。

第四节　澳大利亚医保基金监管法律制度的特点

澳大利亚的医保基金监管法律规制独具特色,其主要特点是建立了高素质的行政执法队伍并赋予执法人员刑事处罚权。

其一,在立法方面,澳大利亚在《澳大利亚国家卫生法》《澳

---

[1] TONY K. Australia rocked by Medicare fraud and wastage allegations [J]. The Lancet,2022,400(10362):1500.

大利亚健康保险法》《澳大利亚人类服务（医疗保险）法》等多部法律中对医疗保险合规事项进行规定，将反医疗保险欺诈归于完整的社会保障法律体系下，并没有出台专门的医保反欺诈法案。澳大利亚从不同方面立法进行监管，并以法律的形式提供了反欺诈的方法和工具，最重要的是赋予政府部门更多的执法权。

其二，在执法方面，澳大利亚曾专门设立医疗保险反欺诈部门，建立了中央福利署（Centrelink）和澳大利亚全民医疗保险机构（Medicare Australia）[1]，即现在的澳大利亚服务部。澳大利亚反欺诈部门规模较大，共有员工3 000名，内设有5个处室，分别为支付审查处、防欺诈与情报处、债务管理处、准确支付处和战略规划处，前4个处（室）为主要的业务处。[2] 澳大利亚通过严格的执法资格审核严抓执法队伍建设，赋予执法人员刑事处罚等执法权力，引进先进的数据挖掘技术，并以其他权力机构的相关数据资源为参考，依据权威的统一执法标准，致力在社会范围内形成一定的威慑力，谨防违法犯罪行为的发生。[3]

其三，在监管模式上，澳大利亚把反欺诈业务区分为四类。第一类是支付审查类，由支付审查处主管；第二类是防欺诈情报收集，由防欺诈与情报处管理；第三类是债务收集，由债务管理处管

---

[1] 这两个机构于2011年被并入人类服务部（Department of Human Services），2018年更名为澳大利亚服务部（Services Australia）。

[2] 韩树蓉,周晓唯.社会保障制度中的欺诈行为思考及澳大利亚经验借鉴[C]//Proceedings of 2016 International Conference on Education, Management and Applied Social Science(EMASS 2016),2016:488-492.

[3] 李坤展.我国社会保险欺诈法律规制研究[D].武汉:华中师范大学,2020:12.

理；第四类是准确支付，由准确支付处管理。支付审查工作由支付审查处负责，主要负责数据匹配，即查看申请人申报的信息与其他部门的数据信息是否匹配。由于澳大利亚的很多福利待遇与申领人的收入和财产情况相关，故冒领的情况通常由于申报错误信息。防欺诈与情报处负责防欺诈工作，主要是根据情报有针对性地进行。澳大利亚服务部有完善的举报系统，该系统可以将现在的举报与既往举报结合起来查看，数据库数据齐全，种类繁多。债务管理处负责债务管理即收回清欠。债务管理的主要工作是收集有关证据，看是否存在债务问题，及时更新申报人的信息，确认申报人是否收到支付，以及是否错收了某项支付的福利或津贴。清欠工作由清债小组进行，通常该项工作先是与当事人谈如何偿债，经评估其经济状况后，按要求按月进行偿还；有工资收入的，可从其工资卡或从退税中直接进行扣除。依据随机抽查的数据，查验支付的准确性，同时也查验发现程序需要完善改进之处，通过更新完善运作系统，提高系统部门工作效率。

其四，澳大利亚注重发展信息化反欺诈技术手段，成立了负责数据挖掘的工作小组。数据挖掘小组的主要工作是让隐含的数据变得明显，确定高风险人群，防止债务发生。该小组通过技术手段使审查工作针对性提高，从而提高效率，节约成本和资源。具体而言，通过建立模型进行数据挖掘分析，识别真实数据和虚假数据特征，从而对于没有必要审查的数据进行忽略，对于有虚假数据特征的进行审查。通过这种方法，降低了审查工作量，提高了审查的准确率，释放大量人员进行其他工作的处理。❶

---

❶ 韩树蓉,周晓唯.社会保障制度中的欺诈行为思考及澳大利亚经验借鉴[C]//Proceedings of 2016 International Conference on Education, Management and Applied Social Science(EMASS 2016),2016:488-492.

附录

各国法律名称对照表

国别	外文原名	中文译名
日本	医療法	日本医疗法
	健康保険法	日本健康保险法
	医師法	日本医师法
	医療サービス法	日本医疗服务法
	医薬品・医療機器法令	日本药品和器械法
	社会保険診療報酬支払基金法	日本社会保险诊疗报酬支付基金法
	公益通報者保護法	日本举报人保护法
	不当景品類及び不当表示防止法	日本反对不合理的溢价和误导性陈述法
	次世代医療基盤法	日本下一代医疗基础设施法
	介護保険法	日本长期护理保险法
	老人福祉法	日本老年人福利法
	高齢者福祉機構指導・審査ガイドライン	日本老年人福利机构指导和审核指南
	日本の保険医療機関及び保険医療養担当規則	日本保险医疗机构及保险医的疗养担当规则

续表

国别	外文原名	中文译名
日本	長期介護保険施設等指導ガイドライン	日本长期护理保险设施等指导指南
	長期介護保険施設審査準則	日本长期护理保险设施审核准则
	海員保険法	日本海员保险法
美国	Social Security Act	美国社会保障法
	Patient Protection and Affordable Care Act	美国患者保护与平价医疗法
	The Health Insurance Portability and Accountability Act of 1996	美国健康保险可携性和责任法案
	Anti-Kickback Statute	美国反回扣法
	Stark Law	美国斯塔克法
	False Claims Act	美国虚假申报法
	The Whistleblower Protection Act	美国吹哨人保护法案
	Old Age, Survivors, Disability Insurance Program Basics	美国老年、遗嘱及残疾保险计划
	The Medicare Medicaid Anti Fraud and Abuse Amendment	美国医疗照顾计划—医疗补助计划反欺诈和滥用修正案
	The Healthcare and Medical Treatment Program Protection Act	美国医疗照顾和医疗救治计划保护法
	Omnibus Budget Reconciliation Act	美国综合预算平衡法
	Affordable Care Act	美国联邦可负担的保健法
美国	National Health Service Act	英国国家卫生服务法
	Health and Social Care Act 2012	英国健康和社会保健法
	Health and Care Act 2022	英国健康和保健法

续表

国别	外文原名	中文译名
美国	The NHS Counter Fraud Authority (Establishment, Constitution, and Staff and Other Transfer Provisions) Order	英国NHS反欺诈局（设立、章程和工作人员及其他转移规定）令
	Social Security Administration Act 1992	英国社会保障管理法
	The Fraud Act 2006	英国反欺诈法
	Social Security Fraud Act	英国社会保障反欺诈法
	Public Interest Disclosure Act 1998	英国公共利益披露法
	Welfare Reform Act	英国福利改革法
	social security act	英国社会保障法
	Public Interest Disclosure Act	英国公共利益披露法
加拿大	Canadian Charter of Rights and Freedoms	加拿大权利和自由宪章
	Canada Health Act	加拿大卫生法
	Medicare Protection Act [RSBC 1996] CHAPTER 286	不列颠哥伦比亚省医疗保障计划保护法
	Health Insurance Act, RSO 1990, c H. 6	安大略省健康保险法
	The Criminal Code of Canada	加拿大刑法典
	Medical Practitioners Act [RSBC 1996] CHAPTER 285	不列颠哥伦比亚省医师执业法
	Hospital Insurance and Diagnostic Services Act	加拿大医院保险和诊断服务法
	The Saskatchewan Medical Care Insurance Act	萨斯喀彻温省医疗保健保险法
	Canada Medicare Act	加拿大医疗保健法

续表

国别	外文原名	中文译名
澳大利亚	National Health Act 1953	澳大利亚国家卫生法
	National Health (Data-matching) Principles 2020	澳大利亚国家卫生（数据匹配）原则
	Health Insurance Act 1973	澳大利亚健康保险法
	Human Services (Medicare) Act 1973	澳大利亚人类服务（医疗保险）法
	Dental Benefits Act 2008	澳大利亚牙科福利法
	Criminal Code Act 1995	澳大利亚刑法典
	Public Governance, Performance and Accountability Act 2013	澳大利亚公共治理、绩效和问责法
	Medicare Guarantee Act 2017	澳大利亚医疗保险保障基金法
	Privacy Act 1988	澳大利亚隐私法
	My Health Records Act 2012	澳大利亚我的健康档案法
	Public Interest Disclosure Act 2013	澳大利亚公共利益披露法
	Ombudsman Act 1976	澳大利亚监察专员法
	Public Service Act 1999	澳大利亚公共服务条例
	National Health Service Act	澳大利亚国家卫生服务法案
	Aged Care Act 1997	澳大利亚老人家庭护理法
	Private Health Insurance Incentive Act	澳大利亚私人健康保险激励法
	Private Health Insurance Act	澳大利亚私人健康保险法